BARBARA MARCINIAK

VORWORT VON PAVLINA KLEMM

AUFBRUCH INS NEUE MORGEN

LICHTBOTSCHAFTEN VON DEN PLEJADEN

Zusammengestellt von Tera Thomas

Aus dem Amerikanischen von
Margarete Scheipner

AMRA

Besuchen Sie unseren Shop:
www.AmraVerlag.de

Ihre 80-Minuten-Gratis-CD erwartet Sie.
Unser Geschenk an Sie … einfach anfordern!

Amerikanisches Original:
Bringers of the Dawn.
Teachings from the Pleiadians

Überarbeitete Neuausgabe im AMRA Verlag
Kunden-Hotline: + 49 (0) 61 81 – 18 93 92
Kontaktservice: Info@AmraVerlag.de

Herausgeber & Lektor	Michael Nagula
Umschlaggestaltung	Guter Punkt
Layout & Satz	Birgit Letsch
Covermotiv	Josephine Wall
Druck	Tschechien

ISBN Printausgabe 978-3-95447-622-0
ISBN eBook-Ausgabe 978-3-95447-623-7
ISBN Plejaden-Übungs-CD 978-3-95447-548-3

Gewidmet
der
Lichtfamilie

Inhalt

Vorwort von Pavlina Klemm 9

»Wie ich zum Medium der Plejader wurde«
Einleitung von Barbara Marciniak 15

1 Botschafter aus einer anderen Zeit 23

2 Urschöpfers Reise 33

3 Wer eure Götter sind 43

4 Im Reich des freien Willens 59

5 Die Lichtschnur in euch 70

6 Befreit die Geschichte 81

7 Verschmelzung der Dimensionen 92

8 Das Ende der Tyrannei 108

9 Jenseits der alten Grenzen 119

10 Systemsprenger und Lichtrebellen 129

11 So bestellt man eine Realität 139

12 Eine großartige Aufgabe 148

13 Wem nützt ihr? 162

14 Emotionen – eure kostbarsten Schätze 173

15 Die Initiation der Erde 184

16 Ketzer – ihrer Zeit voraus 197

17 Die Lichtsprache 207

18 Sinfonien des Bewusstseins 217

19 Die innere Flamme entfachen 225

20 Sex und Göttlichkeit 237

21 Leben in drei Dimensionen 251

22 Die galaktische Flutwelle des Lichts 265

»Wie aus den Channelings ein ganzes Buch wurde«
Nachwort von Tera Thomas 271

Danksagungen 282

Das Medium 284

»Ihr lebt in Zeiten,
in denen die Möglichkeiten
zur persönlichen Ermächtigung,
zur Erweiterung des Bewusstseins und
eures spirituellen Wachstums
schier grenzenlos sind.«

Die Plejader

Liebe Leserin, lieber Leser!

ich grüße euch alle ganz herzlich. Ihr könnt euch gar nicht vorstellen, wie sehr ich mich darüber freue, dieses Vorwort schreiben zu dürfen. Das Buch, das hier vor euch liegt und in das ihr euch gerade vertieft, bedeutet mir nämlich sehr viel, und Barbara Marciniak ist ein großes Vorbild für mich. Diese Publikation, die ich vor Jahren in tschechischer Sprache erstmals gelesen habe, war die erste gechannelte Literatur, die ich überhaupt je zur Hand nahm. Und jetzt, nach so vielen wundervollen Ereignissen, die mein Leben geprägt haben und mich zu dem Menschen werden ließen, der ich heute bin, schließt sich der Kreis, und meine Wege und die von Barbara Marciniak, meiner Lieblingsautorin, kreuzen sich erneut.

Ist es nicht großartig, wie uns die Lichtwesen führen und wir dabei auf eine Weise, die leichter und freundlicher nicht sein könnte, ihr Wirken erleben dürfen – ein Wirken, das deutlich zeigt, wie unsere Welten einander annähern?

Als ich dieses Buch erstmals las, das dank des AMRA Verlags jetzt in einer unglaublich liebevoll gestalteten und gründlich durchgesehenen Ausgabe vor euch liegt, war ich von den Informationen der Plejader und den Möglichkeiten, die sie aufzeigten, sofort fasziniert. Ich war bereits an die lichtvolle Welt der Engel und der Verstorbenen angebunden. Die Engel kommunizierten häufig mit mir und überbrachten mir ihre lichtvollen Botschaften, die Verstorbenen gaben mir Informationen darüber, wie sie das Leben im menschlichen Himmel erfahren.

Und als ich die Botschaften der Plejader von Barbara Marciniak las, war ich verzückt von der Fülle an detaillierten Informationen, die meine Kommunikation mit den Engelwesen und Verstorbenen noch bei Weitem überstieg.

Ihre Art, sich auszudrücken, unterschied sich sehr stark von derjenigen der Engel und der Verstorbenen, die ich damals kannte, und während der ganzen Zeit, in der ich begeistert Barbaras Buch las, wünschte ich mir aus tiefstem Herzen, dass die Plejader irgendwann auch einmal mit mir Kontakt aufnähmen. Mein Verstand sagte mir allerdings, dass ich nicht so anmaßend sein und »bodenständig bleiben« sollte. Immerhin ging es hier nicht einfach um die Kommunikation mit Wesen der Lichtwelt, sondern um die Kommunikation mit Außerirdischen!

Also las ich das Buch einfach nur enthusiastisch zu Ende und stellte es dann in mein Bücherregal – natürlich in die Abteilung mit Büchern, die mir etwas bedeuten und zu denen ich einen besonderen Bezug habe. Auch wenn mein Verstand mir riet, die Kommunikation mit Plejadern lieber gleich wieder zu vergessen, ahnte ich in der Tiefe meiner Seele, dass diese Wesen irgendwie zu mir gehörten und irgendwann auch ein fester Bestandteil meines Lebens sein würden.

Der Alltag ging weiter. Ich widmete mich dem Heilen und der Kommunikation mit den Wesen der Lichtwelt. Ich widmete mich der Erziehung meiner drei Töchter, und Barbaras Buch geriet nach und nach ein wenig in Vergessenheit. Besser gesagt – mein Geist vergaß es, aber meine Seele nicht, und mein inniger Wunsch nach Kommunikation mit den Plejadern wurde nicht geringer.

Und eines schönen Tages wurde mein Wunsch erfüllt.

Gerade wollte ich anfangen, eine Botschaft meiner Engel niederzuschreiben. Ich wartete auf ihre liebevolle Energie, die sie immer mit sich bringen und die mich während der Dauer ihrer Anwesenheit wie flauschige Watte umfängt.

Doch statt der Engelenergie kam plötzlich eine andere Energie zu mir, eine Energie, wie ich sie noch nie zuvor wahrgenommen hatte. Sie war ebenfalls sehr lichtvoll, aber gleichzeitig unglaublich konzentriert. Sie wirkte kraftvoll und gezielt, liebevoll und stark. Die Energie in dem Raum, in dem ich saß, veränderte sich ganz und gar und nahm diese intensive licht- und liebevolle Schwingung an.

Meine Hand begann zu schreiben:

»Wir sind es. Die Plejader. Wir kommen aus der Zukunft.

Wir kommen zu dir, um durch dich Informationen an die Menschheit zu übergeben. Wir bringen Informationen, die die Menschheit beim Aufstieg in höhere Bewusstseinsräume benötigt. Wir möchten das menschliche Wesen durch unsere Informationen an seine lichtvolle Essenz erinnern.

Wir werden durch dich die notwendigen Informationen weitergeben.

Wir werden erklären, wie die Vergangenheit der Menschheit manipuliert wurde. Ihr befindet euch immer noch im Raum der Illusion.

Wir wollen euch nicht beunruhigen. Wir bringen Liebe mit.«

Sie übergaben mir noch einige detaillierte Informationen über unterirdische Welten und die Weiten Amazoniens sowie Details über die gefälschte Vergangenheit der Menschheit. Danach schlossen sie die Räume und Dimensionen, durch die sie in meinen Zeitraum gekommen waren, und verschwanden wieder.

Ich war ziemlich schockiert, weil ich eine so starke und konzentrierte Energie bei der Übertragung von Worten bisher nicht wahrgenommen hatte.

Noch am selben Abend kam es zu einem weiteren Vorkommnis. Ich lag bereits im Bett, als es den Eindruck hatte, die Räume und Dimensionen öffneten sich erneut. Mein Schlafzimmer wurde zu einem einzigen multidimensionalen Raum, der offenbar aus mehreren Realitäten gleichzeitig bestand, die sich überlappten. Auf einmal tauchten wunderschön strahlende orange-blaue Mandalas auf, die durch den Raum schwebten und dabei lichtvoll vibrierten. Meine Hände fingen an in blauer Farbe zu strahlen, und durch meine Handflächen verliefen blaue Lichtstrahlen. Ich drehte meine Hände in alle Richtungen, aber dieses Licht ging weiterhin durch meine Handflächen hindurch und ließ sie von innen heraus erstrahlen.

All das beobachtete ich mit offenen Augen. Das Spektakel dauerte mehrere Minuten. Danach schlossen sich die Räume und Dimensionen wieder, und die Mandalas und das Licht in meinen Händen lösten sich auf. Das war meine erste bewusste Begegnung mit den Energien und dem Licht der Plejader.

Von da an veränderte sich mein Leben von Grund auf. Es entwickelte sich immer positiver, ich spürte, wie sich mein Bewusstsein zusehends erweiterte, meine Gesundheit kehrte zurück und ich fand endlich Frieden in mir selbst.

Trotzdem fiel mir die energetische Kommunikation mit den Plejadern anfangs nicht leicht. Genauso, wie Barbara es beschreibt, musste ich zuerst meine Belastungen abgeben, damit ich die Energie der Plejader überhaupt aushalten und ein guter Kanal für sie sein konnte. Und dann veröffentlichte ich das erste Buch mit *Lichtbotschaften von den Plejaden*. Mittlerweile sind es schon neun Bücher.

Als ich nun Barbaras erstes Buch wieder las, das ihr hier in Händen haltet, ein kostbares Juwel der gechannelten Literatur, stellte ich fest, dass die Texte, die ich von »meinen« Plejadern erhalten hatte, ganz eindeutig eine Art Fortsetzung von Barbaras Botschaften sind. Die Informationen in meinen Büchern knüpfen an die Informationen an, die Barbara von »ihren« Plejadern erhalten hatte.

Ich konnte es kaum glauben, als ich das bemerkte! Ich weiß und fühle deutlich, dass die plejadische Gruppe, mit der Barbara kommunizierte, nicht meine Gruppe ist. Dennoch bestätigt sich wieder die morphogenetische Verbundenheit des Kollektivs in Bezug auf Bewusstsein und Information: Das Wissen und die Information in meinen Büchern schließen eindeutig an die Informationen von Barbaras Büchern an.

Es ist fast unglaublich, wie ähnlich die Wortwendungen und Ausdrücke sind, die sich in Barbaras und meinen Büchern wiederfinden. Und die grundlegenden Informationen, die sie in den vielen Jahren ihrer Tätigkeit erhalten hat, sind absolut identisch mit den grundlegenden Informationen in meinen Büchern.

Identisch ist vor allem die Absicht, mit der die Plejader zu uns kommen. Wie sie immer sagen: Ihre größte Aufgabe ist es, uns daran zu erinnern, wer wir sind und wie mächtig die lichtvolle Essenz in uns ist. Ihre Botschaften helfen dabei, unser Bewusstsein zu entwickeln und das Licht unserer Seele auszudehnen.

Ich fand in Barbaras Buch eine große Anzahl von Themen, die in meinen Büchern fortgesetzt werden. Meine plejadische Gruppe griff Barbaras Informationen auf, vertiefte sie und fügte ihnen nützliche Übungen und Affirmationen hinzu.

Auch bei Barbara sprechen die Plejader über die Evolution der menschlichen Seele, sie sprechen über die Bedeutung unserer Inkarnation auf diesem wundervollen Planeten und in dieser herausfordernden Epoche. Sie informieren uns über das Thema Zeit, die Bedeutung von Liebe, Gedankenhygiene, Absicht, den freien Willen, Verantwortung, die Regeneration der DNS, die Kraft des Kollektivs und über Manifestation. Sie informieren uns über Hologrammtechniken und die Notwendigkeit, alles immer aus einer höheren Perspektive zu betrachten.

Barbaras Plejader schildern auf ihre Weise die Bedeutung der Rückkehr der natürlichen weiblichen und männlichen Kraft, das Wesen kosmischer Farben und Töne. Sie beleuchten das Ausmaß der Manipulation der menschlichen Gemeinschaft. Und genau wie meine plejadische Gruppe liefern sie zu jedem Thema eine Lösung. Vor allem: In jedem Wort ist spürbar, wie sehr sie uns lieben, dass sie uns jederzeit begleiten und uns ununterbrochen ihre Dankbarkeit senden.

Beim abermaligen Lesen dieses einzigartig wertvollen Buches habe ich auch sehr viel neues Wissen erfahren. Ich habe festgestellt, dass die Plejader und viele andere außerirdische Zivilisationen schon lange mit uns Menschen kommunizieren. Lichtwesen und friedliebende Außerirdische begleiten uns seit Anbeginn auf diesem Planeten. Möglicherweise waren wir früher nur nicht in der Lage, ihre Hilfe anzunehmen, waren auf ihre Hilfe nicht vorbereitet oder übersahen ihre angebotene Hilfe. Möglicherweise war für ihre Hilfe auch noch nicht die richtige Zeit.

Und jetzt, in der Zeit des sichtbaren Bewusstseinsaufstiegs, haben wir die Möglichkeit, ihre Hilfe anzunehmen und sie in unser Leben zu integrieren.

Die Plejader zeigen uns deutlich: Es geht nicht nur um uns Menschen, es geht auch um unseren Planeten, der uns aufgenommen hat, als wir auf ihn herabkamen. Es geht um den bewussten Aufstieg unseres Planeten in höhere Bewusstseinsebenen und seine Einreihung in die planetarische Ordnung des Universums, nicht nur die physische Einreihung, sondern auch die feinstoffliche Einreihung.

Sic lassen keinen Zweifel daran, dass unser Planet jegliches Geschehen in den unterschiedlichsten Räumen und Dimensionen des Universums beeinflusst.

Es geht um so viel mehr, als wir uns überhaupt vorstellen können.

Und nun möchte ich den gedanklichen Kreis mit einer Aussage der Plejader schließen, die sie am Anfang des ersten Kapitels getroffen haben:

»Was jetzt auf der Erde geschieht, wird sich auf das ganze Universum auswirken.«

Ich wünsche euch unendlich viel Freude und zahllose magische Entdeckungen. Lasst euch von der Fülle an Wissen faszinieren, die hier auf euch wartet.

In Liebe und Dankbarkeit,

Pavlina

»Wie ich zum Medium der Plejader wurde«

Einleitung von Barbara Marciniak

Gefangen auf Bali! Warum hatte bloß niemand erwähnt, dass ich für Australien ein Visum brauchte? Da stand ich nun mit Ticket und Reisepass in der Hand, das Gepäck bereits auf der Waage, als man mir sagte, dass ich dieses Dokument benötigte, um das Flugzeug nach Darwin besteigen zu dürfen. Fieberhaft überlegte ich, wie es dazu gekommen war und was ich sofort dagegen tun konnte. Ich würde dieses Problem mit schierer Willenskraft lösen! Das war kein neues Spiel für mich. Oft war während der vergangenen vier Jahre meine Fähigkeit auf die Probe gestellt worden, Hindernisse als Botschaften zu verstehen, sie als lebende Symbole aufzufassen und mit ihrer Hilfe meine Erfahrung in einem neuen Licht zu sehen. Fernschreiben wurden an das Konsulat in Sydney geschickt; nach einer Stunde Warten war ich noch sicher, dass alles bestätigt und genehmigt würde und ich meine Vortragstour über die Lehren der Plejader in Australien beginnen könne. Ich hatte North Carolina eine Woche vorher verlassen und einen kurzen Aufenthalt auf Hawaii eingelegt. Nun, nach drei Tagen auf Bali, war ich ausgeruht und bereit, den nächsten Teil einer zweimonatigen Odyssee zu beginnen.

Ich schaute auf die Uhr in der Halle und bemerkte, wie langsam die Minuten verstrichen. Geduldig wartete ich darauf, dass die Ereignisse wieder in Gang kämen. Aber wie die Zeiger so vorankrochen, dämmerte es mir, dass ich vielleicht, aber nur vielleicht, doch nicht an Bord kommen würde. Möglicherweise war dies so ein Fall, wo ich einfach nicht vorankam, so sehr ich es auch wollte. Ich merkte, wie sich mein Körper gegen diesen neuen Zeitplan sträubte und gegen die Änderungen, die notwendig wurden, falls ich das Flugzeug nicht bekommen sollte und damit meinen Terminplan nicht einhalten konnte. Es fühlte sich fürchterlich an. Verdammt!

Es war 11 Uhr abends geworden, Zeit zum Abflug. Aber ohne Rücksicht auf Ticket, Reisepass und Terminplan sagte man mir, ich solle am Dienstag zum australischen Konsulat gehen. Jetzt war Samstagabend, Sonntag und Montag waren Feiertage. Der nächste planmäßige Flug nach Darwin, der größten Stadt in Australien, ging einen Tag später, als ich dort sein sollte.

Ich gab auf, fand ein Taxi und machte mich mitsamt meinem Gepäck auf den Weg in die Zurückgezogenheit und Einsamkeit des malerischen balinesischen Strandhotels, das ich einige Stunden zuvor verlassen hatte. Mein Zimmer wartete schon auf mich. Ich wusste keinen sofortigen Ausweg aus dieser misslichen Lage; deswegen beschäftigte ich mich erst einmal nicht mehr damit. Ich versuchte, mich wieder behaglich zu fühlen und darauf zu vertrauen, dass die Dinge schon wieder in Ordnung kommen würden. Und außerdem – wenn ich schon irgendwo festsitzen sollte, dann war Bali sicher der ideale Ort dafür.

Am nächsten Morgen saß ich am Fenster meines Zimmers mit Blick über die Baumwipfel, als mir klar wurde, dass ich mich ja verpflichtet hatte, eine Einleitung für *Aufbruch ins Neue Morgen* zu schreiben, und dass ich nicht nach Australien gelangen würde, bevor ich diese Aufgabe vollendet hatte! Ich trank balinesischen Kaffee und fühlte mich von meiner Umgebung und der üppigen Vegetation, die mein Blickfeld einrahmte, verwöhnt.

Ich begann zu überlegen, wo ich beginnen sollte und wie ich das alles in Zeit und Raum einordnen konnte – mich und diesen phänomenalen Prozess, der sich »Plejader« nannte und der sich durch mich ein Eigenleben erschaffen hatte.

So wie einen ein immer wiederkehrender Traum verfolgen kann, so wurde mir wieder und wieder die gleiche Frage gestellt: Wie fing das alles an? Zunächst beantwortete ich sie, indem ich einfach die Impulse und die Folge von Ereignissen beschrieb, die schließlich dazu geführt hatten, dass ich die Plejader channelte. Dabei beließ ich es dann. Aber die dauernde Wiederholung dieser Frage ließ etwas in meiner Realität nicht zur Ruhe kommen. Und während ich meine Geschichte immer wieder erzählte, kamen Bruchstücke einer größeren Wirklichkeit in mein Blickfeld, wo Ereignisse und Anfänge aus vielen Richtungen und aus unterschiedlichen Zeitsystemen zusammenkamen, um nun mit einer bestimmten Absicht zu einem Geflecht verwoben zu werden.

In meiner Kindheit hatte ich das Gefühl, anders als die anderen zu sein, gebrandmarkt dadurch, dass ich einen älteren Bruder hatte, der geistig zurückgeblieben war. Seine Anwesenheit stellte meine junge Seele vor viele Herausforderungen, und unsere Familie musste viele Lektionen lernen. Erst neulich gaben mir die »Pis«, wie ich sie inzwischen liebevoll nenne, den Impuls ein, meine alten Kinderfotos zu betrachten und mein damaliges Bild von mir zu überdenken. Als ich mich darauf einließ, sah ich nun himmlische Liebe aus dem Gesicht meines lieben älteren Bruders Donald strahlen; auf einem Foto nach dem anderen schien es mir, als ob ihn das Licht lenkte und erleuchtete. Es war mir nie in den Sinn gekommen, dass ich vielleicht allein durch seine Gegenwart gesegnet war.

Unsere Familie wurde stark durch den Einfluss von »Babci« geprägt, meiner polnischen Großmutter mütterlicherseits. Sie strahlte eine Würde und einen Stolz aus, die nicht von dieser Welt zu sein schienen. Mit der großen Einwanderungswelle aus Europa war sie um 1900 in jenes Land gekommen, wo angeblich Milch und Honig fließen sollten. In ihrer beruhigenden Gegenwart spielten meine zwei Brüder, meine jüngere Schwester und ich als Kinder; zusammen erkundeten wir das magische Reich, das sie regierte. Sie gab mir das Gefühl, wirklich geliebt zu werden, bei ihr lernte ich, das Land zu achten und die Erde zu lieben. Sie erzählte uns, dass ihr Mädchenname auf polnisch »Stern« bedeute. Die Botschaft, die Erde zu lieben, sollte später durch die Stimme meiner eigenen Verbindung zu den Sternen, durch die Plejader, wiederholt werden.

Als Teenager brachte mich mein sogenanntes Anderssein dazu, mich für spirituelle Themen zu interessieren. Fasziniert entdeckte ich zum ersten Mal, dass es mehrere Deutungen der Realität gibt, aus denen man wählen kann. Schon in den späten 1970er Jahren beschäftigte ich mich unter anderem mit den Texten von Seth – Material einer »multidimensionalen Energiepersönlichkeit«, das von der Amerikanerin Jane Roberts medial empfangen wurde. Einige Jahre lang schrieb ich meine Träume auf, während ich gleichzeitig Seite um Seite der Seth-Botschaften verschlang.

Im August 1987 – dem Sommer der »Harmonischen Konvergenz«, einer bedeutenden astrologischen Formation – und noch einmal sieben Monate später, im März 1988, erlebte ich kurze Zusammenbrüche der Wirklichkeit, als Bruchstücke von Erinnerungen aus einer scheinbar unbedeutenden Vergangenheit mit großer Heftigkeit an die Oberfläche drangen und meine volle Aufmerksamkeit forderten. Beide Male geschah dies, als Menschen in meiner Umgebung ganz beiläufig Material über Entführungen durch UFOs durchsahen und besprachen. Als das zum ersten Mal geschah, ging ich irgendwie darüber hinweg; beim zweiten Mal hingegen wurde mein physischer Körper stärker erschüttert als jemals zuvor. Erinnerungen überfluteten mich. Das UFO-Material sprach etwas an, das mit meinen Traumerfahrungen zusammenhing, und es enthüllte eine Wahrheit, die sehr schwer zu verdauen war.

Als ich nur wenige Jahre vorher, in den frühen 1980er Jahren, in Taos, New Mexico, wohnte, hatte ich dort in meinem Schlafzimmer eine nächtliche Begegnung mit drei blau leuchtenden Wesen gehabt. Damals versetzte mich das Erlebnis in helle Panik, ein Gefühl, das mir sonst fern liegt. Ich hatte überhaupt keinen Bezugsrahmen, um diese unbekannte Erfahrung einzuordnen. Um damit fertig zu werden, legte ich sie in meinem von Seth inspirierten Traumtagebuch ab – ein unerklärtes Stück Realität, das gewiss kein Traum gewesen war, obwohl es in meiner Seele noch jahrelang unter dieser Bezeichnung geführt wurde.

Nun tauchte die alte Frage wieder auf. In welcher Kategorie meiner Lebensakte war diese persönliche Begegnung einzuordnen? War sie tatsächlich real? Wieder wurde die Begegnung gleichsam in mein Bewusstsein eingespielt, und da wusste plötzlich jede Zelle meines Körpers, dass es Außerirdische wirklich gibt. Mein Körper würde das Zusammentreffen mit den drei blauen Wesen nie vergessen: wie sie da über mir schwebten und mich offensichtlich über ein Trauma hinwegtrösteten, das mir jedoch verborgen blieb. Mein Intellekt war aufgerufen, seine Sicht von der Welt zu erweitern – und zu verstehen. Ich musste lernen, mit dieser Erfahrung zu leben und sie zu integrieren, was mich öffnete für das, was noch kommen sollte.

∞

Offiziell berührten sich meine Wirklichkeit und die der Plejader erst einige Monate später, am 18. Mai 1988 in Athen. Ich war fast drei Wochen lang mit einer lebhaften spirituellen Reisegruppe unterwegs zu den Tempelstädten Ägyptens und Griechenlands. Angefangen mit der Großen Pyramide von Giseh besuchten wir uralte Orte der Kraft, unschuldig und naiv wie Kinder, verzaubert von all den Geheimnissen, die da in stummen Steinen festgehalten waren. Die Reise endete mit dem Besuch von Delphi und der Akropolis in Athen. Als wir uns in der Hotelbar verabschiedeten, verspürte ich plötzlich den Impuls, zu channeln. Es kam mir der Gedanke, ich sollte in mein Zimmer gehen, ruhig dasitzen und mir vorstellen, in der Königskammer der Großen Pyramide zu sein. Ich erinnere mich, dass mich diese Idee begeisterte – ich fand, dass der Zeitpunkt richtig war und dass es zu der Reise passte, die eben zu Ende gegangen war.

Ich ging also in mein Zimmer, und sobald ich mich sicher und geborgen fühlte, setzte ich mich mit geradem Rücken hin und ging im Geiste zurück in die Königskammer, zurück zum Klang der vielen Stimmen, die »Om« sangen. Zu mir selbst sagte ich: »Ich möchte ein klarer Kanal werden, und zwar *jetzt.*« Nach wenigen Minuten verspürte ich den Drang zu sprechen. Das begann sich im Flüstern einer Stimme auszudrücken, die keine Ähnlichkeit mit der meinigen hatte. Zugleich begann ein anderer Teil meines Bewusstseins – der rationale, der für gewöhnlich den Ton angibt – gedanklich die gerade sprechende Stimme zu befragen! Dieses Unternehmen erforderte zunächst große geistige und psychische Geschicklichkeit von mir – denn ich sprach für jemanden, der mir noch unbekannt war, stellte diesem Unbekannten im Geiste Fragen und hörte dann den Antworten zu, um die Kommunikation weiterführen zu können.

Nach ungefähr einer halben Stunde gab sich der Unbekannte als »die Plejader« zu erkennen und beließ es dabei. Die gesamte Kommunikation dauerte nicht länger als eine Stunde. Die Energien hatten einen ausgeprägten, unverwechselbaren Charakter und waren sehr stark. Sie versetzten mich in einen seligen Zustand der Vereinigung. Von den Antworten ging etwas Tröstliches aus; heute kann ich mich nur noch an das Gefühl von Weisheit und Frieden erinnern. Als ich die Augen wieder öffnete, war ich von tiefem Erstaunen erfüllt! Konnte das sein? War ich da auf etwas Reales gestoßen, als ich dem tiefen Impuls nachgegeben hatte, in letzter Minute an dieser Reise teilzunehmen, oder war ich einfach zu tief in die Welt der Wunschvorstellungen eingetaucht und hatte das alles nur zusammenfantasiert? Worin bestand der Unterschied? Und überhaupt: Plejader! Von Anfang an fühlte ich mich dadurch belastet. Welcher vernünftige Mensch würde glauben, dass ich mit Außerirdischen in Kontakt stehe und für sie spreche? Diese Annahme schien mir einfach zu gewagt. Welch innerer Aufruhr wurde dadurch ausgelöst, dass ich diesen Impulsen nachgab! Seither habe ich gelernt, die Energien, die mich bewegen, zu respektieren und auf sie zu vertrauen. Heute kann ich die Geschichte dieser ersten Impulse in meinem Horoskop nachvollziehen – und auch im Horoskop der Plejader. Im ersten Monat unserer Beziehung schlugen sie vor, ich solle mich mit Astrologie beschäftigen. Wie wenig wusste ich doch damals über die Komplexität dieser uralten Wissenschaft, und darüber, wieviel Engagement nötig ist, bis man den Zugang zu einer universellen Sprache des Sinns erlangt! Die Plejader haben im Horoskop für den Tag unseres ersten Kontaktes die Sonne bei 27 Grad und 57 Minuten im Stier. Das Sternbild der Plejaden befindet sich bei 28 Grad im Stier. Ganz schön raffiniert.

Damals, im frühen Stadium unseres Kennenlernens, bemerkte ich noch nicht ihre Tricks und subtilen Methoden, mit denen sie Spuren in meiner Wirklichkeit hinterließen – ich war zu sehr damit beschäftigt, mich an den Gedanken zu gewöhnen, dass ich Kontakt mit Außerirdischen hatte. Es erforderte Übung, bis unser Verschmelzen mit mehr Leichtigkeit, Vertrauen und Verständnis vor sich ging. Von Anfang an assistierte meine Schwester Karen in den Sitzungen. Ungeduldig erwartete sie die festgesetzte Zeit, zu der ich mich zum Channeln hinsetzte. Sie hatte nie irgendwelche Zweifel; ich hingegen fragte mich immer noch, ob das alles wirklich war.

Als ich mich bemühte, mit dem zu arbeiten, was ich in Gang gesetzt hatte, stellte ich zunächst meinen Körper und meine Stimme nur zu festgelegten Zeiten zur Verfügung, das heißt *mit Einschränkungen.* Außerdem erklärte ich, wenn die Plejader wirklich real seien, so könnte es ja nicht weiter schwierig für sie sein, die Dinge in ihrem Sinne zu beeinflussen und den Großteil der Arbeit zu übernehmen. Meine schlaue Erklärung dafür war, dass ich nicht meine Zeit mit einer derart windigen Sache verschwenden wollte. Dieses Verhalten mag manchen höchst absurd erscheinen; doch diejenigen, die in diesen Dingen Erfahrung haben, verstehen, dass es doch notwendig ist, Grenzen zu setzen. Ich brauchte gut zwei Jahre, um eine tiefe Verbindung mit ihnen herzustellen: In einer Körpertherapie-Sitzung umhüllte mich plötzlich eine Woge von unvergleichlicher plejadischer Liebe und prägte meinem Emotionalkörper ein für alle Mal den Wert ein, den sie für mich hatten. Ich gab meinen Widerstand auf.

Irgendwann verstand ich dann, dass die Plejader vom ersten Tag an auf eine subtile Weise in meiner Welt gegenwärtig gewesen waren. Sie wurden die Lehrer und Freunde, nach denen ich mich gesehnt hatte. Sie schienen Meister des Spiels mit sinnvollen Zufällen und Impulsen zu sein, das Menschen und Ereignisse zusammenbringt. Da ich nie ein Kind von Traurigkeit war, fiel es mir recht leicht, mich an die plejadische Sorglosigkeit zu gewöhnen, während sie sich durch mich ein eigenes Leben erschufen. Menschen und Möglichkeiten kamen aus allen Richtungen auf mich zu. Meine Aufgabe bestand lediglich darin, ihre Energien zu organisieren und sie in der physischen Welt umzusetzen. Alles, was sie lehrten, sollte ich verkörpern – sollte ihm begegnen und es leben.

Heute leben wir in Eintracht miteinander, und ehrlich gesagt fühle ich mich mehr wie eine Außerirdische denn als Mensch. Sie haben durch mich ihre Lehren lebendig gemacht, und mein Leben ist ein plejadisches Mysterienspiel geworden, das mich zum Kern meiner multidimensionalen Seele geführt hat. Nicht, dass ich behaupten würde, all diese Begegnungen völlig zu verstehen; manchmal frage ich mich sogar, wie derart viele Menschen sich meiner Version der Illusion verschreiben konnten!

Ich bin außerordentlich dankbar für die Gelegenheit, in diesen Zeiten des schnellen Wandels ein Leben führen zu dürfen, in dem ich mich frei ausdrücken kann. Und dass dieser schöpferische Ausdruck Sinn in das Leben so vieler Menschen gebracht hat, ist für mich ein kostbares Geschenk – die wiedererlangte Gnade.

PS: Ich kam noch rechtzeitig nach Darwin!

1

Botschafter aus einer anderen Zeit

Wir sind da. Wir sind die Plejader, ein Energiekollektiv aus dem Sternbild der Plejaden. Wir haben eine lange Geschichte. Unsere Vorfahren kamen aus einem anderen Universum, das schon Vollendung erfahren hatte, einem tatsächlichen *Universum*. Ihr arbeitet einfach auf einem Planeten, der noch vor der Vollendung steht, und wir sind hier, um euch bei den damit verbundenen Aufgaben zu helfen. Diese Vollendung oder Transformation wird bereits seit Äonen von vielen angekündigt.

Es ist eine wichtige Zeit. Was jetzt auf der Erde geschieht, wird sich auf das gesamte Universum auswirken.

Vollendung besteht darin, dass ihr versteht, wer ihr seid, damit ihr das Experiment fortsetzen könnt. Unsere Vorfahren kamen aus einem Universum, das sich vollendet hatte. Sie erkannten, dass »Urschöpfer« der Urgrund war, ein intelligentes Prinzip, nicht einzugrenzen auf männlich oder weiblich, die Quelle von allem Sein vor jeder zeitlichen Reise. Unsere Vorfahren kamen aus einem Universum, das die wahre Natur seiner selbst entdeckt hatte – Schöpferkraft. Indem wir dieses intelligente Prinzip entdeckten, das an allem Anfang steht, und seine Bewegung verstanden, erkannten wir, dass wir selbst Schöpfer sind.

Wie immer, wenn eine Form ihre Vollendung erreicht hat, hatten unsere Vorfahren die Wahl, zu »Urschöpfer« zurückzukehren – der einfach Bewegung ist – und in dieser Schwingung zu verweilen oder weiterzugehen. Sie entschieden sich dafür, als Botschafter in dieses Universum zu kommen, weil sie erkannten, dass *ihr* eines Tages zur Vollendung bereit sein würdet. Sie kamen in die Plejaden, weil dieses Sternensystem eines Tages in der Lage sein würde, euch in der schwierigsten Zeit zu helfen: wenn ihr bereit sein würdet, euch wieder mit »Urschöpfer« zu verbinden.

Unsere Vorfahren gehörten zu den Ursprünglichen Planern der Erde, sie waren Inszenatoren, die mit Kreativität und Liebe den Grundstein für Welten und Kulturen legten.

Aufgrund ihrer Fähigkeiten liebten sie es, Welten in Szene zu setzen, so, wie Dirigenten gerne dirigieren. Unsere Vorfahren sind auch eure Vorfahren, und wir nennen euch gerne unsere alte Familie, was ihr ja tatsächlich auch seid. Unsere Vorfahren gaben den Ursprünglichen Planern ihre genetische Information, ihre DNS, und diese DNS wurde Teil des menschlichen Erbguts.

Wir Plejader kommen aus eurer Zukunft. In einer Fassung unseres »Jetzt« gibt es einen Ort der Tyrannei und der Unruhe, und wir haben wahrscheinliche Versionen von der Zukunft der Erde gesehen, in denen die gleiche Tyrannei und der gleiche Verfall herrscht. In der dreidimensionalen Wirklichkeit wird Zeit stark missverstanden: Ihr glaubt, dass die Zeit in Minuten gemessen wird. Zeit ist viel umfassender, als ihr es euch vorstellen könnt. In Wirklichkeit kodiert die Zeit Informationen und spielt mit ihnen. Deswegen könnt ihr euch in verschiedene Realitäten zugleich begeben, indem ihr die Zeit dehnt, verzerrt, biegt und umdreht.

Ihr könnt sozusagen auf eine elliptische Zeitkurve aufspringen und viele Wirklichkeiten erleben, indem ihr euch auf dieser Kurve fortbewegt. Dabei werdet ihr entdecken, dass die Zeit nichts »Festes« ist und daher auch die Wirklichkeit nicht.

Da Wirklichkeiten nicht fest sind und die Zukunft nicht festgelegt (sie ist nur ein Set von Wahrscheinlichkeiten), sehen wir nun die Möglichkeit, die Wahrscheinlichkeiten für die Erde zum Positiven hin zu verändern. Wir möchten wieder Licht auf diesen Planeten bringen und die Erde zu ihrer ursprünglichen Bestimmung zurückführen – nämlich ein großartiger intergalaktischer Umschlagplatz für Informationen zu werden. Daher sind wir in einer Zeitspanne an einen Ort zurückgekehrt, den wir »Kern« oder »Samen« nennen, um hier eine Veränderung herbeizuführen. Dieser Wandel wird nicht nur die Erde beeinflussen, er wird eure Zukunft, unsere Gegenwart und das gesamte Universum verändern.

Das sind großartige Neuigkeiten! Ihr seid zu einer Zeit auf die Erde gekommen, in der sich Evolution abspielt, an genau dem Ort, an dem ihr euch befindet. Ein bedeutender Entwicklungssprung ereignet sich gerade, und ihr seid gekommen, um daran teilzunehmen. Und ihr seid nicht allein, denn viele Energien gelangen jetzt zur Erde, um an diesem großen Projekt mitzuwirken. Mutterschiffe, die buchstäblich als Energieumwandler funktionieren, umrunden diesen Planeten. Auf die Erde kommen Lichtstrahlen von alten und uralten Sternensystemen, die seit Äonen mit euch arbeiten. Diese Informationsstrahlen sind auf den Planeten gerichtet.

Wenn nun Informationen zu euch gesendet werden, muss euer Körper sie empfangen können, sie umwandeln, aufnehmen und wieder an andere zurückstrahlen können.

Viele von euch haben mit diesen Mutterschiffen bereits eine telepathische Verbindung hergestellt. Das ist geradeso, als hättet ihr eure eigene Radiostation, durch die ihr auf Wunsch eine Fülle von Informationen empfangen könnt.

∞

Das ist die Evolution des Überbewusstseins, die Evolution zum höchsten Aspekt eures Wesens. Ihr braucht euch keine Sorgen darüber zu machen, wie ihr zu diesem Wesen werdet, *denn ihr seid es bereits* und müsst euch nur wieder daran erinnern. Seit sich zurzeit der »Harmonischen Konvergenz« die Schleier, die die Erde umgaben, zu lüften begannen, werdet ihr ständig mit dieser Energie aus dem äußeren Kosmos bestrahlt, und ihre Intensität wird in dem Maße erhöht, wie ihr damit umgehen könnt.

Ihr entwickelt euch jetzt so extrem schnell, dass jedes Jahr wie zehn oder mehr Jahre des vorigen Jahrhunderts sein werden. Fühlt, wieviel ihr bis 1999 erreichen konntet, und fühlt, wer ihr danach geworden seid. Es wird scheinen, als hättet ihr in einem Jahrzehnt hundert Jahre durchlebt.

Ihr werdet jetzt, im neuen Jahrtausend, mit Erinnerungen überflutet, und noch mit viel mehr. Viele von euch unternehmen bereits Reisen in Raumschiffen in verschiedene Teile des Sonnensystems. Während ihr ins Zeitalter des Lichts eintretet, werden sich Welten auftun, von deren Existenz ihr nichts wusstet. Ihr habt die anderen Zeitalter hinter euch gelassen: die Bronzezeit, die Eisenzeit, das Industriezeitalter, das Informationszeitalter und so viele mehr. In diesen Zeitaltern ging es um das Säen, Pflanzen, Kultivieren; es ging darum, die Möglichkeiten des Lebens in der dritten Dimension zu manifestieren.

Ein Übergang findet jetzt statt, eine dimensionale Verschiebung, wodurch die Dichte der dritten Dimension vermindert wird, so dass ihr euch in höhere Dimensionen bewegen könnt, in denen der Körper nicht so fest ist. Ihr seid auf diesen Planeten gekommen, weil ihr den Evolutionsprozess beherrschen und mit ihm leben wollt. Das wird sehr aufregend sein, weil es bedeutet, dass ihr in vielen verschiedenen Wirklichkeiten funktionieren werdet.

Tief in euch drinnen verborgen sind alle Antworten.

Die Fragen, die jetzt in den Vordergrund eures Bewusstseins treten, kommen zutage, damit ihr die Antworten aus eurem Inneren hervorholt. Um dies zu können, müsst ihr zunächst *glauben*, dass die Informationen dort gespeichert sind.

Die Menschheit lernt gerade eine große Lektion. Diese Lektion besteht darin, eure Göttlichkeit zu erkennen, eure Verbundenheit mit »Urschöpfer«, dem all-einigen Prinzip, und allem Bestehenden. Ihr sollt erkennen, dass *alles* miteinander verbunden ist und dass ihr Teil des Ganzen seid.

Es gibt eine Vielzahl von Kulturen und Gesellschaften, die in den Weiten des Raumes existieren, und von Anfang an sind diese Gesellschaften und Kulturen auf eurem Planeten gekommen und gegangen. Nicht nur wir, die Plejader, sind zur Unterstützung eingetroffen; wir sind nur *eine* Gruppierung von *einem* Sternensystem. Es gibt viele, die aus unterschiedlichen Gründen zu diesem Planeten gereist sind. Der Großteil der Außerirdischen ist bei euch, um euer Bewusstsein anzuheben; aber es gibt auch solche, die aus anderen Gründen zugegen sind.

In eurer Geschichte seid ihr durch viele besondere Zeiten gegangen. Vor Äonen bekamen viele von euch durch Sternenenergie und durch die Arbeit mit höheren Ebenen mit der Erde zu tun. Ihr wisst ziemlich umfassend darüber Bescheid, welche Schwierigkeiten die Erde durchgemacht hat, etwa wie oft sich die Erdoberfläche verschoben hat. Und ihr wisst, wie häufig Hilfe vom Himmel gekommen ist.

Die Information wurde verzerrt, als man diejenigen, die vom Himmel kamen, um euch in eurer Entwicklung weiterzubringen, zu Göttern gemacht hat. Eure Gesellschaft ist vorgegangen wie Kinder, die diejenigen zu Idolen erheben, die etwas können, was sie selbst nicht zuwege bringen. Das Konzept hinter dieser Methode, Götter herzustellen, ist eines der Paradigmen, die zu ändern ihr hier seid. Die dreidimensionale Welt bietet große Herausforderungen, denn sie lässt herrliche Begrenzungen entstehen. Durch die Begrenzungen bilden sich Strukturen, und auf diese Weise werdet ihr schöpferisch. Ihr lernt dabei, dass ihr Teil von »Urschöpfer« seid und dass »Urschöpfer« den Wunsch nach Erfahrung hat.

Ihr seid großartige Wesen, Mitglieder der »Lichtfamilie«, und ihr seid diesmal mit der Aufgabe auf die Erde gekommen, eine Verschiebung herbeizuführen, eine Veränderung zu bewirken, beim Übergang zu helfen. Liebe ist der Schlüssel.

Das Universum *besteht* aus Liebe.

∞

Die gegenwärtige Technik auf der Erde wird sich nur bis zu einem bestimmten Grad entwickeln, weil die Menschheit noch nicht versteht, dass dabei Liebe notwendig ist. Energie kann alle Formen der Kreativität annehmen, aber wenn man mit Gier oder Hass vorgeht oder einer anderen Emotion, die nicht nach Licht strebt, wird einem nur erlaubt, bis zu einem bestimmten Punkt zu gelangen. Für diese Art von Schwingung ist lediglich eine begrenzte Menge von Informationen verfügbar. Liebe ist der Grundbaustein; wenn also jemand Liebe in sich trägt, stehen ihm alle Möglichkeiten offen. Der Plan ist, das Konzept des Lichts zurückzubringen, des Lichts, das Informationen und Liebe – das heißt Schöpferkraft – ist. Es brauchte Abtrünnige wie die Mitglieder der Lichtfamilie, um in ein System zu gelangen, das seit Äonen vorwiegend dunkel war, um es zu verändern.

Da, wo wir herkommen, sind auch wir Rebellen. Wie schon gesagt, braucht unser eigenes System eine Transformation, die wir gemeinsam herbeiführen. Wir fungieren durch die Lichtfamilie als Brücke oder Verbindung in einer Vielzahl von Systemen, um auch das unsrige zu verändern. Wenn ihr durch Liebe und Verantwortung euer Bewusstseinsniveau anhebt, so stärkt uns das, es unterstützt uns und erweitert unser Bewusstsein, damit wir uns weiterentwickeln können. So wie wir Freunde und Führer und Helfer für euch sind, so helft ihr uns ebenfalls.

Wohin wird euch diese Veränderung führen? Wir möchten, dass ihr fähig werdet, bewusst Welten zu formen. Ihr bereitet euch darauf vor, die Saat weiterzugeben und diejenige Spezies zu sein, die in viele neue Welten, welche gerade formuliert werden, verpflanzt wird. Und weil ihr in eurem Gedächtnis gespeichert habt, was hier auf Erden geschehen ist, werdet ihr imstande sein, andere zu lehren und bewusst die Richtung zu halten, in die andere Welten gehen müssen.

Ihr nehmt an einem großen Plan teil. Ihr alle habt die Gelegenheit beim Schopf ergriffen, an einem so herausfordernden Ort zu einer derart herausfordernden Zeit zu sein. Ihr wart sicher, es leisten zu können. Außerdem wurde euch gesagt, bevor ihr hierherkamt, dass es viel Hilfe geben würde und dass in entscheidenden Augenblicken eurer Entwicklung verschiedene Wesenheiten mit unterschiedlichen Aufgaben auf dem Planeten auftauchen würden, um euch anzuspornen, euch zu unterstützen und euch zu erinnern – *aber nicht, um es für euch zu tun.* Wir sind einer dieser Auslöser, wir sind Katalysatoren für euch. Wenn ihr das Wort *Plejader* hört, fühlt ihr eine Verbindung, weil wir euch darin unterstützen, eure eigene Information, euer eigenes Wissen hervorzubringen.

Wir arbeiten mit euch, um euch daran zu erinnern, wer ihr seid, so dass ihr die größte Quelle eurer eigenen Inspiration finden könnt. Wenn wir jedem von euch eine eigene Laufbahn verordnen könnten oder gar eine eigene Seinsweise, so würden wir euch alle bitten, eine Inspiration zu werden. Wenn ihr so leben könnt und wahrhaftig eine Inspiration sein könnt für jeden, mit dem ihr in Berührung kommt, dann werdet ihr *euer Licht leben*, und das ist etwas sehr Tiefgreifendes.

Denkt daran, dass wir unsere Gründe haben, hier zu sein, und ihr eure und dass wir alle hier sind, um gemeinsam zu wachsen und eine neue Frequenz zu erschaffen. Wir möchten Überzeugungen auflösen, die Individuen getrennt halten, während sie sich entwickeln. Wir wollen Botschafter sein, ein Spiel von Harmonie und Zusammenarbeit spielen, indem wir euch Informationen übermitteln, die euch im Innersten berühren, ganz gleich, was ihr vorher geglaubt habt.

Wir – also die Gruppe, die zu euch spricht – wir beabsichtigen, unsere eigene Biografie um einige interessante Erfahrungen zu bereichern. Als wir zum ersten Mal zu euch sprachen, bestand unser Kollektiv aus fünfzig bis fünfundsiebzig Wesenheiten – einige in einem Körper, andere nicht inkarniert, doch alle Plejader. Unsere Zahl ist seitdem gewachsen, und *unser* Kollektiv, allein unseres, und es gibt noch deren mehr, besteht nun aus weit über einhundert Wesenheiten aus vielen verschiedenen Systemen. Und nach wie vor gibt es in unserer Wirklichkeit Wesenheiten, die nicht glauben, dass wir erreichen können, was wir uns mit euch vorgenommen haben. Sie glauben, wir gingen zu viele Risiken ein, und doch beobachten sie gespannt, was geschehen wird.

Manche Menschen in eurem System glauben, dass wir hier sind, um Angst zu verbreiten. Aber das ist ganz und gar nicht so. Wir möchten niemanden von euch ängstigen: Wir möchten euch einfach informieren. Wenn ihr in einem dunklen Raum sitzt und seltsame Geräusche hört, kann euch das Angst machen. Wenn ihr jedoch das Licht einschaltet, um zu sehen, was das Geräusch verursacht, seht ihr, dass es nicht mehr zum Fürchten ist. Wir möchten, dass ihr wisst, womit ihr es zu tun habt. Licht ist Information; Unwissenheit ist Dunkelheit. Wir möchten, dass ihr im Licht arbeitet, nicht in der Dunkelheit.

Wir arbeiten mit euch, weil wir unser Bewusstsein in Richtung auf mehr freien Willen und mehr Ausdruckskraft erweitern wollen. Ebenso, wie es euer Job ist, das System, in dem ihr euch befindet, zu ändern, so haben wir die Aufgabe, *unser* System zu ändern. Wir sind nicht ohne eigenes Interesse. Wie gesagt, kommen wir aus eurer Zukunft, und in gewisser Hinsicht haben wir alle Hände voll zu tun. Wir brauchen euch, so wie ihr uns braucht. Ihr als Mitglieder der Lichtfamilie könnt eine großartige neue Alternative in die Kette der Realitäten einfügen, die in den nächsten Jahrzehnten ihre Wirkung entfalten wird, und zwar weil ihr physisch auf diesem Planeten lebt. Die Transformation wird *durch euch* erfolgen. Was ihr tut, berührt uns sehr. Was mit der Erde geschieht, hat große Auswirkungen auf uns.

Wir sind hier, um zu helfen, zu lehren und um uns zu entwickeln, indem wir gemeinsam durch diesen Prozess gehen. Wir stellen unsere Sicht der Dinge nur dar, um euch auf ein höheres Bewusstseinsniveau zu bringen. Wir möchten nicht behaupten, dass unsere Version, und *nur* diese, die volle Wahrheit ist! Unsere Belehrungen dienen einem großen Ziel, und die Geschichten, die wir erzählen, sind darauf angelegt, euch auf eine höhere Ebene des Bewusstseins zu bringen. Das ist unsere Absicht. Die Wörter, die wir wählen, und die Begriffe, von denen wir sprechen, sind Auslöser für Codes, die tief in euren Körpern gespeichert sind. Euer Körper wartet darauf, dass bestimmte Fragen von euch gestellt werden, damit sie mit den Antworten in euch in Resonanz treten können – so dass das zelluläre Gedächtnis innerhalb eures Körpers beginnen kann, sich an das zu erinnern, was es schon weiß. Während wir zu euch sprechen, werdet ihr euch erinnern.

Dadurch möchten wir eure Definition von Wirklichkeit erweitern; nehmt allerdings nichts, was wir sagen, wörtlich. Folgt immer der größeren Spirale, die wir zu schaffen beabsichtigen, damit ihr das umfassendere Bild sehen könnt. Bleibt nie bei der Definition stehen, die wir euch von einem Gedanken geben. Wir sind einfach hier, um euer Weltbild zu erweitern und an euren Käfigen zu rütteln, damit ihr langsam das wahre Wissen aktivieren könnt – das wahre Wissen, das in euch gespeichert ist. Dort sind die Daten, und wir sind gekommen, um sie in euch zu erwecken.

Wir möchten euch Gedanken vorlegen, damit ihr darüber nachsinnen könnt. Bleibt nicht in einem Gedanken stecken und lasst euch auch auf nichts ein, was euch nicht geheuer ist oder wovor ihr euch fürchtet. Macht euch klar: Wenn ihr die sogenannten dunklen Anteile oder den »Schatten« eurer Persönlichkeit betrachtet, so schafft ihr eine Möglichkeit der Befreiung für alle. Dies bringt uns zum grundlegendsten aller Grundsätze: *Denken erschafft.* Ganz gleich, in welcher Situation ihr euch befindet, es ist die Kraft eurer Gedanken, die euch dahin gebracht hat. Und der unerschütterliche Glaube daran, dass Gedanken Schöpferkraft haben, wird eure Erfahrung und das Leben auf dem Planeten verändern.

Wir empfehlen euch, jeden ein wenig in Frage zu stellen, der alles zu genau definiert und absolute Aussagen macht. Es ist wichtig, viele verschiedene Meinungen und viele verschiedene Geschichten zu hören. Hört einer Geschichte zu und seht, ob sie sich gut anfühlt. Nützt sie euch, erhebt sie euch? Wir möchten euch gerne beibringen, dass *ihr* darüber entscheidet, was ihr tut. Wir geben euch die Informationen; *ihr* müsst entscheiden, was ihr damit macht: *Ihr* seid für euer Leben verantwortlich, nicht *wir*. Wir sind stolz auf unsere Fähigkeit, Geschichten zu erzählen. Die Art, wie wir unser Material präsentieren, ist glaubwürdig und dabei unterhaltsam. Allerdings ist eine Geschichte, die wir euch zu einem bestimmten Zeitpunkt erzählen, gewiss nicht die einzig mögliche Geschichte. Sie ist nicht endgültig und nie die einzige Wahrheit. Sie ist nur ein Fragment, ein kleiner Teil des größeren Bildes.

Ganz gleich, welche Geschichte wir euch heute erzählen, wir garantieren euch, dass wir in einem Jahr eine andere erzählen werden, weil ihr in einem Jahr die Dinge in einer umfassenderen Weise verstehen könnt. Die Geschichte wird sich also ständig weiterentwickeln. Eure Aufgabe besteht darin, euch selbst in der Geschichte wiederzufinden, herauszufinden, was ihr *wisst* – nicht, was ihr glauben wollt oder was man euch gesagt hat. Es ist von entscheidender Wichtigkeit, dass ihr dem vertraut, was ihr wisst, denn Wissen ist eure Verbindung zu »Urschöpfer«. Wenn ihr anfangt, euch an eure Rolle zu erinnern, wird jeder Einzelne von euch wissen müssen, worum es in seinem Leben geht. Ihr habt es euch selbst ausgesucht, hier zu sein. Eure Aufgabe ist es, euch wieder auf den Wert der menschlichen Existenz zu besinnen und sie in den Vordergrund der Schöpfung zu stellen. *Ihr werdet gebraucht*. Ihr seid für diesen Auftrag viele Leben lang ausgebildet worden, und ihr seid nicht unvorbereitet gekommen. Alles, was ihr wissen müsst, liegt in euch selbst. Nun seid ihr aufgerufen, euch an euer Training zu erinnern.

In diesem Leben wird euch kein neues Wissen beigebracht werden. Wie wir schon gesagt haben: In diesem Leben geht es darum, dass ihr erinnert, was ihr bereits wisst. Wir sind nur hier, um euch dies ins Gedächtnis zu rufen. Das ist ein Teil unserer Aufgabe.

2

Urschöpfers Reise

Die Menschheit ist ein Experiment. Die Menschheit wurde konzipiert wie so ziemlich alles andere, was in der Schöpfung existiert. »Urschöpfer« begann vor langer Zeit in diesem Universum mit der Schöpfung zu experimentieren, um sich selbst besser entdecken und ausdrücken zu können und um größere Befriedigung zu finden. Urschöpfer brachte Energien und Lebensessenzen – Erweiterungen seiner selbst – in dieses Universum und stattete diese Erweiterungen mit seinen Talenten aus. Er gab seine Fähigkeiten freudig und großzügig weiter. Viele andere Universen existieren und viele Arten, sie zu gestalten. Dieses hier wurde als eine Zone des freien Willens konzipiert, in dem *alles erlaubt sein würde.*

Urschöpfer sagte zu den Erweiterungen seiner selbst: »Geht hinaus und erschafft und bringt alle Dinge zu mir zurück.« Das war eine ziemlich leichte Aufgabe, nicht wahr? Mit anderen Worten, Urschöpfer sagte: »Ich werde euch mit *mir* beschenken. Ihr geht hinaus und verschenkt euch freigiebig, so dass alles, was ihr in diesem Universum erschafft, im Kern mit mir identisch ist.«

Diese Erweiterungen Urschöpfers, die wir Schöpfergötter nennen wollen, gingen hinaus und fingen an, mit der Energie Urschöpfers, wie sie in ihnen existierte, zu experimentieren. Sie begannen, ihre eigene Hierarchie zu erschaffen, die ihrerseits weitere Hierarchien schuf. Jede nachfolgende Hierarchie erschuf eine weitere Hierarchie, um sie mit ihrer eigenen Essenz auszustatten und bei der Entwicklung dieses Universums mitzuhelfen.

Schließlich entstand in einem der galaktischen Systeme der Plan, die Erde als intergalaktischen Umschlagplatz für Informationen einzurichten. Es war ein großartiger Plan.

Die Erde bot exzellente Voraussetzungen. Sie befand sich am Rande eines der galaktischen Systeme und war von anderen Galaxien aus leicht erreichbar. Sie befand sich in der Nähe zahlreicher »Toröffnungen«, Portale genannt, den Wegen, die im All für den Transport von Energien durch den Raum existieren.

Es herrschte geschäftiges Treiben, um alle Galaxien hier auf diesem Planeten zu repräsentieren. Einige der Schöpfergötter waren meisterhafte Gentechniker. Sie konnten mittels ihrer Hierarchien Moleküle zusammenfügen – kodierte Moleküle einer bestimmten Kennung, Frequenz und elektrischen Ladung –, um Leben zu erschaffen. Viele mit Bewusstsein ausgestattete Kulturen gaben etwas von ihrer DNS, um mit ihrer Kodierung auf dem Planeten namens Erde vertreten zu sein. Danach entwickelten die gentechnischen Experten unterschiedliche Arten, manche menschlich, manche tierisch, indem sie die verschiedenen Spielarten der genetischen Informationen kombinierten, zu denen die bewusstseinsfähigen Kulturen beigetragen hatten, um die Erde zu einem Zentrum für den Austausch von Informationen zu machen, zu einem Lichtzentrum, einer Lebendigen Bibliothek.

Der Plan für die Erde war gewaltig.

Die Ursprünglichen Planer der Erde waren Mitglieder der Lichtfamilie, Wesen, die für und in Verbindung mit einem Bewusstseinsaspekt namens Licht arbeiteten. Licht ist Information. Die Mitglieder der Lichtfamilie schufen das Informationszentrum, das sie erdacht hatten. Ihnen schwebte ein Ort vor, wo Galaxien ihre Informationen einbringen und wo alle ihr spezielles Wissen beitragen konnten. Die Erde sollte eine kosmische Bibliothek werden, ein Ort von unglaublicher Schönheit, der damit experimentierte, wie Information durch Frequenzen und den genetischen Prozess gespeichert werden kann.

Außerhalb der Struktur der Zeit können 100.000 Jahre wie ein Jahr eurer Zeitstruktur vergehen. Diese Schöpfergötter existierten nicht in der Zeit, wie ihr sie kennt. Auf einige 100.000 oder Millionen Jahre kam es ihnen nicht an.

Verschiedene Energien wurden manifestiert.

Vor vielleicht 500.000 Jahren gab es auf der Erde schließlich menschliche Arten, die sehr hochstehende Zivilisationen entwickelten. Wir sprechen jetzt nicht von den Kulturen, die ihr Lemurien oder Atlantis nennt; die sind für uns modern. Wir meinen Zivilisationen, die uralt sind und unter den Eiskappen des antarktischen Kontinents begraben liegen.

Doch dann wurde das Projekt der Lebendigen Bibliothek auf der Erde zum Streitobjekt. Es wirkte so verlockend, dass jemand es besitzen wollte. In der frühen Geschichte der Erde kam es zu Kriegen im Weltraum um die Herrschaft über sie. Habt ihr euch je gefragt, wem die Erde gehört? Sie ist ein vorzügliches Stück Grund und Boden. Glaubt ihr, so etwas bliebe im Weltraum ohne Besitzer?

Gefechte fanden statt, und die Erde wurde zu einem Ort der Dualität. Bestimmte Schöpfergötter, die das Recht hatten zu tun, was immer sie wollten – weil die Erde eine Zone des freien Willens ist –, kamen und übernahmen die Herrschaft. Wir nennen dies die »Invasion« der Erde. Es war wie der Aufkauf von Firmen durch Börsenhaie an der Wall Street. Diese Schöpfergötter rissen sich die Erde vor ungefähr 300.000 Jahren unter den Nagel – also in einer Epoche, die ihr geschichtlich als den Beginn der menschlichen Zivilisation bezeichnet. Aber das ist nur eure heutige Lehrmeinung. Tatsächlich war es nur der Anfang der späten Phase, der Phase der modernen Menschheit.

Im Zuge von Kämpfen im Weltraum gewann eine bestimmte Gruppe von Wesenheiten die Oberhoheit über die Erde. Diese neuen Besitzer wollten nicht, dass die einheimische Spezies – die Menschen – wussten, was vor sich ging. Unwissend waren die Bewohner leichter zu beherrschen. Licht ist Information und Dunkelheit Mangel an Information. Das ist der Grund, warum diese Wesenheiten das Licht unterdrücken, und die Erde wurde zu ihrem Herrschaftsbereich. Das vermittelt euch eine neue Vorstellung von Licht, nicht wahr? Es gab damals gewaltige nukleare Aktivitäten, und ein Großteil der Erde wurde verwüstet.

Die ursprüngliche Spezies, die Menschen, wurden stark dezimiert und in alle Winde zerstreut. Die neuen Schöpfergötter, die jetzt die Erde besaßen, waren ebenfalls Meister der Gentechnik. Sie verstanden sich darauf, Leben zu erschaffen, und wollten dieses Territorium für ihre eigenen Zwecke nutzen.

Territorien werden von bestimmten Energien aus vielen Gründen erschaffen und gehalten. Einer davon ist, *dass allem Bewusstsein innewohnt.* Bewusstsein kommuniziert ständig. Bewusstsein schwingt oder kann zum Schwingen auf bestimmten elektromagnetischen Frequenzen gebracht werden. Elektromagnetische Bewusstseinsenergien können so beeinflusst werden, dass sie auf eine bestimmte Weise zu schwingen beginnen, die sie zu einer Nahrungsquelle werden lässt. So wie Äpfel auf verschiedene Art zubereitet und gegessen werden können, kann auch Bewusstsein auf verschiedene Arten zubereitet und aufgenommen werden.

Im Verlauf ihrer eigenen Evolution fanden einige Wesenheiten heraus, dass sie sich ernähren konnten, indem sie Leben erschufen, es mit Bewusstsein ausstatteten und die Frequenzen dieser Bewusstseinsformen veränderten. So konnten sie die Oberhand behalten. Sie kamen darauf, dass sich Urschöpfer auf diese Weise am Leben erhält. Urschöpfer schickt andere aus, um eine elektromagnetische Bewusstseinsschwingung zu erzeugen, die seine Existenz bewahrt.

Die neuen Besitzer des Planeten Erde hatten auf etwas anderes Appetit und bevorzugten andere Dinge als die früheren Besitzer. Sie ernährten sich von Chaos und Angst. Das ernährte sie, stimulierte sie und hielt sie an der Macht: negative Zusammenhänge. Diese neuen Besitzer, die vor 300.000 Jahren auf diesen Planeten kamen, sind jene mächtigen Wesen, von denen in eurer Bibel, auf den babylonischen und sumerischen Tafeln und in Texten auf der ganzen Welt berichtet wird. Sie kamen auf die Erde und krempelten die menschliche Spezies völlig um. Sie setzten euer Erbgut neu zusammen, damit ihr innerhalb eines bestimmten begrenzten Bereichs sendet, dessen Frequenz sie ernähren und an der Macht halten konnte.

Der ursprüngliche Mensch war ein großartiges Wesen, dessen zwölf DNS-Stränge von einer Vielzahl von Zivilisationen stammten. Als die neuen Besitzer ankamen, schufen diese in ihren Labors Versionen des Menschen mit einer anderen DNS – der DNS mit zwei Strängen in Form einer doppelten Spirale oder Doppelhelix. Sie nahmen die DNS der ursprünglichen Menschen mit ihren zwölf Strängen und zerlegten sie. Die Blaupause blieb in den menschlichen Zellen erhalten, aber sie hatte keine Funktion mehr; sie war fragmentiert, abgeschaltet.

Innerhalb der menschlichen Zellen befinden sich kodierte Lichtfäden, hauchdünne Energiefasern, die Information enthalten. Wenn diese Fäden wie in einem Kabel zusammenarbeiten – so wie das in der Faseroptik geschieht –, so bilden sie die Spirale eurer DNS. Als ihr umstrukturiert wurdet, ließ man euch die Doppelhelix. Alles, was für das Überleben nicht notwendig war, und alles, was euch mit Information versorgt hätte, wurde ausgeschaltet. Euch blieb nur die Doppelhelix, die euch auf kontrollierbare, leicht zu handhabende Frequenzen festlegte.

Ein Frequenzzaun, einem elektrischen Zaun vergleichbar, wurde um den Planeten Erde gelegt, um zu überwachen, wie sehr die Frequenzen der Menschen moduliert und verändert werden konnten. Dieser Frequenzzaun machte es für Lichtfrequenzen – also Information – sehr schwierig, durchzukommen. Wenn Lichtfrequenzen *doch* die Barriere durchdringen konnten, war da kein Licht, um sie zu empfangen. Die DNS der Menschen war ausgeschaltet, die Lichtfäden nicht mehr strukturiert, und so fanden die lichtbringenden, schöpferischen Strahlen aus dem Kosmos nichts mehr, worin sie sich einklinken und woran sie sich festhalten konnten.

Welche Rolle spielt *ihr* nun in dieser Geschichte? Ihr seid Mitglieder der Lichtfamilie. Die bloße Tatsache, dass ihr dieses Buch lest, zeigt, dass ihr dazugehört. Für einige von euch ist dies wie ein Traum. Wir erinnern euch an das, was ihr im Inneren wisst. Wir sind auf diesen Planeten gekommen, um eure Erinnerungen wachzurufen – um die Menschheit durch das Band des Lichts zu inspirieren, damit ihr beginnt, euch zu erinnern, wer ihr seid, damit ihr eure eigene Wirklichkeit erschafft, damit ihr die Frequenz auf dem Planeten verändert und wieder euren rechtmäßigen Anspruch auf euch und euer Territorium anmeldet.

Wir, als Plejader, kommen durch die Zeit zu euch zurück – in etwas, das man vielleicht unsere Vergangenheit nennen könnte – auf den Spuren der Vertreter des Lichts. Wir kommen zu euch zurück, um eine Frequenz mit euch zu teilen. Jeder von euch hat sich bereit erklärt, diese Frequenz auf die Erde zu tragen, um die DNS der manipulierten Menschheit wieder in ihren früheren Zustand zu versetzen. Das ist eine umwerfende Geschichte, stimmt's? Sie könnte glatt Schlagzeilen machen.

Aber die Ursprünglichen Planer haben dieses Territorium nie als verloren betrachtet. Glaubt ihr, sie werden so leicht aufgeben? Die Ursprünglichen Planer baten die Lichtfamilie, das Projekt zu unterwandern, sich einzeln zu inkarnieren und das Licht – als Information auf dem Weg schöpferischer kosmischer Strahlen – an den Ort zu bringen, wo es verlorenging. Die Lichtfamilie begann ihre Arbeit hier, sie kam in ein System, dem es an Licht, an Information mangelte. Indem sie die Gesetze der Menschheit veränderten, gelang es der Lichtfamilie, diese schöpferischen kosmischen Strahlen in die Körper der Menschen zu bringen, zuerst in einzelne, dann in ganze Gruppen. Äonen hindurch wurden sehr kleine Mengen der informativen Frequenzen auf den Planeten gesendet. Manchmal wurden große Kämpfe ausgetragen, um das Licht, das immer nach Ausdruck drängte, fernzuhalten.

Die Ursprünglichen Planer wussten, dass dies kosmisch gesehen für sie eine Lektion im Zulassen war, dass sie lernen mussten, die

Schöpfergötter zu verstehen, die ihnen ihr Projekt weggenommen hatten. Sie machten sich jedoch daran, ihre eigene Version des Planes einzubringen, die genau dann greifen würde, wenn die Frequenz der Erde sich veränderte und die Besitzer zugrunde gingen, falls sie ihre Frequenz nicht ebenfalls änderten. Emotionen sind eine Form der Nahrung. Manche ernähren sich von Liebe, und die Ursprünglichen Planer möchten die Frequenz der Erde in eine der Liebe verwandeln. Den jetzigen Besitzern muss die Nahrung entzogen werden – Angst, Sorgen, Chaos, Hunger und Verzweiflung.

Ratet einmal, wer das tun wird! Ihr! Als Mitglieder der Lichtfamilie seid ihr Rebellen. Ihr sprengt das System; ihr seid hier, um eure eigenen Ängste zu besiegen und dem Rest des Planeten zu zeigen, dass es keinen Grund gibt, sich vor irgend etwas zu fürchten. Es macht euch Spass, die Dinge aufzumischen. Euer Zweig der Lichtfamilie ist dafür berühmt. Ihr seid berühmt dafür, in Realitätssysteme zu gehen, die Frequenz zu ändern und auf diese Weise Information zu bringen. Es ist nicht eure Aufgabe, zu missionieren. Ihr geht einfach in Systeme hinein und fungiert als Empfänger für die schöpferischen kosmischen Strahlen.

Ihr nehmt sie in eure Körper auf, die Körper, die ihr als Menschen innehabt. Ihr seid sozusagen als Menschen getarnt, und ihr lasst durch euer Sosein einen Prozess anlaufen.

Ihr enthaltet ein verborgenes Wissen, und wenn eure Erinnerung aufsteigt, werdet ihr auf den Plan reagieren, mit dem ihr hierher auf die Erde gekommen seid, um bei der Änderung der Frequenzen dabei zu sein. Ihr werdet anfangen, eine bestimmte Frequenz zu halten und sie dann zu leben. Eure Identität als Frequenz ist die Summe der Ausstrahlungen eures physischen, mentalen, emotionalen und spirituellen Körpers, gesendet als elektronische Impulse. Indem ihr eure Frequenz lebt, beeinflusst ihr jeden, wo ihr auch hingeht. So wie jetzt schon. Viele verstehen ihre Aufgabe bereits, bei anderen steigt die Erinnerung gerade erst an die Oberfläche.

Der Plan, die Frequenzbeschränkung, die die Menschheit beeinträchtigt, wieder aufzuheben, umfasst die Neubündelung eurer

DNS und der kodierten Lichtfäden. Der Plan ist gigantisch. Die Erde trägt auf ihre Weise zur Evolution des Universums bei. Hier ist der Ort, wo sich alles abspielt, der Brennpunkt des Geschehens. Hier beginnt der Plan zu erblühen, und was auf der Erde geschieht, wird viele, viele Welten beeinflussen.

Als Mitglieder der Lichtfamilie habt ihr zugestimmt, viele Male auf die Erde zu kommen – in vielen Gestalten und zu vielen verschiedenen Zeiten –, um euch einzuarbeiten, um herauszufinden, worum es geht, und um ausgebildet zu werden. Ihr musstet die Erde erfahren und euch auf die Zeit vorbereiten, in der die Frequenzänderung geschehen würde und ihr alle in großer Zahl inkarnieren würdet, um den Plan in die Tat umzusetzen.

∞

Überall fängt die Lichtfamilie jetzt an, sich zu vereinigen. Ihr müsst euch auf das konzentrieren, was ihr gemeinsam habt, nicht auf das, was euch trennt. Als Mitglieder der Lichtfamilie bringt ihr Informationen neutral auf den Planeten, um euer Wachstum zu stimulieren. Ihr müsst dies tun – *denn euer eigenes Wachstum beeinflusst das Wachstum des Planeten.*

Eure DNS wird sich wieder von zwei auf zwölf Stränge erweitern. Diese zwölf Spiralen oder Helices entsprechen den Energiezentren oder Chakren innerhalb und außerhalb eures Körpers. Millionen von euch haben diesmal auf dem Planeten eine Mission, und ihr habt zugestimmt, die Frequenz weiterzutragen, um die Mission zu erfüllen. Eine Handvoll von euch wird energetisch wieder makellos rein, und diese Handvoll beeinflusst die anderen. Bald werdet ihr euch sehr klar darüber werden, wer ihr seid und welche Aufgabe ihr habt.

Dieser Prozess ist ein unglaublicher Evolutionssprung, und er wird in den nächsten Jahren immer schneller ablaufen. Es gibt Menschen, die schon eine Neuausrichtung der zwölf DNS-Stränge, der zwölf Helices, erhalten haben. Diese zwölf spiralförmigen

Stränge stehen innerhalb und außerhalb des Körpers miteinander in Wechselwirkung. Die Verbindung der zwölf Stränge bedeutet, dass immer öfter zwölf Energie- oder Informationszentren funktionsfähig sein werden und imstande sind, Informationen hin und her zu schicken.

Traditionell sind sieben dieser Zentren in eurem Körper angesiedelt und fünf außerhalb des Körpers. Sie sind gemeinhin als Chakren bekannt und auf die Drehung der zwölf himmlischen Körper abgestimmt, die ihr zurzeit innerhalb eures Sonnensystems kennt – der zwölf Himmelskörper, wie ihr sie in eurer dreidimensionalen Realität wahrnehmt. Diese zwölf Himmelskörper drehen sich mit System: Sie drehen sich im Einklang mit den Chakrensystemen, die bis zum Ende des Universums reichen, und sie drehen sich im Einklang mit der DNS innerhalb eures Körpers.

Wenn die menschliche DNS als Helixsystem mit zwölf Strängen neugebündelt wird und sich diese Information auswirkt, wird unglaubliche Kraft frei. Menschen werden einfach dadurch, dass sie zusammenkommen und gemeinsam eine Absicht formulieren – gemeinsam ein telepathisches Gefäß für Energien aus dem gesamten Kosmos werden –, das Gesicht des Universums verändern.

Wir nennen den Vorgang der Neubündelung eurer DNS eine *Mutation*. Sowie ihr als Mitglieder der Lichtfamilie diese Mutation in eurem Körper geschehen lassen könnt, werdet ihr eure zwölf Informationszentren integrieren können. Ihr werdet zu verstehen beginnen, *dass ihr eure Erfahrungen erschafft*, und ihr werdet lernen, *bewusste Schöpfer* zu werden. Mehr noch, ihr werdet *bewusste Erinnerer* dessen werden, wer ihr seid.

Wenn euer zehntes, elftes und zwölftes Chakra sich langsam öffnet, werden sich viele außerplanetarische Energien in eurem Leben bemerkbar machen. Diese Energien werden auf dem Planeten Erde in Erscheinung treten, wenn immer mehr von euch die höheren Frequenzen beibehalten. Das zehnte Chakra steht in Verbindung mit dem Sonnensystem, das elfte mit der Galaxis und das zwölfte mit einem Ort im Universum. Sobald ihr diese Frequenzen haltet, werdet ihr Informationen auf den Planeten bringen, die den Großteil der Welt verblüffen und schockieren werden.

Es wird ein Verschmelzen von Identitäten, ein Verschmelzen von Kulturen, ein Einfließen vieler neuer Weltauffassungen stattfinden, und es wird viel Chaos und Verwirrung herrschen. Als Mitglieder der Lichtfamilie werdet ihr dies einfach beobachten, weil ihr wisst, dass Chaos und Verwirrung kommen *müssen*, um das System zerfallen zu lassen, damit es mit Licht neu erbaut werden kann. Als Mitglieder der Lichtfamilie könnt ihr verstehen, dass ein Evolutionsprozess vor sich geht und dass diejenigen, die mit dem Wechsel der Frequenzen umgehen können, sich auf jeden Fall weiterentwickeln werden. Die Erde ist gerade ein sehr aufregender Ort.

Der Plan ist gut, nicht wahr?

3

Wer eure Götter sind

Es gibt viele falsche Auffassungen über Göttlichkeit. Die Universen sind voll mit intelligenten Wesen, die im Zuge ihrer Entwicklung alle möglichen Fähigkeiten entfaltet haben, um ihr Bedürfnis nach schöpferischem Ausdruck zu befriedigen. Das Wichtige am Dasein und am Bewusstsein ist Schöpferkraft, und sie kann unendlich viele Formen annehmen.

Vor Äonen war die Erde bloß ein Gedanke im Bewusstsein machtvoller Wesen, die sich die Aufgabe gestellt hatten, neue Daseinsformen zu erschaffen. Viele dieser Wesen beeinflussten die Erschaffung dieses Universums, und ihr habt sie als *Gott* bezeichnet. In Wahrheit waren es außerirdische, lichttragende Energien, die weit von Urschöpfer entfernt waren. Wir verwenden den Begriff Gott, im Sinne des *einen* Gottes, kaum. Und wenn, dann beziehen wir ihn auf die Wesenheit, die wir als Urschöpfer kennen. Urschöpfer stattete in seiner persönlichen Implosion der Liebe alle Dinge mit Bewusstsein aus. Alle Dinge sind Urschöpfer auf Urschöpfers Reise.

Wir sehen uns selbst als eine Erweiterung Urschöpfers – ständig Informationen sammelnd und ständig auf der Suche nach Abenteuern, tun wir alles, um unser Leben interessanter und aufregender zu machen, damit wir Urschöpfer nähren können. Während wir

Urschöpfer durch unsere Pläne und Unternehmungen mit neuen Eindrücken versehen, verleihen wir ihm mehr Energie, die er wiederum an neue Schöpfungen weitergeben kann.

Wir sind nie in die Nähe der Wesenheit Urschöpfer gelangt. Sogar diejenigen unter uns, die Wesen von höchster Lichtschwingung sind, wären dazu noch nicht weit genug entwickelt. Wir sind nicht darauf vorbereitet, die Intensität dieser Ausstrahlung auszuhalten. Es ist unser Wunsch, an einem bestimmten Punkt unserer Evolution einmal einen Blick auf Urschöpfer zu erhaschen oder vielleicht für einige Zeit mit ihm zu verschmelzen. Wir wissen, dass dies möglich ist, daher streben wir danach.

Um Urschöpfer nahezukommen, muss man ein sehr hoch entwickeltes Bewusstsein haben und die Fähigkeit, große Mengen an Information zu beherbergen. Viele Menschen auf der Erde haben das Gefühl gehabt, mit Gott verschmolzen zu sein. Sie sind vielleicht mit einem *Teil* Urschöpfers verschmolzen, der zu diesem Zeitpunkt ihren Schwingungen am ehesten entsprach. Die vollständige Schwingung Urschöpfers würde den physischen Körper augenblicklich zerstören – so viel Information kann er nicht aufnehmen. Diejenigen, die für euch »Gott« darstellen, sind nur ein winziger Teil Urschöpfers.

Und sogar Urschöpfer ist nur Teil von etwas Größerem. Urschöpfer entdeckt immer wieder, dass er ein Kind einer anderen Schöpfung ist und dass er sich in einem ständigen Prozess der Selbsterkenntnis und Bewusstwerdung befindet. Erinnert euch: In allen Dingen ist Bewusstsein, und Bewusstsein wurde nie erfunden, es *existiert* einfach. Bewusstsein ist Wissen, und im Wissen seid ihr Urschöpfer am nächsten. Wenn ihr eurem Wissen vertraut, aktiviert ihr den Gott in euch. Zurzeit wächst auf dem Planeten das Bewusstsein dafür, wie groß die Welt wirklich ist und wer in dem globalen Spiel die Fäden zieht – und nicht nur auf der Welt, sondern im gesamten *Kosmos.*

Ebenso wie ihr auf der Erde Hierarchien habt, die euch nicht immer bewusst sind, gibt es auch im Kosmos Hierarchien. Ihr könnt auf der Erde in einer bestimmten Gegend leben, ohne viel von der herrschenden Hierarchie zu merken. Ihr könnt euer Land bestellen, eure Steuern zahlen, nicht zur Wahl gehen und die Bürokratie weitgehend ignorieren. Auf etwa die gleiche Weise ignoriert die Erde die politischen bürokratischen Strukturen im Universum.

Ihr müsst verstehen, dass Bürokratien und Hierarchien existieren und dass diese Organisationen die Zeit anders erfahren als ihr. Andere leben nicht innerhalb der Zeitstruktur, wie ihr sie kennt. Was für euch ein Jahr ist, ist vielleicht für andere nur ein kleiner Teil eines Tages. Wenn ihr anfangt, dies wirklich zu begreifen, könnt ihr verstehen, warum dieser Planet in den letzten paar Jahrtausenden scheinbar sich selbst überlassen blieb. Aber jetzt fängt es im Himmel an allen Ecken zu brodeln an, und ihr werdet viel damit zu tun haben, große Mengen von neuer Information in euer Weltbild und eure Glaubenssysteme einzubauen. Auf diesen Planeten kommt ein Kulturschock zu – eine große Überraschung.

Ihr seid aus einem bestimmten Grund zu dieser Zeit hierhergekommen: Die Schöpfergötter, die die Menschheit genetisch veränderten, kehren zurück. Einige von ihnen sind bereits da. Dieser Planet ist immer wieder besucht worden, und viele verschiedene Formen menschlichen Lebens wurden hier durch alle möglichen Experimente ins Leben gerufen. Die Erde ist in ihrer Geschichte von vielen Faktoren beeinflusst worden. Es gab hier Zivilisationen, die Millionen Jahre lang existiert haben, die kamen und gingen und keine Spur hinterließen. Jede einzelne von ihnen wurde von denen geprägt, die ihr *Gott* nennen könntet.

Eure Geschichte ist von einer Reihe von Lichtwesen beeinflusst worden, die ihr als *Gott* bezeichnet habt. In der Bibel wurden viele dieser Wesen als ein einziges dargestellt. Aber sie waren keineswegs nur eines, sondern vielmehr eine Kombination von sehr mächtigen außerirdischen Lichtenergien. Aus unserer Sicht waren sie wahrlich ehrfurchtgebietende Energien, und man kann leicht verstehen, warum sie glorifiziert und angebetet wurden. Auf der Erde gibt es keine Aufzeichnungen, die euch ein wahres Bild von diesen Wesen vermitteln.

Alle Götter kamen hierher, um zu lernen und um durch die Arbeit mit Schöpferkraft, Bewusstsein und Energie ihre eigene Entwicklung zu fördern. Einige waren sehr erfolgreich und lernten ihre Lektionen, andere machten ziemlich verheerende Fehler.

Wer waren nun diese Götter aus grauer Vorzeit? Sie waren Wesen, die die Wirklichkeit formen konnten und die den Naturgeistern befehlen konnten, sich ihrem Willen zu beugen. Üblicherweise hat die Menschheit immer solche Wesen als *Gott* bezeichnet, die Dinge tun konnten, die Menschen nicht zustande brachten.

Diese Wesen sind aus vielen alten Kulturen überliefert, sie wurden als geflügelte Geschöpfe und als Kugeln aus Licht dargestellt. Die Welt ist voll von Hinweisen, Indizien und Artefakten, die etwas über eure alten Götter verraten. Diejenigen jedoch, die die Menschen manipulieren wollten, dachten sich ihre eigenen Geschichten aus, um ein Glaubensmuster zu schaffen, das euch unterdrückt. Man erzählte euch, diese Wesen seien wirklich Götter, und man brachte euch bei, ihnen Opfer zu bringen, ihnen zu gehorchen und sie anzubeten. Dieses Paradigma steht jetzt vor einer großen Umwälzung. Die Wahrheit wird deutlich werden, eine Wahrheit, die eure Sicht der Welt grundlegend verändern wird. Wehe denen, die das nicht sehen wollen! Die Schockwellen werden sich über die ganze Welt ausbreiten.

Die Schöpfergötter, die diesen Planeten regiert haben, besitzen die Fähigkeit, physische Gestalt anzunehmen, aber sie leben meistens in anderen Dimensionen. Sie halten die Erde auf einer bestimmten Frequenz, indem sie traumatische Gefühle herbeiführen, um sich zu ernähren. Manche Wesen respektieren das Leben wie nichts anderes, andere respektieren es *überhaupt nicht*, und sie verstehen auch ihre Beziehung zum Leben nicht.

Bewusstsein ernährt Bewusstsein. Diese Vorstellung ist für euch schwer verständlich, denn ihr ernährt euch von Lebensmitteln. Für einige Wesen ist jedoch Bewusstsein die Nahrung. Jede Nahrung enthält in gewisser Weise Bewusstsein, ganz gleich ob man sie brät, kocht oder im Garten pflückt; ihr nehmt sie zu euch, um euch zu ernähren. Für andere sind eure *Emotionen* Nahrung. Wenn ihr zu

Zerstörung und Wahnsinn getrieben werdet, so erschafft ihr damit eine Frequenz, die die Existenz von Wesen aufrechterhält, die sich davon ernähren.

Es gibt aber auch solche, die von der Schwingung der Liebe leben, und diese Gruppe würde auf diesem Planeten gerne wieder die Liebe als Nahrung einführen. Sie möchte dieses Universum in eine Schwingung der Liebe versetzen, so dass es die Möglichkeit hat, hinauszugehen und andere Welten zu gründen.

Ihr seid die Gruppe der »Lichtrebellen«, und ihr habt euch bereit erklärt, auf diesen Planeten zurückzukommen. Ihr habt hier einen Auftrag. Ihr übernehmt diese physischen Körper, und ihr beabsichtigt, sie durch eure spirituelle Identität zu verändern. Ihr habt alle mit großer Sorgfalt die Vererbungslinien gewählt, die euch die besten Voraussetzungen bieten.

Jeder von euch hat eine genetische Vergangenheit gewählt, an der die Mitglieder der Lichtfamilie beteiligt waren.

Als die Menschen ihr angestammtes Reich noch besaßen und viele verschiedene Realitäten verstehen konnten, waren sie imstande, multidimensional zu existieren; sie standen auf einer Stufe mit den Göttern. Ihr seid dabei, diese Identität wieder in euch zu erwecken.

Die Götter bemächtigten sich dieser Wirklichkeit.

∞

Heute verleibt sich vielleicht ein Konzern eine Firma ein, weil ihre Pensionskasse gut gefüllt ist – eine Frage der Ressourcen. Zu der Zeit, als die Eroberer ankamen, war dieser ganze Planet ein Ort großer Ressourcen. Damit ihr glauben würdet, sie seien wirklich *Götter*, strukturierten sie euch genetisch um.

Damals wurde die Lichtfamilie im Universum zerstreut, und das »dunkle Team«, das aus Unwissenheit handelte, kam an. Eure Körper tragen Angst in sich und eine Erinnerung an die Sehnsucht nach dem Wissen, das diese Götter besaßen und euch wegnahmen. Die Götter, die das taten, sind bemerkenswerte Weltraumwesen. Sie können viele Arten von Manipulation durchführen und arbeiten auf unterschiedlichste Weise mit Wirklichkeiten. In ihrer Unwissenheit begannen die Menschen, diese Wesen *Gott* zu nennen.

Gott, der *eine Gott*, hat niemals diesen Planeten als eine Wesenheit besucht. Der eine Gott ist *in allen Dingen*. Ihr habt nur mit begrenzten Göttern zu tun gehabt, die angebetet werden wollten und euch in die Irre führten und die Erde als eine Art Fürstentum betrachtet haben, als einen Ort, den sie da draußen in den galaktischen Randgebieten dieses Universums des freien Willens besitzen.

Vor der Invasion durch die selbsternannten Schöpfergötter hattet hattet ihr gewaltige Fähigkeiten. Dem ursprünglichen Vertreter des Menschengeschlechts waren unglaubliche Mengen an Information verfügbar, er war interdimensional und konnte vieles vollbringen. Als diese Schöpfergötter die Invasion durchführten, waren sie der Meinung, dass die Einheimischen zu viel wussten. Sie konnten beinahe genauso viel wie diejenigen, die sich als Gott ausgaben.

Also wurde eine biogenetische Manipulation durchgeführt, und es gab große Zerstörungen. Experimentelle Versionen der Spezies wurden auf den Planeten eingeführt, deren ursprüngliche Datenbank desorganisiert, aber nicht zerstört war. Früher einmal war eure Erbinformation intakt. Sie glich einer schönen Bibliothek, wo die Bücher katalogisiert und nach Stichwörtern geordnet sind und wo ihr alles sofort finden könnt. Als die biogenetische Veränderung stattfand, um die Daten aus dem Zusammenhang zu reißen, war das so, als ob jemand den Stichwortkatalog versteckt und alle Bücher aus den Regalen auf einen Haufen geworfen hätte. So wurde eure DNS vor langer Zeit von den Eroberern durcheinandergebracht.

Wir erzählen euch jetzt eine Geschichte; hierzu gibt es eindeutig eine Geschichte. Wir sprechen nicht euren logischen Verstand an, sondern euer Gedächtnis, so dass ihr euch allmählich erinnern könnt, an dieser Geschichte teilgenommen zu haben. Auf diese Weise werdet ihr langsam verstehen, was geschehen ist und wer ihr seid.

Jegliche genetische Information wurde fragmentiert; sie hatte keine Ordnung, aber sie verblieb in den Zellen. Die einzige Information, mit der ihr noch spielen konntet und die euch funktionieren ließ, war die Doppelhelix. Viele Datenbanken der Doppelhelix wurden stillgelegt, geschlossen, so dass ihr anfingt, mit sehr wenigen Daten zu operieren. Ihr wart leicht von vielen Bewusstseinsaspekten, die sich als *Gott* ausgaben, zu manipulieren.

Bestimmte Wesenheiten nahmen die vorhandene Menschheit, die wahrlich ein glorreiches Geschlecht war, und modelte sie zu ihrem eigenen Nutzen, für ihre eigenen Bedürfnisse, um. Sie unterbrachen die Kommunikationswege innerhalb des menschlichen Systems, veränderten die Erbinformation und gaben euch die Doppelhelix, damit ihr in Unwissenheit gehalten werden konntet. Eure Empfangsfrequenz wurde einfach abgeschaltet, so dass ihr sozusagen nicht mehr an der Skala eures eigenen Radios drehen konntet.

Diese Schöpfergötter machten sich daran, die DNS im menschlichen Körper zu verändern, welche die Intelligenz, den Bauplan, den Code, darstellt. Wenn ein Code keinen Ort hat, an dem er zur Anwendung kommen kann, so kann er sich nicht mehr in Gang setzen oder manifestieren. Wenn ihr in einem winzig kleinen Raum eingesperrt seid und nie Platz zum Wachsen habt, könnt ihr euch nie Ausdruck verschaffen. In den letzten paar tausend Jahren wurde euer Code in eine sehr eingeschränkte DNS gezwängt.

Einer der Gründe, warum es so interessant ist, gerade jetzt auf der Erde zu sein, ist der, dass in eurer DNS eine Neuordnung oder Umrüstung stattfindet. Kosmische Strahlen gelangen auf den Planeten und senden Signale der Veränderung, die euren Körper neu ordnen. Die verstreuten Daten, die die Geschichte und das Bewusstsein der Lebendigen Bibliothek enthalten, organisieren sich wieder.

Die DNS entwickelt sich. Neue Helices oder Stränge bilden sich, während sich die kodierten Lichtfäden bündeln. Daten werden in eurem Körper durch elektromagnetische Energien von Urschöpfer zusammengefasst. Wir sind hier, um diesen Prozess in euch zu beobachten, um euch zu helfen und auch, um uns selbst zu entfalten.

Wenn nun diese Neubündelung oder Neuordnung geschieht, werdet ihr ein differenzierteres Nervensystem schaffen, wodurch viel mehr

Daten in euer Bewusstsein dringen können. Ihr werdet viele Gehirnzellen aktivieren, die bis jetzt brachlagen, und ihr werdet willentlich über euren gesamten physischen Körper verfügen können, statt nur über einen kleinen Teil wie bisher. Jeder Ort auf dem Planeten ist von diesem Wandel, von dieser wachsenden Bewusstheit, erfasst. Diejenigen von euch, die »Wächter des Lichts« sind, die diese gegenwärtige Wirklichkeit vollkommen verändern wollen und neue Möglichkeiten eröffnen möchten, verankern die Frequenz. Wenn sie nicht verankert und verstanden wird, kann sie Chaos erzeugen. Sie *wird* Chaos erzeugen. Das ist der Grund, warum ihr euch »erden« müsst. Wenn Chaos richtig genutzt wird, bringt es eine Phase der Neuordnung mit sich. Die Zeit bricht in sich zusammen, die Energie wird größer und größer. Ihr seid hierhergekommen, um diese Energie als Erste zu verwenden. Wenn ihr die Energie in euren Körper hineinzieht, schafft ihr Pfade des Bewusstseins, die anderen helfen werden; sie müssen dann nicht das durchmachen, was ihr durchmacht.

Viele Menschen werden plötzlich ganz ohne Vorbereitung diese Energie spüren. Ihr alle zieht Licht, das heißt Daten und Information, auf den Planeten, und ohne dass ihr auch nur ein Wort zu sagen braucht, schafft ihr dadurch neue Wege, die das Bewusstsein erkunden kann.

Die neuen Wege für das Bewusstsein erschaffen neue Wirklichkeiten, neue Möglichkeiten und neue Lebensformen. Daher ist der Zusammenbruch eurer Gesellschaft unvermeidbar: Sie enthält kein Licht, sie bietet keine multidimensionalen Möglichkeiten, sie engt euch ein – und ihr seid es leid.

Die Schöpfergötter sind Raumwesen, die ihre eigene Heimat im All haben. Auch sie entwickeln sich weiter. Manche würden sie am liebsten aus dem »Club der Schöpfergötter« hinauswerfen, weil sie keinen Respekt vor dem Leben haben, das sie erschaffen. Vor der Machtergreifung vor ungefähr 300.000 Jahren arbeiteten viele Mitglieder des ursprünglichen Teams hier, um Information zu bringen und dieses riesige Informationszentrum zu erschaffen, das viele galaktische Systeme miteinander verbinden sollte.

Dann gab es einen großen Krieg zwischen den Schöpfergöttern. Die Weltraumwesen siegten, und seither kann man ihre Geschichten in den alten Manuskripten dieses Planeten nachlesen. Sie kamen hierher, weil sie diesen Ort aus vielfältigen Gründen für sich haben wollten. Hier, in Urschöpfers Universum, *ist alles erlaubt.* Und weil alles erlaubt ist, kann man viel lernen.

Einige dieser Schöpfergötter heirateten und verbanden dadurch ihre Sippen, so wie in Europa Monarchen und Königshäuser geheiratet und ihre Reiche vereinigt haben. Die Schöpfergötter verbanden eine Art mit der anderen, um zu sehen, was sie erschaffen konnten. Erinnert euch, sie kannten sich mit Genetik aus und alles wurde durch Manifestation erschaffen, durch richtigen Gebrauch der Lebenskraft und mit Hilfe des Wissens, wie diese Lebenskraft funktioniert. Ihr könnt zurzeit nicht erfassen, wie gewaltig dieses Projekt damals war. Wer sind diese Wesen, die ankamen und die ursprünglichen Pläne für die Erde zerrissen? Wer sind diese Raumwesen, die wir manchmal auch das »dunkle Team« nennen? Seid nachsichtig, wenn ihr von den Kräften der Dunkelheit sprecht. Sagt nicht, sie seien böse. Versteht einfach, dass sie *uninformiert* sind und dass sie Systeme erschaffen, die uninformiert sind, weil sie glauben, so vorgehen zu müssen. Einstmals kämpften sie und schnitten sich *selbst* vom Wissen ab. Nun klammern sie sich verzweifelt an ihr jetziges Wissen und an das Leben, wie sie es entwickelt haben. Es ist ein Leben, das auf Angst beruht, ein Leben, das anderes Leben nicht achtet, das anderes Leben ausnützt. Wer sind diese Wesen? Sie sind Reptilien.

Genauer gesagt sind sie zum Teil Mensch, zum Teil Reptil. Wir nennen sie die Echsen, weil wir die Dinge weniger emotional und etwas humorvoller machen wollen, damit ihr sie nicht so ernst nehmt und euch nicht so aufregt. Wir sind nicht hier, um euch Angst einzujagen, wir sind hier, um euch zu informieren. In eurem Innersten wisst ihr dies alles, und wenn ihr langsam Zugang zu eurer Geschichte findet, werden einige von euch auf reptilische Erinnerungen stoßen. Ihr irrt euch, wenn ihr glaubt, dass ihr euch immer als menschliche Wesen inkarniert. Ihr inkarniert euch, um die Schöpfung zu erfahren, um Informationen über die Schöpfung zu sammeln und um sie als Ganzes zu verstehen. Ganz sicherlich geht ihr nicht nur in *eine* Erfahrung. Stellt euch vor, ihr geht ein Leben lang ins gleiche Restaurant und sagt dann: »Ich weiß alles über Essen.« Das wäre albern. Beginnt, eure Grenzen zu erweitern, und erkennt, dass ihr viele Dinge erfahren müsst. In *allen* Leben ist Glanz.

Schöpfergötter nehmen viele Formen an, und nicht alle sind Echsen. Es gibt auch welche, die insektenähnlich sind. Wir Plejader sind mit vogel- und reptilienartigen Schöpfergöttern verbunden. Manche kamen aus dem All und arbeiteten in vielen verschiedenen Kulturen mit der Vogelenergie. Wenn ihr die Darstellungen alter Kulturen in Ägypten und in Süd- und Nordamerika betrachtet, werdet ihr Abbildungen von Vögeln und Reptilien sehen. Die Vögel und die Reptilien arbeiteten manchmal zusammen, manchmal kämpften sie gegeneinander. Wenn ihr mehr versteht, wird die Geschichte umfangreicher werden.

Ihr werdet euch langsam an eure Vergangenheit erinnern.

Die Schöpfergötter sind sehr stark mit euch verbunden. Entscheidet ihr euch, Kinder zu bekommen, so seid ihr bereit, von euren Kindern zu lernen, für ihr Wohlergehen zu sorgen und ihnen beizubringen, für sich selbst verantwortlich zu sein. Mit den Schöpfergöttern verhält es sich ebenso. Dadurch, dass sie euch wachsen sehen, lernen sie etwas über das Leben und etwas über das, was sie erschaffen haben. Sie lernen sozusagen, gute Eltern zu sein.

Einige Schöpfergötter erschufen Leben nur, damit es für sie sorgte und ihre Bedürfnisse befriedigte. Sie haben sich von euren Emotionen ernährt. Eines der großen Geheimnisse, das der Menschheit vorenthalten wurde, ist die Fülle und der Reichtum, die in Emotionen stecken. Ihr wurdet vom Erkunden der Emotionen abgehalten, weil ihr durch Emotionen Dinge herausfinden könnt. Sie verbinden euch mit dem spirituellen Körper, der natürlich nicht physisch ist, da er in der multidimensionalen Sphäre existiert.

Der Bereich der Frequenzkontrolle ist verschoben worden, und Energien von außen arbeiten daran, den Planeten zu verändern. Diese

Energien *brauchen euch*. Sie können den Planeten nicht von außen ändern – er muss von innen verändert werden. Die Energien bringen einfach schöpferische kosmische Strahlen herein, die euren Körper durchdringen und in ihm einen Evolutionssprung herbeiführen. Wenn ihr einmal versteht, richtig mit Emotionen umzugehen, und allmählich Kontrolle über eure eigene Frequenz bekommt, werdet ihr diese Strahlen aussenden können. Dann werdet ihr nicht mehr die Frequenz der Angst in diese Ebene des Daseins eingeben.

Wenn die Frequenz der Angst auf diesem Planeten langsam abnimmt, werden viele Aktivitäten gefördert werden, die die Angst wieder erhöhen, denn diejenigen, die von der Angstfrequenz leben, müssen um ihre Nahrung, ihre Verpflegung bangen. Sie werden also eher versuchen, diese Frequenz wiederherzustellen, als sich auf die neue Frequenz der Liebe umzustellen.

Die Echsen haben die Erde mit Vorrichtungen überzogen, die emotionalen Aufruhr ausstrahlen und verstärken. Dieser Zustand erhält sie gewissermaßen am Leben.

Um auf einen Planeten zu gelangen, muss man ein »geöffnetes Portal« haben. Ihr könntet in den Weltraum fliegen, zum Beispiel auf den Jupiter; wenn ihr aber das offene Portal nicht findet, um euch in den spezifischen Zeitrahmen des Planeten einzuklinken, würdet ihr an einem Ort landen, der öde und unbelebt aussieht. Portale erlauben euch, die Dimension des Planeten zu finden, in der Leben existiert. Sie führen auf Zeitkorridore und dienen als Bereiche der multidimensionalen Erfahrung.

Auf der Erde sind unterschiedliche Portale geöffnet worden, die es verschiedenen Arten von Schöpfergöttern aus dem Weltraum gestatteten, zu euch zu kommen. Um eine der großen Portalöffnungen wird gerade gekämpft, nämlich die im Nahen Osten. Wenn ihr die Geschichte der Erde betrachtet, werdet ihr erkennen, wie viele Religions- und Zivilisationsdramen durch dieses Portal ihren Anfang genommen haben. Es ist riesig – mit einem Radius von ungefähr 1.500 Kilometern. Daher ist im Nahen Osten so viel los. Dies ist das Portal, das die Echsen verwenden.

In gewissem Maße haben die Echsen dieses Portal beherrscht. Sie haben es benutzt, um ihre unterirdischen Stützpunkte in Höhlen anzulegen, von denen aus sie operieren. Die alte Zivilisation von Mesopotamien, zwischen den Flüssen Euphrat und Tigris, war eine Weltraumkolonie, in der eine bestimmte Zivilisation eingeführt wurde. Kuwait liegt an der Öffnung dieses Territoriums. Dies ist ein Portal, in dem die menschliche Bevölkerung manipuliert wird, um den Bedürfnissen anderer zu dienen.

Im Echsenvolk gibt es Wohlmeinende und Bösartige. Warum erzählen wir euch das alles? Warum müsst ihr das wissen? Ihr sollt es wissen, weil die Realität der Echsen sich mit eurer Dimension verbunden hat. Für euren Evolutionssprung des Bewusstseins wird es nicht genügen, in Licht und Liebe zu machen und alle Tage Kuchen zu essen. Ihr müsst begreifen, wie vielfältig die Wirklichkeit ist, wie viele verschiedene Formen der Realität es gibt, und wie sie alle ein *Teil von euch* sind. Ihr müsst euren Frieden mit ihnen machen und mit ihnen verschmelzen, um sie in eurer Seele implodieren zu lassen. Auf diese Weise könnt ihr zu Urschöpfer zurückkehren.

Ihr werdet noch viel Gelegenheit haben, Dinge zu beurteilen und sie als schlecht zu etikettieren. Aber wenn ihr urteilt und bewertet, werdet ihr die neuen Wirklichkeiten nicht erfahren und fühlen. Denkt immer daran, dass dies eine Zone des freien Willens ist und dass ein Göttlicher Plan besteht, der der letzte Plan sein wird, die letzte Karte, die ausgespielt wird. Sie wird ein As sein, vergesst das nicht.

Das Drama auf diesem Planeten ist recht interessant. Immer wenn es in einem System zu einer Änderung der Frequenz kommt, geht eine bestimmte Anziehungskraft von diesem System aus. Es zieht alle Energien, die jemals mit dem System verbunden waren, zu sich zurück, so dass sie an der Evolution oder dem Prozess teilnehmen können. Wie ein Magnet zieht ihr alles, was ihr je erfahren habt, an euch heran, damit ihr alles, was ihr in dem Zusammenhang fühlen müsst, auch fühlen könnt.

Die alten Schöpfergötter werden nun aufgrund des Göttlichen Plans hierher zurückgezogen. Sie *müssen* daran teilnehmen und verstehen, dass sich ihre Frequenzen verändern werden. Sie wehren sich dagegen ebenso, wie viele Menschen sich dagegen wehren. Und doch erschaffen sie ihre eigenen Wirklichkeiten. Diese Schöpfergötter der letzten 300.000 Jahre haben vergessen, *wer sie geschaffen hat!* Sie haben *ihre* Götter vergessen.

Als Mitglieder der Lichtfamilie habt ihr nicht vergessen. Eure Aufgabe ist es, zu *begreifen*: Wenn ihr Verständnis und Begreifen auf die Erde bringt, wird das die Energie stabilisieren und schöpferische Kraft erzeugen. Licht wird auf diesem Planeten unterschätzt; und diese Schöpfergötter unterschätzen euch. Brillant, wie sie sein mögen – auch sie haben blinde Flecken. Sie sind so in die Macht verliebt, dass sie sich gegenseitig bekämpfen.

Die Schöpfergötter gaben einen Teil von sich selbst auf und wurden bequem; sie waren nur noch an ihrem eigenen Projekt interessiert. Ihr seid mit diesen Wesen verbunden, denn ihr seid ihre Erweiterungen oder Erfüllungsgehilfen. Ihr seid hier, um die Wirklichkeit nicht einfach nur von außen zu beeinflussen, sondern von innen. Daran versucht ihr euch zu erinnern.

Die Schöpfergötter sind zurückgekommen, um euch wieder zu überfallen, weil sie nicht verhungern wollen. Sie verstehen, dass ihr dabei seid, das System zu sprengen.

Deshalb sind sie hier, um noch größeren Aufruhr und noch mehr Angst zu erzeugen; um wieder einmal um dieses Territorium zu kämpfen. Sie brauchen ihre Nahrungsquelle. Sie verlieren die Kontrolle über den Planeten, daher kommen sie zu ihrem Hauptportal im Nahen Osten zurück, wo sich ihr Nest unter der Erde befindet, um Angst und Chaos zu erzeugen.

Die Ursprünglichen Planer möchten die freie Auswahl der Frequenz auf den Planeten zurückbringen. Die Götter, die in dieser letzten Evolutionsperiode hier das Sagen hatten, schränken die Frequenzen ein und lassen keine Entscheidungsfreiheit zu. Sie berauben euch eurer psychischen Energie, indem sie euch auf jede erdenkliche Weise ein falsches Bild der Wirklichkeit vermitteln. Wir sagen nicht, dass diese Götter schlecht sind. Wir informieren euch nur über Ereignisse, die geschehen, und darüber, wie unschuldig ihr in diese Ereignisse verwickelt werdet. Ihr erkennt nicht, dass diese Situationen darauf angelegt sind, auf eine bestimmte Weise zu denken oder zu fühlen, darauf, dass euer Bewusstsein eine bestimmte Schwingung aufweist.

Wir spielen das gleiche Spiel. Erinnert euch, was wir gemacht haben: Haben wir nicht gezielt einen Plan zur Beeinflussung eurer Frequenzen entwickelt? Haben wir nicht Kontakt mit euch aufgenommen, euch betört und von eurem freien Willen überzeugt, damit ihr euch entscheidet, auf einer bestimmten Frequenz zu schwingen? Wir haben das Gleiche gemacht wie die Schöpfer.

∞

Am besten gebt ihr eure alten Definitionen vom Weihnachtsmann auf. So, wie ihr eines Tages die Wahrheit über den Osterhasen und den Weihnachtsmann herausgefunden habt, so werdet ihr entdecken, dass über die Energien, die ihr als Götter verehrt, idealisierte Geschichten erzählt werden, die der Vertuschung dienen.

Die vorherrschende Energie auf der Erde zapft eure Glaubenssysteme an, wie es ihr beliebt. Sie leitet unglaubliche Energieströme ab, und diese Energie lebt. Euch wurde gesagt, dass alle eure Gedanken eine Welt machen: *Sie sind real, und sie gelten an einem bestimmten Ort.* In diesem Augenblick gibt es rund acht Milliarden denkende Menschen. So viel Energie lebt auf der Erde. Was ist das vorherrschende Gefühl innerhalb dieser Energie, und wozu kann diese Energie gebracht werden, durch Zwang oder Überzeugung?

Wir sind nicht hier, um euch zu sagen, wer recht hat und wer nicht oder wer sich wo in der Hierarchie befindet. Wir möchten einfach eure Seifenblasen zerplatzen lassen, eure Illusionen über das zerstören, was man euch glauben gemacht hat.

Wir wollen nicht sagen, dass es falsch ist; wir schlagen euch einfach vor, *in größeren Dimensionen zu denken.*

Stellt euch den deutlichen Verlust vor, den die vorherrschende Energie erleiden wird, wenn immer mehr von euch nicht mehr so schwingen, wie sie sollen. Denkt, was ihr tun könnt, wenn ihr die Frequenzbeschränkung überwindet oder die Hartnäckigkeit eures logischen Verstandes, wenn ihr als untadelige Hüter der Frequenz dasteht. Erinnert euch: Eure Identität als Frequenz ist die Summe der Ausstrahlungen eurer physischen, mentalen, emotionalen und spirituellen Körper, gesendet als elektronische Impulse. Jedes Mal, wenn ihr das in Besitz nehmt, was jemand abgesaugt hat, und es nach euren eigenen Vorstellungen kultiviert, verändert ihr die Schwingung auf diesem Planeten.

Als Systemsprenger könnt ihr das besonders gut. Wir möchten eure bisherigen Werkzeuge nicht abwerten oder geringschätzen, wir möchten nur, dass ihr über sie hinausgeht. Ein Teil eurer Bewunderung und Treue gilt Glaubenssystemen, die nicht mehr hilfreich für euch sind. Ebenso wird eine Zeit kommen, wenn jeder von euch die Schritte, durch die wir euch jetzt führen, hinter sich lassen wird. Eine andere Energie wird sagen können: »Nun, als euch die Plejader dies zeigten, war es sehr gut. Sie haben euch so weit gebracht. Jetzt wollen wir euch weiterbringen.« Die Evolution kann nicht aufgehalten werden, denn nichts auf dem Planeten stellt eine endgültige Wahrheit dar.

Wenn ihr die Geschichte eurer reptilischen Vergangenheit aufruft, werdet ihr erkennen, dass viele einflussreiche Figuren der patriarchalen Gesellschaft früherer Zeiten tatsächlich zur Reptilienfamilie gehörten. Aber ebenso, wie nicht alle Menschen schlecht sind, sind es auch nicht alle Reptilien. Sie sind nicht weniger Teil von Urschöpfer als ihr, und ihr Aussehen und ihre Physiologie ist nicht minderwertiger. Meisterhafte Gentechniker können viele verschiedene Formen annehmen. Zu den Schwierigkeiten bei der Arbeit mit einer isolierten Spezies gehört auch der Schock, der beim vollständigen Enthüllen der Wahrheit auftreten kann.

Es gab viele andere Schöpfergötter, von denen nur einige menschliche Form hatten. Zurzeit werden die größte Unruhe und die größten Unannehmlichkeiten von reptilienhaften Wesen verursacht, da sie euch am fremdesten sind.

Wir haben die Absicht, eure Vorstellungen über eure Götter zu erweitern, weil diese Götter auf die Erde zurückgekehrt sind. Deshalb ist dieser Planet in einem solchen Chaos. Wenn ihr lernt, die Frequenzen der schöpferischen kosmischen Strahlen zu halten, werdet ihr bereit sein, diese Götter zu treffen. Sie gehen durch eure Straßen, betätigen sich in euren Akademien, Regierungen und an euren Arbeitsstellen. Sie sind hier, um zu beobachten und um Energie zu dirigieren. Einige kommen als große Hilfe, andere sind hier, um zu lernen und zu wachsen. Einige haben nicht gerade die lautersten Absichten.

Ihr müsst lernen, die außerirdischen Energien zu unterscheiden. Dies ist ein Universum des freien Willens, daher sind hier alle Lebensformen erlaubt. Wenn eine Energie versucht, euch in Angst zu versetzen, zu manipulieren oder zu kontrollieren, so wäre es nicht in eurem Interesse, mit dieser Energie zu arbeiten. Ihr habt die Wahl, mit wem ihr zusammenarbeitet. Nur weil jemand viele fantastische und scheinbar magische Fähigkeiten entwickelt hat, muss diese Wesenheit nicht unbedingt spirituell entwickelt sein. Lernt zu unterscheiden.

Ihr lebt in einer äußerst wichtigen Zeit, in der Energie lebendig wird. Alles, was ihr fühlt, kommt daher, dass ihr lebendig werdet und eure verborgenen Potenziale erweckt. Der Wind pfeift und zeigt euch, dass viel Bewegung in der Luft herrscht. Die Götter sind hier. *Ihr* seid diese Götter.

Wenn ihr euch eure Geschichte erschließt, werdet ihr langsam eure uralten Augen öffnen. Dies sind die Augen des Horus, die nicht durch die Augen eines Menschen sehen, sondern vom Standpunkt eines Gottes aus. Sie sehen die Verbundenheit und den Grund aller Dinge, denn sie können in viele Wirklichkeiten blicken und das ganze Bild, die gesamte Geschichte zusammensetzen. Wenn ihr die uralten Augen in euch öffnet, werdet ihr euch nicht nur mit eurer ganzen persönlichen Geschichte verbinden, ihr werdet in Verbindung mit der planetarischen, galaktischen und universellen Geschichte treten. Dann werdet ihr herausfinden, wer eure Götter sind.

4

Im Reich des freien Willens

Es waren einmal Wesen, die etwas erschaffen wollten. Um das zu tun, mussten sie einen Teil der Schöpfung sehr geschickt verändern. Diese Wesen arbeiteten für einen Bewusstseinsaspekt, der Licht genannt wird. Sie waren mit ihm verbunden und beschützten ihn sorgfältig. Diese Wächter des Lichts trafen sich gelegentlich, um zusammenzuarbeiten, ihre Wege kreuzten sich in verschiedenen Bereichen der Wirklichkeit. Sie machten Pläne, tauschten Entwürfe aus und legten eine Zeit fest, zu der ihr Plan in Kraft treten sollte.

Ausgewählte Mitglieder des Lichtteams vollzogen die Wahrscheinlichkeiten Urschöpfers nach: was Urschöpfer tun würde, wo er eingreifen und was ihn stimulieren würde. Diese Wesenheiten verstanden, was man mit Licht alles tun kann, und ihr Plan wurde äußerst sorgfältig in die Wege geleitet. Einige hunderttausend Jahre lang wurden sie umfassend darin geschult, ihn auszuführen. Zu dem Plan gehörte es auch, auf eine kosmische Erschütterung vorbereitet zu sein, die, wie diese Wesen genau wussten, eines Tages von Urschöpfer kommen würde.

Mit viel Hingabe wurden die Voraussetzungen geschaffen und mit der Ausbildung begonnen. Es musste viel gelernt werden, bevor der Plan umgesetzt werden konnte, denn es war ein gewagter Plan. Die Absicht dieser Wächter des Lichts bestand darin, Licht oder Wissen in eine Wirklichkeit zu bringen, in der dies nicht erwünscht war und in die sie nicht hineinpassten. Es war, als wollte man seinen Fuß in einen zu kleinen Schuh zwängen.

Die Wesen mussten einen Plan für eine Zeit vorbereiten, in der jenes Licht *sehr wohl* hineinpassen würde. *Diese Wesen seid ihr, und die Zeit ist jetzt!* Alles ist sorgfältig vorbereitet worden, und jeder von euch weiß in seinem tiefsten Inneren, dass er aus einem bestimmten Grund hierhergekommen ist. Ihr seid hier, um die entscheidende Bewegung zu beginnen, um alles zu lösen, was euch bis jetzt an eure Realität gefesselt hat, all die dünnen Fäden, die euch wie Stahlseile gehalten, euch auf vorgefasste Ideen über euch selbst und eure Beziehung zum Kosmos festgelegt haben.

Für diejenigen unter euch, die gekommen sind, um ihren Plan auszuführen und mit dem Lichtbewusstsein zu arbeiten – eure Zeit ist *jetzt!* Euer Handeln entspringt *diesem* Augenblick. Ihr müsst einfach diese Energie in euren Körper lassen. Ihr müsst beginnen, in dieser Energie zu schwingen und die Bahnen des Selbst von den emotionalen Energien zu befreien, die in eurem physischen Körper eingesperrt sind. Wenn ihr euer Selbst erkundet, werdet ihr herausfinden, dass es eigentlich viele Selbste gibt, mit denen man auf den inneren Straßen oder im inneren Nervensystem des Bewusstseins reisen kann.

Ihr werdet erkennen, dass eure Gesellschaft sehr schlau arrangiert worden ist, um zu verhindern, dass ihr diesen intimsten, lohnendsten und aufregendsten Teil eurer selbst kennenlernt. Als Wächter des Lichts werdet ihr viele Realitätsalternativen erschaffen und sie dem Massenbewusstsein des Planeten nahebringen, und zwar, indem ihr bei euch selbst anfangt: Ihr müsst inneren Frieden und innere Liebe erreichen, indem ihr akzeptiert, was ihr seid, was ihr im Leben bisher getan habt und was das Leben mit euch gemacht hat. Ihr werdet das alles annehmen und integrieren, weil ihr wissen werdet, dass diese Situationen notwendig waren, um euch in die Phase zu bringen, in der ihr schließlich das Licht verankert.

Diese Geschichte ist uralt, und sie ist in eurem Körper gespeichert. Ein Teil dessen, was wir von euch verlangen und woran wir euch erinnern, besteht darin, diese historische Schatzkammer zu öffnen und Archäologen des Inneren zu werden.

Seid bereit, auf den Straßen der Erinnerung zu diesem und zu vielen anderen Leben zu reisen, so dass ihr ein Bild von den Absichten des Bewusstseins bekommt.

Wenn ihr beginnt, die Absichten eures eigenen Bewusstseins zu sehen, wenn ihr die klugen Pfade entdeckt, die ihr gegangen seid, die vielen Verkleidungen, die ihr verwendet habt, und die vielen Handlungen, an denen ihr beteiligt wart, dann werdet ihr lernen, die Gesamtheit eures Seins anzunehmen. Wenn ihr auch Verhalten, das nicht erhebend war, auch eure geschlechtliche Identität akzeptieren könnt, wenn ihr annehmen könnt, wie ihr das Leben in vielen vergangenen Existenzen geschätzt oder missachtet habt, dann wird sich in eurem Körper ein Chakrazentrum im Bereich der Thymusdrüse öffnen, zwischen dem vierten und fünften Chakra. Hier wird dann das Nervenzentrum empfänglich für Informationen, die euren Körper regenerieren und euch in den Zustand bedingungsloser Liebe versetzen können.

Dadurch, dass ihr eure Erlebnisse akzeptiert und erkundet, werdet ihr ein größeres Verständnis für das bekommen, was zurzeit auf dem Planeten vor sich geht. Ihr werdet dann anderen zugestehen, zu der Musik zu tanzen, von der sie in dieser Zeit am besten lernen. Auf dem Planeten werden ja im Moment einige ganz schön chaotische Stücke gespielt, aber sie haben alle ihren Sinn. Der Sinn besteht darin, das Selbst so zu stärken, dass es alle Aspekte der Realität erträgt und sich über alles informieren kann.

Es kann dann klar über den Weg der Seele oder euren persönlichen Weg durch die Wirklichkeit entscheiden.

Ursprünglich war geplant, die Erde zu einem Zentrum für den Austausch von Informationen aus verschiedenen galaktischen Systemen zu machen. Die Ursprünglichen Planer haben dieses Vorhaben nicht aufgegeben. Sie waren Mitglieder der Lichtfamilie, und einige von euch waren mit ihnen sehr vertraut. Fühlt das für einen Augenblick. Wir möchten eure Erinnerungen wecken. Wir wollen, dass ihr die Größenordnung dessen versteht, was mit eurer Spezies auf diesem Planeten geschieht, so dass ihr gelassen und weise handeln könnt. Die Ursprünglichen Planer sind durchaus imstande, verschiedene Kurse abzustecken und verschiedene Realitäten zu entwerfen.

Wie schon gesagt, erlaubt Urschöpfer in einem Universum des freien Willens alles. Da die Zeit, wie ihr sie kennt, außerhalb eures Sektors nicht existiert, werden die Dinge sich selbst überlassen. Deshalb erscheint es euch Menschen auch so, als sei es sehr lange her, dass auf der Erde aufregende kosmische Dinge geschehen sind. Evolutionär betrachtet, ist es nicht so lange her, aber weil ihr im Zeitrahmen der Erde gefangen seid, *fühlt es sich an*, als sei schon viel Zeit vergangen.

Licht gibt Information, und Dunkelheit enthält Information vor. Daher wird es für euch in den künftigen Tagen leicht sein zu unterscheiden, mit wem ihr es zu tun habt, wenn ihr außerhalb des dreidimensionalen Bereichs unterwegs seid. Ihr braucht nur zu unterscheiden, ob etwas hell ist und ihr Information bekommt oder ob es dunkel ist und ihr falsch oder gar nicht informiert werdet.

Dunkelheit und Licht kommen vom selben Schöpfer, von Urschöpfer, der eine Vielzahl von Schöpfergöttern erschaffen hat, die in die Welt hinausgehen und seinen Willen ausführen. Urschöpfer hat all diesen Schöpfergöttern die Freiheit gegeben, Welten zu formen – herauszufinden, wie sie Leben erschaffen, wie sie verantwortungsbewusste Verwalter des Lebens werden und wie sie in den galaktischen Systemen, die sie erschaffen haben, Eltern von Planeten werden können. Das Lernen, wie gute Eltern zu sein haben, ist ein Prozess, der nie aufhört.

Die Schöpfergötter haben sich aus sich selbst erschaffen und ihre Welten durch sich selbst ernährt. Eine ägyptische Geschichte erzählt von einem Schöpfergott, der masturbierte und so die Welt erschuf.

Der Gott machte aus sich selbst kleine Abbilder seiner selbst, damit er innerhalb seiner eigenen Schöpfung sein konnte.

Ihr alle werdet gebraucht, um Zugriff zu jenem Teil des Gedächtnisses zu erlangen, der ein Teil der Schöpfergötter ist. Wer sind diese Götter? Und wer sind die Götter, die gegen sie kämpften? Wer sind einige der Götter, die hierher kamen und euch unterwarfen? Es gehört zu eurer Aufgabe, euch zu erinnern.

Wenn sie auf der Erde ihr Unwesen treiben, werden viele Menschen sich ihnen zuwenden und sagen: »Oh ja, das sind wunderbare Götter. Ich finde sie herrlich. Großartig. Schaut, was sie alles vollbringen!« Man wird meinen können, sie seien gekommen, um die Welt zu retten. Aber da könntet ihr leicht den größeren Zusammenhang übersehen. Sie werden *den Anschein erwecken*, als heilten und retteten sie die Welt, während sie tatsächlich nur eine neue Form von Autorität und Herrschaft aufbauen. Die Menschen haben ein Glaubenssystem und ein Weltbild um diese Wesen herum errichtet. Große PR-Kampagnen werden veranstaltet, um sie euch aufzuschwatzen. Solche Programme laufen noch immer.

Ihr seid nicht wie die Masse der Erdenbewohner, denn ihr seid Mitglieder der Lichtfamilie, und ihr *wisst* Dinge, die andere nicht wissen. Ihr merkt, dass diese Wesen nicht auf der Seite des Lichts stehen, ihr wisst es aus tiefstem Herzen. Euch wird eine Gesellschaft, die das nicht weiß, zweifellos anwidern.

Viele Leute werden diese Wesen anbeten und tun es jetzt schon, weil es so aussah, als ob Wunder geschähen und das größte Ereignis der Weltgeschichte stattfände. Dabei wurde ihnen nur vorgegaukelt, wie großartig alles werden wird. Es wird eine herbe Überraschung kommen, und die Leute werden merken, dass die Tyrannei schlimmer geworden ist und dass sie dagegen angehen müssen.

Im Grunde geht es natürlich darum, dass jeder Einzelne sein eigener Herr wird *und* dass der Planet vereint wird. Nicht jeder wird diesen Schritt vollziehen. Nicht jeder bewegt sich in der Schwingung der harmonischen Zusammenarbeit. Manche werden begeistert in Ekstase geraten, wenn sie eine neue Autorität, eine höhere

Instanz, ein neues Weltbild, einen Tiergott oder was auch immer finden, dem sie huldigen können. Daher wird die Lichtfamilie, die diesen Planeten infiltriert hat, sich ihre eigene Sphäre schaffen, sozusagen ihre eigene Erde.

Ihr alle lernt gerade etwas über das Wesen der Autorität. Wer ist der Chef der Wesen, die jetzt hier sind? Wer ist *ihr* Gott? Wer ist ihre Autorität? Für die Erde gibt es dabei etwas zu lernen. Diese Wesen, die weder etwas über Spiritualität wissen noch spirituelle Neigungen haben, leugnen das Vorhandensein einer spirituellen Kraft. Sie haben wissenschaftliche Prinzipien und Technologien entwickelt, die die Gesetze der Spiritualität völlig ignorieren.

Weil ihr diese Gesetze versteht oder an sie glaubt, denkt ihr vielleicht, jeder würde sie irgendwann einmal akzeptieren, wenn er nur weit genug entwickelt ist. Das ist aber nicht so. Man kann durchaus ein hervorragender Meister in der Kunst werden, Materie und Realität zu manipulieren, ohne spirituelle Zusammenhänge zu verstehen. Es ist sehr wichtig, dass ihr dies begreift.

Es sind Wesen von den Sternen auf diesem Planeten, deren Fähigkeiten dem Massenbewusstsein der Menschen unglaublich erscheinen. Aber sie haben kein Gefühl, weil sie nicht auf einer spirituellen Suche sind. Natürlich hat jeder Mensch auf der Erde und auch im ganzen Universum die Wahl, das spirituelle Selbst zu erwecken. Aber nicht jeder trifft diese Wahl. Ebenso, wie sich auf der Erde mächtige Individuen finden, die keine Verbindung zu ihren Gefühlen haben – kein emotionales oder spirituelles Bewusstsein –, so gibt es im All extrem kraftvolle Weltraumkönige, die nichts mit Spiritualität im Sinn haben. Es sind mächtige Kräfte. Wenn ihr diesen Kräften gegenüberstehen würdet, ihr würdet euch fühlen wie David gegen Goliath. Deshalb ist es so wichtig, dass ihr lernt, wie man die Wirklichkeit wechselt, damit ihr zwischen den Frequenzen tanzen könnt oder euch gleichsam den Kanal der Welt aussuchen könnt, den ihr gerade erleben wollt!

Der Wunsch, etwas zum Anbeten zu haben, ist die Frequenzkontrolle der Erde. Und genau das greift auf der Erde um sich. Das ist die mögliche holografische Einspielung: *ein neuer Gott zum Anbeten.* Die Schöpfergötter, die Reptilien, wissen, dass ihr Plan nicht weit genug getragen hat, und nun wollen sie einen neuen Plan, eine neue Ablenkung, eine neue Entmachtung etablieren. Hört daher vor allem *auf euch selbst!* Hört auf die innere Botschaft und beginnt, mit ihr zu tanzen und mit ihr Freundschaft zu schließen. Ihr, ihr selbst, sollt die Wirklichkeit von *innen* heraus entdecken und euer Leben entsprechend führen. Dies ist wirklich das Geschenk, das einem in der Zone des freien Willens gegeben wird.

In einer Zone des freien Willens bringt die Trennung der Polaritäten oder die Balance zwischen ihnen mit sich, dass alles erlaubt sein muss, sogar Tyranneien. Hier hat jeder das Potenzial, seine eigene Wirklichkeit hervorzubringen. Es ist allerdings auch eine freie Willensentscheidung, wenn man beschließt, sich seine Realität von jemand anderem machen zu lassen. Die meisten Leute auf der Erde lassen es zu, dass andere ihnen ihre Realität diktieren. Durch Frequenzbeschränkung wurdet ihr dazu gebracht, *außerhalb von euch* nach Antworten zu suchen. Wenn neue Götter auftreten, seid ihr bereit, sie anzubeten. Es geht immer so weiter. Diejenigen, die auf diese Weise die Frequenz steuern, sind dem gleichen Prozess unterworfen; ihr seid nur ihr Spiegel.

Wenn ihr anfangt, wagemutig nach eurer eigenen Führung zu leben, verändert sich alles vollkommen. Das geschieht jetzt an vielen Orten. Genauso, wie sich Gedanken auf der Erde fortbewegen, gibt es Straßen, auf denen Gedanken durch den Kosmos geschickt werden können. Das Gitternetz und die schöpferischen kosmischen Strahlen sind Teil eines intergalaktischen Systems, das alles, was ihr glaubt, an andere Orte der Existenz transportiert. So seid ihr sogar heute schon eine lebendige Quelle der Inspiration für andere, eine Inspiration, die als Frequenz in andere Systeme gespeist wird.

Ebenso wie wir Energie aus anderen Systemen in eures ziehen, so sendet ihr Energie zu anderen Systemen und beeinflusst sie – ohne es zu wissen. Wir möchten, dass ihr euch eures Einflusses auf Systeme bewusst werdet. Ihr wisst nicht einmal, wie mächtig ihr seid, und deshalb könntet ihr gefährlich sein. Ihr habt eine unglaubliche Menge dieser Umwandlungsenergie aufgenommen. Was werdet ihr damit machen? Worauf werdet ihr sie richten? Liebt ihr euch selbst?

Die Ursprünglichen Planer sind auf viel mehr aus als nur auf diese Zone hier. Sie streben eine Verschiebung der universellen DNS an. Sie wollen, dass das gesamte Universum eine neue Sinfonie des Bewusstseins orchestriert. Sie möchten nicht nur der Erde wieder alle Frequenzen verfügbar machen. Ihr Spiel ist viel umfassender: Sie wollen die Schwingungsrate dieses gesamten Universums neu strukturieren. Sie erreichen das, indem sie Bereiche von entscheidender Bedeutung infiltrieren und dort überall gleichzeitig eine Implosion herbeiführen. Innerhalb dieser Zentren wird es ein universelles Erwachen geben, so dass das gesamte Universum zu gegebener Zeit seine Frequenz verändern wird.

Die Ursprünglichen Planer haben sich für die Interessen von Urschöpfer eingesetzt. Urschöpfer lernt aus allem, was existiert, weil er alles ist. Ebenso wie ihr lernt, eure Lektionen, nämlich das, was ihr für euch manifestiert, zu respektieren, so respektiert Urschöpfer alles Erschaffene. Urschöpfer lässt seine Schöpfungen *in Ruhe* und lernt sein eigenes Potenzial kennen, indem er beobachtet, was er erschaffen hat – genauso, wie kluge Eltern von ihren Kindern lernen. Urschöpfer braucht, dass ihr hinausgeht und die neuesten Erfindungen zu ihm zurückbringt, damit er Erfahrungen machen und sich entwickeln kann.

Urschöpfer hat seine Energie auf diese Zone des freien Willens gerichtet, weil ihm durch einen Blick in eure Zukunft offenbar wurde, wohin dieses Experiment führen würde, wenn es unbeaufsichtigt gelassen wird und unbehindert weitergehen kann. Energie könnte außer Kontrolle geraten und andere Energie in Besitz nehmen. Es bestände die große Wahrscheinlichkeit einer hundert- oder gar tausendjährigen Diktatur in diesem Universum. Von einem Ort aus, der weit in eurer Zukunft liegt, wird dieses Experiment überarbeitet: Seine Grundenergie wird umgewandelt und transformiert. Ihr seid an dieser Transformation beteiligt, indem ihr in verschiedenen Verkleidungen in das Innerste des Systems geht und erwacht.

Der menschliche Anteil in euch hat festgelegt, wer zu den Guten, wer zu den Bösen gehört und wer welchen Platz in der Hierarchie des Weltalls einnimmt. Es gibt eine Unmenge Literatur zu dem Thema. Schmeißt diese Ideen weg! Vergesst jede einzelne davon, *auch alles, was ihr über uns denkt.*

Viele von denjenigen, die in den letzten Jahrzehnten verborgen vom Himmel kamen, waren keine Mitglieder der Lichtfamilie. Aber sie waren ein Spiegel der Menschen auf diesem Planeten. Wir haben euch gesagt, dass euer Thema die Autorität ist – ihr müsst lernen, eure eigene Autorität zu werden und eure Entscheidungen nicht Politikern, Eltern, Lehrern oder Göttern zu überlassen. *Es ist Zeit, dass die Bewohner der Erde selbständig werden.*

Die meisten Menschen müssen vielleicht erst betrogen werden, bevor sie aufwachen. Viele von euch frustriert das sehr. Ihr habt bereits Dinge gesehen, die andere nicht sehen. Ihr seht den kollektiven Wahnsinn auf diesem Planeten, und ihr könnt ihn kaum mehr ertragen. Ihr seht, wie sich die Leute in Massen immer noch falschen, törichten Göttern zuwenden.

Ihr beginnt zu fühlen, was kommen wird. Es ist eine gewaltige Aufgabe, Licht zu tragen: Wenn es einmal in eurem Körper ist, gibt es kein Zurück mehr. Ihr könnt nicht sagen: »Ich kündige beim Lichtteam. Zählt mich nicht mehr zur Lichtfamilie.« Einige von euch möchten das vielleicht manchmal, aber wenn Licht erst einmal da ist, ist es da.

Erkennt, dass die Außerirdischen auf diesem Planeten, diejenigen, die ihr für böse haltet – und mit denen eure Regierungen Verträge geschlossen hatten – den gleichen Themen unterworfen sind wie ihr. Es sind Wesen, die euren Glauben und euer Drama widerspiegeln. Man hat ihnen abscheuliches Verhalten vorgeworfen wie das Verstümmeln von Tieren und die Entführung von Menschen. Bei Organisationen zur Untersuchung von UFOs hat das einen Aufschrei der Empörung ausgelöst.

Dabei sind diese Wesen ein Spiegel, der euch eure eigene Welt vor Augen führt – worin ihr einwilligt und was ihr eure Führer überall auf der Welt noch immer tun lasst. Unterscheidet sich eure stillschweigende Duldung der Machenschaften eurer Regierungen und der Medien, der Art, wie sie euch missbrauchen, denn so sehr vom Verhalten einer Kuh, die von Außerirdischen verstümmelt wird? Diese Wesen tun nichts anderes als eure eigene Spezies. Die Massen erlauben den Führern, in ihrem Namen alles zu tun, statt aufzustehen und zu sagen: »He, damit bin ich nicht einverstanden!« Es herrscht zu viel Passivität auf der Erde. Die allgemeine Einstellung lautet: »Mach du es für mich. Ich möchte nicht verantwortlich sein. Sei du mein Regierungsvertreter, mein Lehrer, mein Chef. *Jemand soll mir sagen, was ich tun muss.*«

Diese Außerirdischen spiegeln euch das wider. Erinnert ihr euch an die Serie *V – Die Besucher*, die für das Fernsehen gedreht wurde? Sie gab einen Eindruck von der Gerissenheit mancher Wesen, die aus dem All kommen; manche Menschen beten solche Wesen tatsächlich an und glauben, sie seien absolut mächtige Meister. Wir sagen, dass diese Szenarien sich als wahr erwiesen haben. Eine Verschmelzung des menschlichen Bewusstseins und der außerirdischen Gegenwart auf diesem Planeten war geplant. Sie wird euch immer noch schmackhaft gemacht.

Viele von euch, die sich informiert haben und ihren kritischen Verstand gebrauchen, sind von der dummen ideologischen Verehrung, die man diesen Wesen entgegenbringt, schockiert. Ihr fühlt euch deshalb von der Gesellschaft regelrecht abgestoßen, und so habt ihr euch immer mehr zurückgezogen. Erscheint euch das alles ein wenig seltsam? Haltet euch fest, denn ihr ahnt nicht, was noch kommt. Wenn wir euch alles, was euch erwartet, erzählt hätten, hättet ihr schon lange das Weite gesucht.

Manche spielen bei beiden Teams mit, weil sie Doppelagenten sind. Dies ist sehr kompliziert, und es wird Zeit, dass ihr es versteht. Wir rütteln an euren liebgewonnenen Vorstellungen und weichen eure Identität auf, weil wir euch für etwas trainieren. Wenn ihr vorbereitet seid, werdet ihr innerlich gefestigt sein und nicht von dem, was ihr da draußen vermutet, erschlagen werden.

Ach, liebe Menschen, euch steht ein Abenteuer bevor, und nur *ihr* könnt es bestehen. Die nicht-physischen Bereiche unterstützen euch ständig, und Mitglieder der Lichtfamilie sind immer bei euch. Und doch liegt es an euch, die Gesetze, die wir euch mitteilen, zu beherrschen und sie auf diesem Planeten zu verankern.

Wenn ihr beginnt, all das zu leben, was wir euch lehren – eurer Identität zu vertrauen, dem sinnvollen Ablauf der Ereignisse zu vertrauen, darauf zu vertrauen, dass ihr Teil eines großen Plans seid –, dann werdet ihr zu eurer großen Erleichterung feststellen, dass ihr sogar inmitten der unerhörtesten Schwierigkeiten und unter den ungünstigsten Umständen noch imstande sein werdet, den Gesetzen der verborgenen Führer zu trotzen.

Die Schöpfergötter haben Schöpfer, auf die sie sich hin entwickeln. Der Bewusstseinssprung zwischen den Schöpfergöttern und ihren Göttern fand im Zusammenhang mit einer Manipulation von Welten und Universen statt, nicht unbedingt mit der Manipulation von Arten. Ihr als Spezies werdet im Rahmen einer Vielzahl von Realitäten manipuliert. Ihr selbst müsst herausfinden, in wie vielen Wirklichkeiten ihr existiert. Die Wesen, die euch manipulieren, müssen erkennen, in wie vielen Welten sie Wirklichkeiten manipulieren. Die Schöpfergötter sind Meister im Jonglieren mit Wirklichkeiten; aber wer jongliert mit ihren eigenen Wirklichkeiten und versetzt sie durch seine Schöpfung in all diese Welten?

All dies kann *gefühlt* werden. Lasst zu, dass eure Gehirnzellen sich in Gang setzen, ohne dass euer rationaler, bewusster Verstand gleich die Dinge bis ins kleinste Detail definieren will. Diese Erfahrung beginnt damit, dass man zunächst ein Gefühl in sich erweckt. Und eines Tages, in einem Augenblick, an einem Nachmittag habt ihr vielleicht ein überwältigendes Gefühl des *Wissens* – dann erwacht eine Abhandlung von tausend Seiten in fünf Sekunden göttlicher Ekstase zum Leben.

5

Die Lichtschnur in euch

Ihr habt die Geschichte des Universums in eurem physischen Körper gespeichert. Nun findet auf dem Planeten eine regelrechte Mutation eures Körpers statt, weil ihr ihm erlaubt, so weit entwickelt zu werden, dass er einem Computer gleicht, der diese Informationen in sich aufnehmen kann.

Das wird durch bioenergetische Technologie herbeigeführt, die eigentlich nichts mit euch zu tun hat. Ihr könnt diesen Prozess natürlich erleichtern, indem ihr entscheidet, mit ihm zu kooperieren. Eure Spezies wird zurzeit von jenen Wesen bioenergetisch verändert, die euch erschaffen haben und die in gewissen Abständen an Wendepunkten eurer Geschichte euer Erbgut neu gestalten.

Die ursprünglichen Schöpfergötter oder Projektplaner beschlossen, dass sie im gegenwärtigen Zeitabschnitt zurückkommen würden, um wieder die Führung über diesen Ort zu übernehmen und ihn wieder nach den ursprünglichen Vorstellungen zu gestalten. Millionen sind aufgerufen worden, an dem Projekt teilzunehmen. Millionen haben gesagt: »Ja, wir sind Rebellen. Übernehmen wir dieses Projekt wieder und sehen wir, ob wir es in Ordnung bringen können.«

So wurde also der Plan gezeichnet, die Entwürfe angefertigt und die Genetik studiert, um herauszufinden, wer die rezessiven Gene und die Lichtschnur in sich trägt. Ihr habt mit großer Klarheit Eltern ausgesucht, die euch durch ihr Erbgut den besten Zugang zu entwicklungsfähigen Kombinationen von kodierten Lichtfäden geboten haben.

Bevor ihr in den Körper kamt, habt ihr euch alle dazu verpflichtet, Ereignisse zu gestalten, die eure Codes, eure Grundmuster auslösen würden – also eure Erinnerungen aktivieren. Dann seid ihr in den Körper gekommen und habt das vergessen. Bei allen von euch sind diese Grundmuster oder Codes bis zu einem gewissen Grad aktiviert worden, weil ihr versteht, dass es ein Ziel oder einen Göttlichen Plan gibt, an dem ihr teilnehmt. Dieses Wirken der Codes und die Erkenntnis eurer Identität wird noch unglaublich intensiv werden. Der Grund dafür ist die Erweiterung der DNS. Wenn eure zwölf DNS-Stränge wiederhergestellt sind, werden sie sich in das System der zwölf Chakren einklinken.

Die zwölf Chakren sind zentrale Wirbel, voll mit Information, die ihr übersetzen können müsst. Ihr entwickelt euch auch, wenn ihr nicht auf diesem Planeten seid; wahrscheinlich seid ihr sogar mit anderen Identitäten eurer selbst mehr beschäftigt. Um euch zu entwickeln, wählt ihr deshalb besonders herausfordernde Situationen, in denen ihr über das hinausgehen müsst, was ihr bisher als eure Grenze betrachtet habt. Ihr müsst einfach in jeder Realität Superwesen werden, denn als Mitglieder der Lichtfamilie, Abteilung Rebellen, ist das eure Stärke. Ihr kamt absichtlich auf diesen Planeten, der euch vor so große Herausforderungen stellt, damit ihr Widerstand leisten könnt – nicht in einer Weise, die Probleme oder Konflikte erzeugt, sondern durch *harmonischen Widerstand*. Gerade durch eure Harmonie fordert ihr ja die alten Schwingungsfrequenzen heraus.

Ein Teil der Spannung, die ihr anderen gegenüber empfindet, kommt daher, dass ihr auf dem Weg der Evolution seid und vorwärtsstürmt. Andere mögen das nicht, weil sie nicht dafür kodiert sind, jetzt so zu reagieren wie ihr. Manche Leute sind überhaupt nicht dafür kodiert. Sie kannten den Plan zur Veränderung und kamen als Beobachter hierher. Manche verzagten Wesen kamen, weil sie wussten, dass es ein Zeichen ihrer Entschlossenheit zur Entwicklung ihres Bewusstseins sein würde, wenn sie den Mut hätten, diesen Planeten zu betreten, dessen grundlegende Natur sie schließlich kannten. Sie dachten, dies würde sie auf höhere Ebenen des Bewusstseins katapultieren, selbst wenn ihr eigener Beitrag zu diesem Übergang einfach darin bestand, hier zu sein.

Nur in der Nähe dieses Geschehens zu weilen verleiht schon Kraft. Würdigt daher alle, die in dieser Zeit auf dem Planeten sind, die beschlossen haben, bei der großen Frequenzumstellung dabei zu sein. Alle diese Teilnehmer sind notwendig: Je mehr Frequenzen sich auf dem Planeten aufhalten, desto mehr Energie kann aufgebaut werden, um die alte Frequenz zu ändern. Diejenigen, die sich dem Licht geöffnet haben, bekommen buchstäblich ihren Körper neu geordnet. Manchmal wacht ihr mitten in der Nacht auf und fühlt diesen Vorgang. Die Neuordnung des Körpers besteht in der Umstrukturierung der DNS.

Die DNS ist ein Faden. Die Wissenschaftler, die sich mit ihr beschäftigt waren, konnten bestimmte Kodierungen in bestimmten Abschnitten der DNS identifizieren. Sie fanden aber auch überflüssige Teile der DNS. Das heißt, dass es Anteile gibt, aus denen sie nicht schlau wurden; deswegen glaubten sie, diese wären nur so zum Spass da und nannten sie »Junk-DNA«, also »Müll-DNS«. Inzwischen haben sie viel dazugelernt, halten ihr Wissen jedoch vor euch verborgen.

Wir haben darüber gesprochen, dass ihr von den Schöpfergöttern gebaut wurdet. Ihr wurdet tatsächlich gebaut wie Häuser, an die man in Zukunft anbauen will. Ihr seid jetzt an jener Weggabelung, wo diejenigen, die euch entworfen haben, etwas Neues hinzufügen. Was die Wissenschaftler »Junk-DNA« nannten, hat lange Zeit in euch brachgelegen und wird nun seit einiger Zeit aktiviert. In unseren Belehrungen betonen wir immer wieder die Wichtigkeit der Sauerstoffanreicherung, denn Sauerstoff stärkt die Kodierung und erweckt die »Junk-DNA« in eurem Körper – und glaubt uns, sie ist alles andere als Müll.

Was die Wissenschaftler »Müll« nennen, um euch über die Wahrheit im Unklaren zu lassen, bildet die Grundlage für die Wahrnehmung tief in eurem Körper, die es euch ermöglicht, ein ganzheitlich wahrnehmendes, vierdimensionales Wesen zu werden. Diese erwachende DNS wird eure optische Wahrnehmung, euer Hören verändern, eure Lebensdauer verlängern und vieles mehr. Dieser latente Teil der DNS, den die Wissenschaft vor euch verborgen hat, erwacht nun zum Leben.

Ihr verändert euch so schnell, dass einige Wissenschaftler diesen Prozess als Krankheit auffassen. Einige machen sich tatsächlich große Sorgen deswegen. Aber die Regierung hat ganz andere Gründe dafür, dass sie Milliarden von Dollar in die Erforschung der DNS steckt. Was in eurem Körper geschieht, ist keine Krankheit, ihr werdet auf ganz natürliche Weise verändert. Diese gezielte Mutation geschieht oft im Schlaf. Es kann vorkommen, dass ihr am Morgen aufwacht und bemerkt, dass sich irgendetwas in eurem Körper ein wenig anders anfühlt. Ihr könnt damit rechnen, dass sich diese Veränderungen bemerkbar machen und ihr neue Fähigkeiten entwickeln werdet. Ihr beginnt zum Beispiel vieles ganz automatisch zu *wissen*.

Die Ursprünglichen Planer des menschlichen Körpers waren wohlmeinende Wesen. Diese Götter statteten euch großzügig mit einer enormen geistigen Vitalität und einer großen Freude an der Meisterschaft aus. Viel von dieser Information ist in jenen kodierten Lichtfäden gespeichert, die desorganisiert wurden und sich jetzt langsam wieder strukturieren. Eure Knochen und eure Skelettform stehen mit dieser Information in Verbindung. Wenn eure Skelettform richtig ausgerichtet ist, könnt ihr die Energie von Orten der Kraft nutzen, die kosmischen Strahlen werden in euren Körper gezogen, und die kodierten Lichtfäden beginnen sich zu ordnen. Ihr werdet bemerken, dass ihr euch ändert. Diese Veränderungen werden sich in allem spiegeln, wohin ihr auch schaut.

Das derzeitige evolutionäre System, das von den Schöpfergöttern entworfen wurde, um euch einige Dimensionen oder Frequenzen höher zu bringen, baut auf der Entwicklung von zwölf Spiralen oder Helices auf, die mit den zwölf Chakrazentren korrespondieren – sieben in eurem Körper und fünf außerhalb. Das sind die Voraussetzungen, damit das System arbeiten kann. Für die Evolution der Helices im Körper muss als gemeinsamer Nenner eine Frequenz gefunden werden, die selbst von den untersten Ebenen aus erreicht werden kann.

Es gibt auch Menschen, die über die zwölf Helices hinausgehen können. Im Allgemeinen kann aber der Bewusstseinszustand der Menschheit diese Beschleunigung nicht erreichen. Für die meisten Menschen ist es schon gewaltig genug, von der Doppelhelix zum System mit zwölf Helices überzugehen.

Einige Menschen werden in kurzer Zeit mit den zwölf Helices funktionieren, während andere diesen Schritt erst in etlichen Jahren machen werden. Das kommt einfach daher, dass jedes Individuum die Frequenz erst erhält, wenn es fähig ist, diese auch zu integrieren. Viele kommen schon jetzt, in der Anfangsphase des Planes, schwer mit den Veränderungen zurecht.

Die große Mehrheit der Menschen ist überzeugt, dass es nur eine Realität gibt und dass keine andere existiert. Wenn nun die Helices in einem Menschen ihre volle Funktion aufnehmen, erwacht sein inneres Wissen, ein Wissen, das weit über das hinausgeht, was dieser Mensch je gelernt hat. Es ist das Wissen des Selbst, das sagt: Es gibt viel mehr als nur diese physische Welt. *Glaube es. Wisse es. Verstehe es.*

∞

Die physische Welt ist ein Schlüssel zur spirituellen Welt. Die Welt des Geistes und der Selbstentfaltung steht vor einer Informationsexplosion: billige Energie, freie Energie – alles wird euch gegeben werden. All das steht im Zusammenhang mit der Entfaltung der kodierten Lichtfäden, mit Millionen, ja Milliarden von hauchdünnen Fasern.

Wie wir euch schon erzählt haben, waren die Schöpfergötter, die ankamen und die Macht übernahmen, darauf angewiesen, dass ihr in einer bestimmten Weise funktioniertet, damit sie euch kontrollieren konnten. Sie mussten eure Intelligenz ausschalten, und das taten sie, indem sie die kodierten Lichtfäden, die die Helices der DNS bilden, durcheinanderbrachten und unterbrachen.

Diese Fäden beginnen sich nun wieder zu Helices zu verbinden. Das geschieht in Dreiergruppen, bis schließlich zwölf Stränge vorhanden sind. Wenn diese zwölf Stränge oder Helices im Körper zu schwingen beginnen, wird jeder Strang mit einem Chakrazentrum korrespondieren.

Es gibt eine Vielzahl von Chakren und eine Vielzahl von potenziellen Helices, die sich formieren können. Im Moment ist der gemeinsame Nenner für die Menschheit zwölf. Mit so vielen Chakren und Helices kann das Bewusstsein der Menschen umgehen, ohne sich selbst zu zerstören. Im Moment haben wir es also mit der Entwicklung von zwölf Helices zu tun, die sich mit zwölf Chakren verbinden – wie schon gesagt, sieben Chakren im Körper und fünf außerhalb des Körpers. Mit den sieben Chakren im Körper lässt sich ziemlich leicht arbeiten. Wenn man sich gestattet zu fühlen, kann man sie physisch berühren und alle lokalisieren.

Die ersten drei sind die Chakren von Überleben, Sexualität und der Wahrnehmung von Emotionalität. Das vierte ist das Herz – Zentrum des Mitgefühls und der Verbundenheit mit allem. Das fünfte ist das Kehlkopfchakra, das mit dem Sprechen zu tun hat, das sechste das »Dritte Auge«, die Fähigkeit zur Vision. Das siebte wird Kronenchakra genannt und öffnet einen für das Wissen, dass die wahre Identität jenseits der physischen Form liegt. Wenn man zu den fünf Chakren außerhalb des Körpers gelangt, muss man Wege finden, etwas zu erfassen, von dem man noch nicht einmal ganz sicher ist, ob es wirklich existiert.

Das achte Chakra liegt noch innerhalb eures Aktivitätsbereiches, dreißig Zentimeter oder mehr über eurem Kopf. Die meisten Menschen halten es nahe an ihrem physischen Körper. Auch das neunte ist noch nahe, wenige Meter vom Körper entfernt. Wenn neun Helices voll entwickelt sind, wird sich dieses Chakra in die Atmosphäre der Erde verlegen und dann eher ein Erdchakra sein, eine Schnittstelle zum energetischen Gitternetz des Universums.

Das zehnte, elfte und zwölfte Chakra sind viel weiter entfernt. Wenn das zehnte Chakra erst einmal ausgerichtet und angeschlossen ist, wird es in eurem Sonnensystem liegen. Das elfte wird sich in das galaktische System hinausbewegen, das zwölfte im Universum verankert sein.

Ihr werdet von diesen persönlichen Zentren Informationen erhalten, denn sie sind auch kollektive Zentren. Wenn ihr lernt, diese Chakraerfahrungen umzusetzen, werdet ihr entdecken, dass das Leben nicht mehr so ist wie bisher.

Nicht alle Menschen auf dem Planeten machen diese Veränderungen jetzt durch, weil nicht alle darauf kodiert sind, zu diesem spezifischen Zeitpunkt zu reagieren. Jeder von euch kam mit einem bestimmten Marschbefehl hier an, der erklärt, wann, wo und wie ihr am besten handeln solltet. Viele von euch lernen gerade, diesem Plan zu folgen, dem Plan des Selbst, das euch dazu bringen wird, euer Höheres Selbst zu entdecken. Wenn ihr das einmal könnt, wird euer Leben ziemlich mühelos werden, denn ihr seid jetzt ein Werkzeug des Lichts und werdet allein durch eure Absicht, euch ihm anzuvertrauen, geführt.

Verschiedene Menschen machen diese Veränderungen zu verschiedenen Zeitpunkten durch, denn es würde nicht funktionieren, wenn sie alle gleichzeitig geschähen. Das würde Chaos erzeugen, wo eine gewisse Ordnung nötig ist. So kann sich jemand, der diesen Wandel gerade erlebt und diese Erfahrungen gerade verarbeitet, an jemanden um Hilfe wenden, der dies bereits hinter sich hat. Für diejenigen von euch, die allein durch diesen Prozess gehen, kann es sehr schwierig werden. Aber ihr seid Wegbereiter. Wenn ihr einmal fähig seid, den Wandel zu vollziehen, könnt ihr anderen den Weg ebnen und die Richtung weisen. Wenn ihr soweit seid, euch in das Gitternetz der Zeit einzuschalten, werdet ihr Landkarten vorfinden, die bestimmte Ereignisse anzeigen. Je mehr ihr euch in jedem Moment eurer eigenen Entwicklung widmet, desto früher wird die Veränderung auch noch den Letzten von euch erreichen.

Es gab eine Zeit, als die Menschheit höherdimensionale Frequenzen aufnahm und fähig war, sich zwischen Realitäten hin- und herzubewegen und Materie zu manipulieren. Viele dieser Fähigkeiten wurden von den Wesen, die jetzt seit Jahrtausenden über eure Wirklichkeit herrschen, absichtlich zerstört. Ihr müsst verstehen, dass jede Wirklichkeit ihre Wächter hat und dass es zu verschiedenen Zeiten verschiedene Wächter und Hüter gibt.

Wir verwenden den Ausdruck *Wächter* neutral. Ihr verwendet ihn für jemanden, der beschützt. Wir sagen, dass ein Wächter über die Wirklichkeit bestimmt und sie vielleicht vor anderen schützt; solche Wächter lassen andere nicht hereinkommen und nicht ihre Wirklichkeit verändern. Wächter in unserem Sinne sind nicht unbedingt wohlwollende, erhebende Wesenheiten. Die Wesenheiten, die eure Wirklichkeit bewachen, könnten solche Wesen fernhalten, die euch befreien würden.

Ihr habt so viel vergessen, weil ihr neu eingestellt wurdet und viele eurer natürlichen Fähigkeiten zerstört und ausgeschaltet wurden, so dass sie nicht mehr funktionieren. Kontrolle senkte sich über die Seelen in eurer Gesellschaft. Schutzschleier wurden um die Erde gelegt, denn wenn ihr versuchen wolltet, euch in die Information von außen einzuschalten, hättet ihr weder die Werkzeuge noch den Hintergrund noch die Fähigkeit, mit diesen Realitäten etwas anzufangen.

Jetzt aber steckt der gesamte Planet sozusagen bis über beide Ohren in expandierenden Realitäten. Um in diese Realitäten zu gehen, müsst ihr zunächst eure eigene sehr tiefgehend erkunden. Es ist keine Zeit mehr für lange Psychoanalysen. Ihr müsst Fertigkeiten entwickeln, um in wenigen Stunden ein paar Jahrzehnte eurer emotionalen Entwicklung zurückzulegen. Ihr werdet wohl die emotionale Autobahn nehmen müssen, weil sich der menschliche Körper durch Emotionen ausdrückt. Das ist das besondere Kennzeichen und die Begabung eurer Spezies.

Zunächst müsst ihr die emotionalen Autobahnen für Bereiche öffnen, die ihr in diesem Leben vor euch selbst verborgen habt. Möglicherweise überfluten euch Erinnerungen, wenn sich diese Daten in euch ordnen – Erinnerungen an Ereignisse, die für euch schwierig waren oder für die euch der Kontext fehlte, um sie verstehen zu können. Manche könnten Kontakte mit Außerirdischen aufdecken, die ihr alle als Kinder gehabt habt. Manche stoßen vielleicht auf sexuelle Erfahrungen, die sie damals nicht verstanden, ob nun passiv erlitten oder aktiv erlebt. Solche Dinge wurden vom Emotionalkörper vergraben, weil dieser sehr empfindlich auf Urteile reagiert, und der Mentalkörper urteilt sehr hart. Der Emotionalkörper, der mit dem spirituellen Körper verbunden ist, versteckt sich davor.

Ihr alle glaubt zu wissen, wer ihr seid. Ihr habt Geschichten darüber, wer ihr seid, die auf dem aufbauen, woran ihr euch aus der Jugend dieses Lebens erinnert. Wir möchten euch vermitteln, dass ihr eine Anzahl paralleler, legitimer Existenzen besitzt, die noch ganz andere Erinnerungen als ihr haben. Ihr habt diese Erinnerungen unterbunden oder die Ereignisse nicht mehr beachtet, weil euer Emotionalkörper sie nicht verarbeiten konnte.

Vieles von dem, worauf ihr stoßen werdet, wird mit Sexualität zu tun haben, weil sie ein Teil von euch ist, den ihr nicht verstanden habt, dem ihr euch aber zuwenden müsst, um seinen Sinn zu begreifen. Worum geht es bei der Sexualität? Wer hat all diese Regeln gemacht, was dabei richtig ist und was nicht? Was ihr außerdem entdecken werdet, sind die Kontakte mit Energien, die euch ständig umgeben haben, schon als ihr jünger wart, und die euch belehren wollten; ihr habt diese Ereignisse verdrängt, weil euch niemand in dem Glauben unterstützt hat, dass sie wirklich geschehen sind.

Wenn ihr diese multidimensionale Erkundung beginnt, werden die Erinnerungen, die ihr vor euch selbst verborgen habt, ans Tageslicht kommen. Ihr werdet euch wundern, wie ihr ganze Ereignisse und große Stücke eures Lebens völlig vergessen konntet; speziell Ereignisse aus der Zeit, als ihr jünger als zwölf Jahre wart. Ihr werdet über die Fähigkeit des Nervensystems erstaunt sein, den Datenfluss zu unterbrechen, wenn der Verstand die Daten nicht mehr verarbeiten kann. Und doch ist alles noch gespeichert, also werdet ihr es abrufen. Jetzt werdet ihr vieles verarbeiten können, weil ihr gelernt haben werdet, neutral zu sein und keine Urteile über das abzugeben, woran ihr teilgenommen habt.

Wenn ihr euren derzeitigen Körper, eure Identität und euer jetziges Leben erforscht, tut es schnell. Ihr habt nicht mehr lange Zeit, das zu untersuchen. In dem Maße, wie eure DNS wiederhergestellt wird, werdet ihr fühlen können, wie Ereignisse aus diesem Leben sinnvoll zusammenhängen mit vielen verschiedenen Orten, an denen ihr gelebt habt, und vielen verschiedenen Identitäten, die ihr besessen habt.

Idealerweise werdet ihr jetzt nicht mehr urteilen, und deshalb werdet ihr die Geschichten so hereinbekommen, wie sie wirklich geschehen sind. Ihr werdet sie aus erster Hand über das Zellgedächtnis erfahren. Ihr könnt nur auf diese höhere Frequenz kommen und die Zukunft eures Lebens auf diesem Planeten bestimmen, wenn ihr *eure Teilnahme an diesem Prozess nicht beurteilt.* Das ist sehr komplex und sehr wichtig. *Fühlt,* was wir eben gesagt haben. Dieser Prozess bedeutet, die herrschenden Paradigmen zu zertrümmern und ein Ketzer der Realität zu werden. Ihr werdet anfangen zu verstehen, dass euch eine legitime, reale Existenz einfach vorenthalten wurde. *Es ist unbedingt notwendig, dass ihr anfangt, euch zu erinnern, wer ihr seid.*

Ihr seid nicht allein. Ihr könntet das nicht allein tun. Selbst wenn wir sagen, dass ihr der Fahnenträger eurer Seele seid, gibt es andere Aspekte eurer selbst, die die Geschichte durchschauen und in euren Zeitabschnitt zurückkommen, um diesen Energiewirbel zu erzeugen, der alle Wirklichkeiten berühren wird. Wir können die Wichtigkeit dieser Zeit nicht genug betonen, und die Spannung und Freude, die sie bereithält – *sofern ihr gewillt seid, euch zu verändern.*

Wenn ihr nicht zur Veränderung bereit seid und nicht gewillt, Dinge aufzugeben, werdet ihr Erfahrungen machen müssen, die weniger schön sind. Alle von euch haben etwas, woran sie sich klammern. Das kann schwierig werden. Und doch kam jeder hierher, um etwas zu erledigen, damit er seine Reise fortsetzen und das tun kann, wonach seine Seele sich sehnt. Es ist geradeso, als hättet ihr hier noch etwas zu erledigen. Es ist, als wäre euch eine Decke übergezogen worden, damit ihr nicht sagen könnt: »Was mache ich hier eigentlich noch? Nichts wie weg hier!«

∞

Diejenigen, die die höheren Bereiche verstehen, haben sich auf diesem Planeten oft sehr allein gefühlt. Aber es gibt zurzeit Millionen hier, denen es ähnlich geht, eine riesige Gruppe von Bundesgenossen. Ihr fangt an, einander zu begegnen und zu finden und euer Bewusstsein miteinander zu verflechten – wie ein feiner Seidenfaden, der zusammen mit anderen Stränge bildet. Ihr werdet ohne große Anstrengung ein wunderschönes Werk entstehen sehen, weil das Teil eines Plans ist und weil ihr geleitet werdet, bestimmte Dinge zu tun.

Der gesamte Planet ist so gesteuert worden, dass man euch vom ersten Moment an beigebracht hat, ihr hättet keine Kontrolle über eure Wirklichkeit. Ihr habt gehört, dass alles nur vom Zufall abhängt und von Faktoren, auf die ihr keinen Einfluss habt. Das ist *falsch*. Ihr selbst bestimmt eure DNS.

Ihr habt die vollständige Kontrolle über alles. Solange ihr das nicht erkennt und glaubt, seid ihr dem unterworfen, was jemand anders mit euch in dieser Zone des freien Willens machen möchte. Und in eurer Unschuld seid ihr Dingen ausgesetzt gewesen, die es möglich gemacht haben, dass eure DNS, eure Intelligenz und viele andere Dinge manipuliert wurden.

6

Befreit die Geschichte

Die DNS ist Träger des Codes, denn dieses genetische Material und seine Helices besteht aus kodierten Lichtfäden, hauchdünnen Fäden, die Information transportieren, wie das in der Faseroptik geschieht. Die Lichtsäule, die ihr verwendet, um euch zu aktivieren und um Information in euren Körper zu bringen, ist auch aus kodierten Lichtfäden zusammengesetzt. Diese Fäden enthalten eine riesige Menge von Daten, und euer Körper ist voll von ihnen. Wenn sie gebündelt und ausgerichtet sind, arbeiten die kodierten Lichtfäden zusammen und setzen Informationen frei, welche die in ihnen enthaltene Geschichte verständlich machen. Die kodierten Lichtfäden in eurem Körper gleichen einer gewaltigen Bibliothek – einer Bibliothek, die so groß ist, dass sie die Geschichte des Universums enthält.

Viele verschiedene Spezies haben bereits auf der Erde gelebt. Ihr seid überzeugt, dass die Menschheit diesem Planeten entstammt. *Aber die Menschen wurden hierhergebracht.* Den Leuten steht ein Schock bevor, denn bald werden Skelette von sehr verschiedenen Kreaturen öffentlich werden, die erst kürzlich und auch schon vor langer Zeit entdeckt wurden. Manche von ihnen, speziell in Südamerika, wurden bisher als Fake News abgetan, die zur Belustigung oder puren Angstmache sensationslüsterner Kanäle im Internet verbreitet werden. Wenn das Bewusstsein der Menschheit auf die Frequenz der Empfänglichkeit angehoben wird und das Nervensystem der Massenpsyche so ausgeglichen ist, dass es einen Paradigmenwechsel erträgt, wird die Erde selbst ihre Geheimnisse enthüllen. Das geschieht bereits in diesen Tagen durch verschiedene Mittel, etwa durch ungewöhnliches Wettergeschehen oder durch Erdbeben. Nicht alles davon ist künstlich herbeigeführt. Es wird auch mediale Entdeckungen geben und vieles mehr. Ihr werdet eine völlig neue Geschichte zutage fördern.

Vor euch liegt die Aufgabe, eure DNS durch bewusste Absicht zu entwickeln. Dies gezielt zu bewerkstelligen wird nicht einfach sein, denn ihr müsst durch viele Identitäten gehen. In der Geschichte der multidimensionalen Existenz eurer Seele wart ihr alle möglichen Menschen, und einige dieser Erfahrungen waren schmerzhaft. Sie waren eine schwierige Herausforderung. Es ist an der Zeit, dass ihr diese Herausforderungen hinter euch lasst und die Geschichte befreit, die in eurem Körper gespeichert ist.

Ihr müsst den kodierten Lichtfäden gestatten, sich zu bündeln und neue Helices zu bilden, ihr müsst empfänglich werden für die neue Information, in die sich die DNS einschalten wird. Es wird eurem logischen Verstand nicht immer sinnvoll erscheinen. Ihr werdet lernen, dass der logische Verstand durchaus seinen Sinn und Zweck hat, aber nicht eure Identität ist. Der logische Verstand wird von vielen Menschen über Gebühr beansprucht. Er wird überschätzt und missbraucht, und wenn man das tut, setzt man den Körper unter Stress. Ihr müsst eure Erfahrungen nicht immer logisch verstehen. Achtet auf euch, bleibt stets humorvoll und denkt immer daran, dass ihr dabei seid, euch zu entwickeln.

Ihr werdet viel durchmachen, denn ihr klettert auf einer Leiter der Identität aufwärts, die aus euren Chakren besteht. Die Chakren sind Zentren der Energieinformation, die mit bestimmten Leben in Verbindung stehen, in denen ihr euch auf irgendeinem Gebiet aktiviert oder ausgedrückt habt. Es ist unerlässlich, dass ihr in den nächsten Jahren eure wahre Identität entdeckt.

Die kodierten Lichtfäden sind ein Werkzeug des Lichts, ein Teil des Lichts und ein Ausdruck des Lichts. Sie existieren als Millionen feiner, fadenartiger Fasern in euren Zellen, während ebensolche Fäden als Gegenstück außerhalb eures Körpers existieren. Kodierte Lichtfäden drücken die Sprache der Lichtgeometrie aus, welche die gesamte Geschichte dessen, was ihr seid, enthält. Bisher war es diesen Fäden nicht möglich, auf den Planeten zu kommen, weil er durch das »dunkle Team« verunreinigt war. Das hat sich nun geändert, und die kosmische Energie strömt ungehindert zu diesem Planeten und aktiviert die Codes in euren Helices.

Kodierte Lichtfäden sind wie Lichtstrahlen, die eine geometrische Form der Sprache enthalten. Sie kommen von einer kosmischen Datenbank zu euch und enthalten Information. Einige Menschen auf diesem Planeten, besonders jene, die mit Kristallen arbeiten, werden lernen, andere Körper mit diesen Fäden zu füllen und zu aktivieren. Menschen, die diese Erfahrung suchen, werden die Fäden in ihrem Körper aktiviert bekommen, um sofortige Information und sofortiges Wissen zu erlangen. So wird in Zukunft der Unterricht aussehen. Es wird Wesen geben, die euch bei all dem gerne helfen werden. Ihr werdet fähig sein müssen, diese Wesen zu erkennen, wie auch die anderen Wirklichkeiten, die um euch herum existieren.

Als die Informationen in den kodierten Lichtfäden desorganisiert wurden, hat man keine Bibliotheken verbrannt wie seinerzeit in Alexandrien und schon so oft auch in eurer jüngsten Geschichte – die Bücher wurden einfach alle aus den Regalen geworfen und mitten im Raum liegengelassen. Stellt euch vor, ihr betretet einen Raum, so groß wie ein Sportstadion, in dem alle Bücher auf dem Boden herumliegen. Wie könntet ihr da etwas finden, außer durch Zufall? Da die Menschen nicht an die Ordnung des Zufalls glauben, sind sie der Ordnung, die in ihnen ist, nie gefolgt. Die Information in den Fäden wurde in euch gelassen, doch es gab keinen *logischen* Weg, sie zu verstehen. Wie kommt ihr nun an die Information? Sie wird sich euch von selbst offenbaren. Das ist der Prozess. Ihr müsst sie nicht suchen gehen, denn diese Offenbarung ist euer Erbe und eure Identität.

Während die DNS beginnt, neue Stränge zu bilden, bewegen sich diese neuen Stränge entlang eines Nervensystems im Körper fort, das gerade dabei ist, sich zu entwickeln. Dabei strömen Erinnerungen in euer Bewusstsein. Ihr müsst daran arbeiten, dieses Nervensystem zu entwickeln, müsst Licht in euren Körper ziehen, euer System mit Sauerstoff anreichern, müsst lernen, eure Energie zu beschleunigen und mehr Gedanken und Erfahrungen in euren Körper zu rufen. Wenn dieser Prozess anwächst und Nahrung in eurem Körper findet, beobachtet ihn einfach, denn ihr werdet wissen wollen, wie ihr Zugang zu ihm haben könnt. In euren Dramen steckenzubleiben ist, wie eines eurer Bücher immer wieder zu lesen und nicht zuzulassen, dass Informationen aus anderen Büchern dazukommen.

Es gibt mehr: *Es gibt eine ganze Geschichte.*

Diese ganze Geschichte hat mit eurer Seele zu tun. Als Mitglieder der Lichtfamilie seid ihr damit einverstanden, in eurem physischen Körper eine bewusste Kenntnis all eurer Existenzen zu bewahren. Ihr seid bereit, alles, was ihr getan habt, und die Rollen, die ihr in all diesen Existenzen gespielt habt, zu akzeptieren, und dann in verschiedene Wirklichkeiten einzudringen und sie gemäß eurer Vereinbarung als Vertreter der Lichtfamilie zu verändern. Natürlich behaltet ihr auch im Rahmen dieser Vereinbarung euren freien Willen. Aber es läuft viel über die DNS.

Die dreifache Helix bringt euch in das Gefühlszentrum. Das Gefühlszentrum ist Emotion, und Emotion ist eure Straße oder Brücke oder *Fahrkarte zum spirituellen Selbst.* Wenn Menschen das emotionale Selbst verleugnen, können sie nicht in spirituelle Bereiche vordringen. Christus sagte: »Erkenne dich selbst.« *Erkennt euch selbst.* Es ist die gleiche Botschaft. Sie wurde dem Planeten vor langer Zeit gegeben, aber sie wurde verzerrt, damit die Menschen nicht verstehen, wie großartig sie selbst sind und dass sie sich nur neu zu ordnen brauchen. Diese Arbeit geschieht immer im Inneren. Wenn ihr wissen wollt, wie ihr den Planeten verändern könnt, sagen wir euch immer, dass ihr *an euch selbst arbeiten müsst.* Entwickelt euch. Geht über die Grenzen des Selbst hinaus. Lernt, mehrdimensional zu werden, in der astralen Welt zu existieren und über den physischen Körper hinaus zu reisen. Hört auf, den Körper als etwas zu definieren, was »hier« endet. Das legt euch nur die Gesellschaft nahe, damit ihr unter Kontrolle bleibt. In einer Zone des freien Willens gehört Macht zum Spiel dazu, denn jemand möchte das Sagen haben. Ihr seid Mitglieder der Lichtfamilie. Welcher Hierarchie und welchen Göttern gehorcht ihr?

Die DNS ist eine lebendige Geschichte von Wahrheit und Leben. Wenn man mit dieser Geschichte verschmelzen kann, ist man fähig, ohne Videos, Audios oder Bücher in andere Wirklichkeiten zu gehen. Man ist fähig, *Erfahrungen zu machen.* Viele Stammeskulturen wurden darin unterrichtet, die Reste der Lebendigen Bibliothek auf diesem Planeten zu finden. Das erklärt ihre Achtung für die Erde und für die Tiere, es erklärt ihr Verständnis dafür, dass alles auf Kooperation beruht. Diese eingeborenen Kulturen wurden absichtlich auf den Planeten gebracht, damit es zur passenden Zeit ein Übungsfeld geben würde und einen Ort, an dem die Erinnerung aktiviert werden kann.

Die DNS enthält den Code. Sie enthält den Grundriss der Identität, den Plan für das Dasein, die Geschichte des Universums und die Geschichte des Lebens auf diesem speziellen Schauplatz. Und sie ist in den Zellen der Menschen gespeichert.

Die ursprüngliche DNS der Hüter dieses Planeten, der menschlichen Bewohner, hatte ein genetisches Grundsystem, das auf der Zahl Zwölf beruhte. Die zwölf Stränge des genetischen Materials stehen daher mit vielen anderen Informationsquellen in Verbindung, die auch zwölf ausmachen. Denkt daran, eine Wirklichkeit spiegelt die andere. Die zwölf Informationsstränge verbanden den menschlichen Bewohner mit entsprechenden Informationszentren innerhalb und außerhalb des Körpers.

Durch eine Konjunktion mit der Erde, eine Konstellation der Übereinstimmung mehrerer Gestirne, die in einer Linie stehen, sind die Ursprünglichen Planer bereits zurückgekehrt, um das System der zwölf Helices bei den Bewohnern – den Menschen – zu reaktivieren und die Erde wieder auf ihren Weg zu bringen. Als die biologische Bibliothek vor vielen Äonen entstand, wurde beschlossen, dass die Hüter des Planeten den Schlüssel zur Lebendigen Bibliothek besitzen sollten.

Wie hängt das mit den zwölf Informationszentren zusammen? Nun, sie arbeiten mit eurem Chakrensystem. Wenn die menschlichen Chakrenysteme verbunden, offen und aktiviert sind, wird die Information verfügbar. Bestimmte Dinge lösen sie aus, sie tritt dann in den Vordergrund und findet ihren Ausdruck. Wenn ihr an die zwölf Informationszentren angeschlossen seid, von denen sich sieben innerhalb und fünf außerhalb eures Körpers befinden, seid ihr bereit, durch ein weiteres Set von zwölf Informationszentren Energie zu empfangen. Sobald ihr eure eigenen zwölf Chakren aktiviert, verbindet ihr euch mit der Energie, die in parallelen Sets von zwölf Zentren gespeichert ist und euren Prozess weiter aktiviert. Dadurch erreicht das Gehirn schließlich seine komplette, volle, computerähnliche Funktion.

Eure Chakren sind wie parallele Wirklichkeiten, durch die ihr die verborgenen Informationen entschlüsselt. Es gibt sehr viele Schritte bei dieser Entschlüsselung. Man kann es mit den Sicherheitsmaßnahmen in Regierungen vergleichen, wo Mitarbeiter nur dann Zugang zu geheimem Material erhalten, wenn sie Fingerabdrücke und andere Informationen in einer ganz bestimmten Kombination präsentieren. Die Aktivierung der zwölf DNS-Stränge in euch fällt mit der Aktivierung, Drehung, Bewegung und Öffnung der zwölf Informationszentren zusammen – der zwölf Chakren oder ätherischen Energiescheiben zwischen dem physischen Körper und dem feinstofflichen Körper des Menschen.

Wenn die beiden Zwölfersysteme aufeinandertreffen, beginnen sie sich im Einklang miteinander zu drehen. Sobald diese Synchronisierung der Energie erfolgt, bringt sie Energie in die zwölf Himmelskörper eures Sonnensystems. Diese Himmelskörper senden sie dann zurück auf die Erde. Sie aktivieren sich selbst, indem sie das freisetzen, was sie enthalten, damit die Erde biogenetisch lebendig werden kann. Es offenbaren sich immer mehr von diesen Zwölfergruppen – zum Beispiel die zwölf rotierenden Universen. Das Drehen der zwölf Zentren wird ein chaotisches Ausbrechen von neuem Bewusstsein auslösen, denn wenn diese zwölf Energiezentren – besonders die äußeren fünf – sich wieder mit dem Planeten verbinden, werden unglaubliche Mengen von neuer Energie auf ihn einströmen.

Die Bildung der zwölf Helices bedeutet nicht, dass ihr als Spezies vollkommen informiert sein werdet. Es bedeutet, dass neue Modi Operandi notwendig sind, damit die Menschheit in ein höheres Bewusstsein gelangen kann. Dies bringt ein neues Frequenzniveau mit sich, von dem jeder auf seine Weise betroffen sein wird. Man kann den Prozess mit der Geburt einer neuen Sonne in eurer Atmosphäre vergleichen. Die zwölf Helices enthalten sicher nicht die gesamte Information der kodierten Lichtfäden. Ihre Formierung wird jedoch ausreichen, um euch als Spezies ein viel größeres Bild dessen zu vermitteln, was ihr seid.

Als Mitglieder der Lichtfamilie *wisst* ihr, wer ihr seid. Die Menschen sind es, die nicht wissen, wer sie sind. In menschlicher Verkleidung legt ihr euch manchmal selbst herein und glaubt dann, ebenfalls nicht zu wissen, wer ihr seid. Dabei wisst ihr aus dem ewigen Anteil eures Selbst heraus, dass ihr Mitglieder der Lichtfamilie seid.

Wir bezeichnen die Erde als Lebendige Bibliothek, weil ihr alle eine Vorstellung von einer Bibliothek habt: Es ist ein Ort, an dem Information gespeichert ist und zur Verfügung gestellt wird. Wir verwenden diese Entsprechung, weil wir euch das Bild vermitteln möchten, dass ihr euch überall, wo ihr hingeht, in einer Bibliothek aufhaltet. Ihr habt nur noch nicht herausgefunden, wie ihr die Information übersetzen könnt oder an welcher Stelle in der Bibliothek sie zu finden ist.

Dies ist das Bild, von dem wir uns wünschen, dass es jeder in sich trägt. Es wird größere Liebe für die Erde hervorrufen und größere

Erkenntnis dafür, dass es an diesem Ort für jeden etwas gibt, mit dem er verbunden ist. Niemand braucht je allein zu sein, wenn er entdeckt, dass intelligentes Leben mit menschlichen Wesen kommunizieren will. Sobald sich die zwölf Helices formen, die einen mit den zwölf Informationszentren verbinden, wird die Bibliothek aktiviert werden.

Die Menschen wurden entwickelt, um der Schlüssel zu sein, mit dem die Information in der Lebendigen Bibliothek zugänglich wird. Wir könnten viele Geschichten darüber erzählen. Vor Millionen von Jahren existierte alles Leben auf diesem Planeten nebeneinander, besonders während der Zeit der Dinosaurier, als diese großen Tiere als Wächter des Planeten fungierten und bestimmte Energien sich aufbauten, um hier Daten zu speichern. Das dauerte viele Millionen Jahre lang an.

Jetzt ist die *Zwölf* das verbindende System, und wenn ihr euch umseht, werdet ihr sie überall finden. Sie wurde aus dem Grund symbolisch eingeführt, damit ihr eines Tages herausfindet, dass sie euch mit etwas verbindet. Es ist nicht euer natürlicher Rhythmus, sondern eine Gruppenübereinkunft, die Energie der Zwölf in vielen verschiedenen Wirklichkeitssystemen zu verwenden. Sie ist eine kodierte Formel. Viele Dinge, die dem logischen Verstand sinnlos erscheinen, sind für die kodierten Lichtfäden und den sensibler werdenden Körper enorm sinnvoll.

Manche sagen, dass dies ein sehr ineffektives System ist und nicht dem natürlichen Fluss der Dinge folgt. Aber das Zwölfersystem ist der Fluss, auf den dieser Planet eingestimmt wurde. Genau betrachtet seid ihr eigentlich ein Dreizehnersystem. Wie oft im Jahr ist Vollmond? Dreizehn Mal. Das Dreizehnersystem wird zurückkommen. Ihr werdet euch bald wieder dafür öffnen, denn ihr werdet über die Zeit hinausgehen. Ihr werdet die Zeit hinter euch lassen. Die Energie der Dreizehn geht weiter als die Logik und als das aufgezwungene System.

Wie schon erwähnt, ist die Lichtfamilie, zu der ihr gehört, auf den Planeten Erde gekommen, um von den Ursprünglichen Pla-

nern Energie zu empfangen. Diese Energie wird eine genetische Veränderung hervorrufen und die kodierten Lichtfäden wieder aktivieren und neu bündeln. Die Fäden werden das System der zwölf Helices bilden, welches ihre Körper aktivieren kann. Das wird diese Menschen sehr wertvoll machen, denn es wird ihnen dadurch möglich sein, als Mittel zum Zugriff für die in der Erde gespeicherten Daten zu dienen.

Was ist an diesen Daten so wichtig? Sie sind in Insekten und Blumen, in Schweinen, Eselsschwänzen, Hasenohren und allem Möglichen enthalten, und es liegt an euch, sie zu entdecken. Wir möchten betonen, dass die Speicherung der Daten in den zwölf Bibliotheken in vielen verschiedenen Schichten erfolgte. Wenn ihr in die Bibliotheken kamt, gab es verschiedene Zugangscodes. Mit anderen Worten, es gab viele verschiedene Wege, die Bibliotheken zu betreten. Ihr konntet nicht einfach hineingehen und sagen: »Ich habe die Genehmigung, alle Informationen zu erhalten.« So wie es jetzt in den irdischen Regierungen verschiedene Geheimhaltungsstufen gibt, hatten auch die Bibliotheken mit diesen Informationen Sicherheitssysteme und Freigabeeinstufungen.

Es gab einen Grund, die Bibliotheken zu bauen, denn damals herrschte Tyrannei. Bestimmte Energien, die Hüter der Zeit, waren besorgt, dass Informationen in falsche Hände geraten könnten. So wurden auf sehr spielerische Weise Bibliotheken der verschiedensten Art entworfen. Andere Bibliotheken oder Welten sind völlig anders als eure. Die Aufgabe der Hüter der Zeit bestand darin, ein Projekt ins Leben zu rufen, Bewusstsein zu entwickeln, das Information besitzt und das eingesetzt werden konnte, um Zugriff auf Information zu erlangen.

Ursprünglich war die Rolle des menschlichen Bewohners als Führer einer Bibliothek sehr ehrenvoll. Ohne den Menschen hatte man keinen Zugang zur Bibliothek, und je besser er eingestimmt war, desto besseren Zugriff hatte man auf die Bibliothek. Der Mensch war stolz darauf, frei genug und doch verbunden genug zu sein, um die Daten in allen Dingen zu finden.

Wenn Menschen also »Bibliotheksausweise« waren, dann waren manche Menschen bessere Ausweise als andere. Es wurde zu einer Kunst, eine Ausbildung zum Bibliotheksausweis zu machen, und wenn Wesen kamen, die auf diesem Planeten Information finden wollten, verschmolzen sie mit dem menschlichen Besitzer, der auf bestimmte Codes ansprach. Hatte jemand einen niedrigen Zugangscode, konnte man vielleicht nur einen Teil von etwas sehen, aber jeder kam mit der Absicht, spezifische Informationen zu erhalten. Die Informationen wurden jemandem nicht vorenthalten, weil sie geheim waren, sondern weil sie seiner biologischen Struktur elektromagnetisch nicht entsprachen.

Daten müssen das Glaubenssystem eines Menschen durchdringen können, andernfalls kann der Betreffende zusammenbrechen, wenn er von Energie überwältigt wird, die nicht stark genug mit Liebe angereichert ist. Ist etwas jedoch stark von Liebe erfüllt, wird dieser Zusammenbruch verhindert, und der Mensch empfängt ein sehr umfassendes Konzept.

So werden große Konzepte auf diesen Planeten gebracht: Sie bewegen sich auf der Liebesfrequenz.

Die Lichtfrequenz kann keine großen Konzepte transportieren, denn sie ist nicht mit Emotion verbunden. Die Liebesfrequenz schon. Wenn jemand eine erweiterte Vorstellung von sich erschafft, muss Liebe vorhanden sein, die ihm einen Sinn gibt. Ohne Liebe fühlt der Mensch keinen Sinn, und er muss sich immer mit dem Sinn verbunden fühlen, um zu verstehen, wie groß die Dinge sind.

Ihr werdet eines Tages entdecken, dass Sex zu dem Prozess gehört. Wenn ihr zu eurer eigenen Sexualität steht, werdet ihr die Möglichkeiten sehen, sie auszudrücken, und ihr werdet entscheiden, ob ihr sie so ausdrücken wollt. Während ihr zum Zugang werdet und andere euch nutzen, um die Bibliothek abzurufen, kann es sein, dass ihr im Laufe der Jahre sehr interessante Begegnungen habt. Wenn ihr die alten Schriften und Manuskripte studiert, werdet ihr verstehen, dass die Götter aus dem Himmel hinabstiegen und sich mit den Töchtern der Menschen vermählten.

Sexualität wurde eingesetzt, um den Bibliotheksausweis anzuregen. Darin liegt jedoch etwas sehr Gefährliches, und es ist missbraucht worden. Daher ist es sehr wichtig, dass ihr eure Sexualität *selbst besitzt* und darauf achtet, mit wem ihr sie teilt. Wir möchten nicht, dass jemand von euch gekauft oder verführt wird. Ihr seid gut beraten, darauf zu achten, ob ihr andere als ehrlich und integer erfahrt oder ob sie euch nur schmeicheln. Ihr werdet Hüter von Macht.

Es gibt Traditionalisten, die meinen, wir würden zu viele Informationen auf einmal unkontrolliert an euch weitergeben. Unsere Antwort lautet, dass die Erde auf gewaltige Veränderungen zusteuert und wir darauf keine Rücksicht nehmen können. Deshalb überfluten wir diesen Planeten, wie viele andere auch, mit Möglichkeiten zur Erinnerung. Wenn ihr das Wissen und die Fähigkeiten, die wir euch geben, anhäuft, werden sich andere aus ihren eigenen Gründen zu euch hingezogen fühlen, weil sie durch euch Zugang zu bestimmten Dingen erhalten.

Sobald ihr mit jemandem Sex habt, ist das, als gewährtet ihr ihm Zugang zu anderen Bibliotheken. Es hängt mit sehr vielen Dingen zusammen. Wir wünschen uns von euch, dass ihr euren Körper, euch selbst liebt und ehrt. Und wenn ihr mit jemandem Sex habt, geht sicher, dass dieser Mensch *euch wirklich liebt*. Das heißt nicht, dass ihr heiraten müsst. Aber es muss Liebe da sein, damit ihr wisst, mit wem ihr euch verbindet; auf diese Weise bleiben die Entdeckungen, die ihr macht, zwischen euch beiden. Wir warnen euch nicht, wir informieren euch, weil ihr sehen werdet, was anderen widerfährt, die mit ihrer Kraft nicht vorsichtig umgehen.

Sexualität ist nichts, womit man herumspielen sollte. Es ist eine Art, viele Wege zu öffnen. Wenn man nicht vorsichtig damit umgeht, kann man Energien anziehen, auch ohne einen Partner zu haben. Verwendet man Sexualität, um Informationen zu aktivieren, könnte man die falschen Energien einladen. Gebt daher auf die Frequenz der Sexualität acht, denn sie ruft Gefühle hervor, und Gefühle sind der Schlüssel für den Zugang zu den Daten, die in der Lebendigen Bibliothek gespeichert sind.

7

Verschmelzung der Dimensionen

Ihr profitiert davon, am Ereignis des Lebens teilzunehmen. Einfach, indem ihr *im* Körper seid, habt ihr Erfahrungen und Eigenschaften, die ihr anderswo nicht sammeln könnt. Ein Teil des physischen Lebens auf der Erde zu sein, ist heute und war in den letzten 200.000 bis 300.000 Jahren ein gewaltiges Ereignis, denn es bedeutet, dass ihr an einen Ort gekommen seid, an dem die Dunkelheit regiert. Wo immer ihr auch wart, ihr habt kämpfen müssen, um eure Augen zu öffnen und um Freude und Erbauung zu erkennen. Wenn ihr über die neuere Geschichte nachdenkt, werdet ihr bemerken, dass es tatsächlich sehr selten war, dass Menschen ein erhebendes Leben hatten. Daher müsst ihr die Verbesserung selbst erschaffen, und ihr müsst euch davon überzeugen, dass ihr es auch könnt.

Viele Äonen lang war das Dasein auf Erden ein Kampf zwischen Licht und Dunkelheit. Einige würden es als Kampf zwischen Gut und Böse oder zwischen Erhabenheit und Schlechtigkeit bezeichnen. Wir sehen es einfach so, dass die Erde ein bestimmtes Ereignis und ein Ort ist, an dem gewisse Gesetze und Regeln gelten, und dass sie sicherlich nicht der einzige Ort ist, der mit dieser Art von Herausforderung zu tun hat.

Ihr seid insofern einzigartig, als die biogenetische Struktur, innerhalb der ihr arbeitet, viel größere Fähigkeiten besitzt, als ihr euch je erträumt habt. Es ist so interessant, euch bei euren Kämpfen zu beobachten, weil man euch davon überzeugt hat, dass ihr nur einen kleinen Prozentsatz eures Potenzials erneuern könnt. In Wahrheit seid ihr großartige Geschöpfe, nach dem Ebenbild der Götter geschaffen. Obwohl ihr mit diesem unglaublichen Potenzial gesegnet seid, wurdet ihr auf eine Weise unterdrückt, dass es fast völlig verleugnet wurde. Die meisten Menschen nützen nur drei bis vier Prozent ihrer Fähigkeiten. Die weiter Fortgeschrittenen verwenden vielleicht 12 bis 15 Prozent. Wo bleiben somit die meisten Menschen? Wo sind die anderen 80 oder 90 Prozent? Was kann man mit diesen 90 Prozent der Fähigkeiten tun? Diese 90 Prozent erwachen jetzt, und die uralten Augen beginnen sich zu erinnern, und sie sehen, wozu das Selbst fähig ist. Wenn die uralten Augen offen sind und ihr euer wahres Potenzial erkennt, werdet ihr aufhören, mit euch selbst zu hadern. Ihr werdet aufhören, über Begrenzungen zu streiten, und werdet beginnen, über die Dinge hinauszugehen, die ihr hartnäckig benutzt, um euch selbst zurückzuhalten.

Im alten Ägypten mussten die Initianden viele Inkarnationen lang von der Priesterschaft ausgebildet werden, damit sie ihre Augen ganz und gar anderen Wirklichkeiten öffnen konnten. Es wurde ihnen beigebracht, in bestimmten Familien zu inkarnieren und sich zu erinnern, wer sie waren. Die Eltern verstanden, wen sie zur Welt bringen würden, denn sie erfuhren es im Traum. Sie wussten schon vor der Zeugung, wer sich in den Körper der Mutter begab. Die Augen waren damals viel offener und konnten in viele verschiedene Wirklichkeiten sehen. Man nannte sie die Augen des Horus, weil sie viele Welten erschauen konnten – die Welt des Wachens und die Welt des Schlafens, die Welt des Todes und die Welt des Träumens.

Ihr, die ihr eure uralten Augen öffnen wollt und die erwachenden Meister seid, ihr seid in vielen anderen Leben ausgebildet worden.

Eure Zeit ist nun gekommen, diese Ausbildung in einen Körper zu integrieren und in ein System, das nichts mit dem Leben in einem Tempel gemeinsam hat – das nicht begierig darauf ist, euch einen Ort für die Entfaltung eurer Fähigkeiten zu bieten. Ihr seid Lichtrebellen, daher will die Gesellschaft nichts von euren Begabungen wissen, ganz im Gegensatz zum alten Ägypten.

Es gibt keinen Ort, an dem sich diese Talente offiziell entfalten können, keine Gemeinschaft innerhalb der Gesellschaft. So lebt ihr noch nicht. Aber es beginnt gerade. Daher werdet ihr in dem Tempo fortschreiten, das dem Körper, der Seele und dem Geist als angemessen für den Einsatz eurer Talente erscheint.

Tadelt euch nicht, wenn ihr nicht so schnell Fortschritte macht, wie sich das euer Ego vorstellt. Das Ego hat Augen, die einen Teil von euch sehen. Die Seele – das sind die Augen des Horus, die durch euch blicken – hat eine völlig andere Sicht davon, was angemessen ist. Wenn ihr eure Bedürfnisse kennt, eure Konstitution und eure Grundstruktur, werdet ihr mit einer Geschwindigkeit arbeiten, bei der ihr keinen Schaden nehmt. Psychiatrische Anstalten sind voll mit Menschen, die ihre uralten Augen geöffnet haben und diesen Vorgang nicht verstehen oder einordnen konnten; sie können sozusagen ihren Heimatsender nicht finden. Ohne einen Ort der Verankerung ist das empfindliche Gleichgewicht des Nervensystems gestört.

Ihr entwickelt euer Nervensystem immer rascher, und es gibt Wege, dies zu erkennen. Ab und zu könnt ihr die Pulse auffangen, die euch aus eurer bekannten physischen Wirklichkeit hinaustragen – hinaus aus der Frequenz, die die dreidimensionale Identität ist. Ihr könnt euch dann in eine andere Schwingung begeben und sehen, fühlen und erkennen, dass etwas nicht Normales – etwas Außergewöhnliches – vor sich geht. An diesem Punkt setzt dann meist die Verleugnung ein, denn wenn der logische Verstand nicht erklären kann, was geschieht, oder es nicht in den Griff bekommt, verleugnet ihr die Erfahrung oder blockiert die Erinnerung daran.

Es ist am besten, wenn ihr in eurer Intuition bleibt – wenn ihr euch auf euer *Gefühl* verlasst; auch wenn es vielleicht keinen logischen Sinn ergibt, arbeitet vertrauensvoll. Ungeduld ist für viele von euch ein Fallstrick, denn ihr meint, dass ihr irgendwohin kommen müsstet. Verachtet nicht die Tugenden der Schildkröte, die sich sehr langsam bewegt, die stehenbleibt, in sich geht und überlegt, die dem Boden stets sehr nahe ist und hervorragend sieht.

Wenn ihr das Öffnen der uralten Augen beschleunigen wollt, drückt eure Bereitschaft dazu aus. *Gedanke ist. Gedanke erschafft.* Wenn euer Gedanke zum Ausdruck bringt, dass ihr eure Fähigkeiten so schnell wie möglich entwickeln wollt, dann werdet ihr das tun. *Wenn ihr zweifelt*, ist dieser Zweifel auch ein Gedanke und wird sich ebenfalls manifestieren. Sobald Zweifel auftreten, behindern sie die Erweiterung der Wahrnehmung, denn ihr verleugnet dadurch die subtilen Nuancen dessen, was ihr seht.

Wir channeln dies in einer Zeit, die wir »das unbenannte Jahrzehnt« genannt haben: die 1990er Jahre. In dieser Zeit werden all die großen Ereignisse auf der Erde beginnen. Vieles ist schon geschehen, aber es wurde in den kleinen, getrennten Schubladen des offiziellen Denkens weggesteckt. Aber dieses Denken platzt jetzt aus allen Nähten und kann seine Grenzen nicht mehr aufrechterhalten, denn es sieht die Wirklichkeit nicht, wie sie sich tatsächlich entfaltet. Und diese neue Wirklichkeit wird weitergetragen in ferne Zeiten – ins nächste Jahrtausend. Wundert euch nicht, wenn ihr hier schon von der Wahrheit eurer fernen Zeit lest.

Von denjenigen unter euch, die zu den Alten gehören – die erwachende Meister sind – möchten wir, dass sie aus den uralten Augen blicken können und etwas erwecken, das sie kennen, etwas, woran sie sich *erinnern*, etwas, das tief in ihrem Inneren liegt. Ihr werdet euch selbst vertrauen und auf euch selbst verlassen müssen. Ihr müsst sehen können, müsst *verstehen können, was ihr seht*, und die größere Vision für andere übersetzen können. Ihr werdet ein Verständnis erlangen, eine große Implosion des Bewusstseins, die euch verstehen lässt, wer ihr schon immer gewesen seid.

Es liegt an euch und nur an euch, die Schlösser aufzubrechen und euch zu erlauben, vorwärts zu gehen. Wir haben über Glauben und die Wichtigkeit von Gedanken gesprochen. Wir betonen immer wieder, dass *ihr ein Ergebnis von Gedanken seid*, dass *Gedanke existiert* und dass dies der Schlüssel für das Verstehen, die Manipulation und die Arbeit in eurer Welt ist. Wenn ihr diesen Prozess aus dem Verstand in euren Körper übertragt und entschlossen seid, ihn im Leben zu verwirklichen, dann werden eure uralten Augen wirklich zu sehen beginnen.

Betrachtet ihr die Geschichte eurer Seele, kann eure Identität in diesem Körper – das »Ich« – euch sehr unbedeutend erscheinen. In längst vergangener Zeit wart ihr großartige Wesen, und es geschieht noch so viel mehr, als ihr gegenwärtig wahrnehmen könnt. Es ist, als sei das Dasein ein Buch von einem Meter Dicke und ihr wärt auf diesem Planeten mit dem Erwachen des Neuen Zeitalters gerade auf den ersten paar Seiten. In eurem Leben werdet ihr das ganze Buch durchgehen.

Wenn ihr all diese Informationen verarbeitet, wird die Historie euer Bewusstsein überfluten, und ihr werdet beginnen, die Grenzen dessen aufzugeben, was ihr über euer Dasein, eure Herkunft und eure Zivilisation glaubt. Wenn ihr beginnt, eure Identität zu zerlegen, dann schätzt, achtet und liebt die Vielzahl der Identitäten, die ihr seid; glaubt nicht, dass irgendeine von ihnen unbedeutend ist. Achtet jede einzelne, ob ihr nun auf dem Feld arbeitet oder an Straßenecken Zigarettenstummel auflest. Erlaubt dem Aspekt des Selbst, der das ursprüngliche Feuer in sich trägt, sich durch euch auszudrücken. Ihr könnt noch immer das »Ich« sein, wenn es angemessen ist, das »Ich« zu sein. Wenn dann die Unermesslichkeit der Energie euer physisches Vehikel benützen möchte, um plangemäß die Wirklichkeit zu beeinflussen, so wird das »Ich« nicht vernichtet. Es wird vielmehr mit einbezogen: *Dies bedeutet es, multidimensional zu werden. Dies bedeutet es, beweglich zu sein.*

Jeder von euch weiß, dass er in einer bedeutungsvollen Zeitspanne hier ist. Das Zeitalter, über das so lange geschrieben, geflüstert und gesprochen wurde, ist jetzt da. Ihr lebt darin! Es ist das Zeitalter, in dem die Menschheit sich vor euren Augen physisch verändert und buchstäblich zu etwas anderem wird, als sie noch kurz vorher war. In was verwandeln sich die Menschen? Es ist recht einfach: *Menschliche Wesen werden zu multidimensionalen Wesen.*

Das ist ein großes Wort und ein großes Konzept. Es wird euch jedoch ebenso vertraut werden wie das Zubinden eurer Schnürsenkel. Multidimensionale Menschen sind Menschen, die bewusst an vielen verschiedenen Orten gleichzeitig existieren. Die Menschen verwandeln sich in Wesen, die fähig sind, gedanklich mühelos von einem Sender zum anderen zu wechseln, und die die Großartigkeit dessen, was sie sind, verstehen können – die wissen, dass sie nicht dort aufhören, wo ihre Haut endet. Menschen enden nicht dort, wo die Aura oder der Ätherkörper endet; sie existieren in vielen verschiedenen Wirklichkeiten und Welten.

Dies ist das Zeitalter des multidimensionalen Selbst: des Selbst, das bewusst in viele verschiedene Wirklichkeiten gehen kann; des Selbst, das irgendwann fähig sein wird, sich in physischer Form gleichzeitig an zwei Orten aufzuhalten oder auch zu verschwinden; des Selbst, das in vierdimensionales Bewusstsein gehen kann – des *Wahrnehmenden*, nicht des Denkers.

Es ist das Zeitalter des Selbst, das versteht, dass sein denkender Teil sehr wichtig ist, aber nicht der Kommandant des physischen Körpers sein sollte, sondern nur sein Berater.

Die Intuition ist der Weg, und ihr werdet nun dazu geführt, eure Intuition zu kultivieren und eine Hochzeit des Bewusstseins herbeizuführen. Es ist die Hochzeit des männlichen Aspekts, der Logik, mit dem weiblichen Aspekt, dem Gefühl. Es bedeutet, die beiden zusammenzubringen, damit sie eins werden.

Es ist an der Zeit, aktiv zu werden.

Ihr befindet euch an einem entscheidenden Punkt, und es ist Zeit für eine große Veränderung, einen großen Sprung, ein Aufgeben, ein Freigeben und Loslassen. Es ist Zeit, dass ihr vollkommen zulasst, dass Licht und Geist euch durch das Dasein bewegen, zulasst, dass ihr eins werdet mit den multidimensionalen Aspekten des Selbst und Teilen des Selbst, von denen ihr nichts wisst. Diese Aspekte des Selbst existieren *wirklich*. Sie sind mit euch verbunden und verwenden euch, den Fahnenträger eurer Seele, als Werkzeug, um jetzt Licht in diesem Universum zu bewegen.

Diejenigen in unserer Gruppe, die die Wahrscheinlichkeiten von Urschöpfer nachvollzogen, hatten mit den meisten ihrer Vorhersagen recht. Tatsächlich schickt Urschöpfer eine Schwingungsänderung in diese Daseinsebene, diese Bewusstseinszone des freien Willens. Die Erde ist jetzt Brennpunkt des Geschehens. Es beginnt hier, in dieser Ecke eurer Galaxis, am Rand, an diesem Ende des Universums.

Dies ist ein riesiges Experiment, und jeder von euch kam mit großer Vorfreude und Sehnsucht, um daran teilzunehmen. Habt Mut. Wir können das nicht genug betonen: *Habt Mut!* Folgt eurer inneren Führung und vertraut auf euch. Ruft Energie in euren physischen Körper und verwendet sie. Widersetzt euch den Gesetzen der Menschheit, denn deshalb seid ihr hier. Ihr seid Rebellen, und auch wir sind Rebellen.

Nicht alle können diesen Bewusstseinsweg gehen, und das ist in Ordnung. Es ist kein leichter Weg, auf den wir euer Bewusstsein schicken. Der Weg wird euch die Belohnungen geben, die eure Seele sucht, auch wenn sie durch Kämpfe kommen mögen. Ihr kämpft euch durch den Dschungel des Bewusstseins, und ihr werdet an einen Ort mit einer grandiosen Aussicht gelangen, an dem sich euch völlig neue Möglichkeiten eröffnen, wohin ihr auf diesem Planeten gehen wollt; oder auch über ihn hinaus. Diejenigen, die mit euch zu tun haben, werden entdecken, dass auch sie neue Möglichkeiten haben. Jegliches Bewusstsein, das zu dieser Zeit vom Planeten angezogen wurde, wird einen Zündfunken für die Evolution auslösen, der die universale Struktur verändern wird. *Denkt in großen Maßstäben.* Denkt in wirklich großen Maßstäben und handelt dann.

Wer sind diese multidimensionalen Selbste? Oft hat man euch glauben gemacht, dass es andere Teile von euch gibt, die ausgeglichener sind als ihr und die mehr wissen als ihr. In gewisser Weise war das richtig, und in gewisser Weise ist es noch immer richtig. Ihr werdet jedoch herausfinden, dass ihr als Fahnenträger eurer Seele Daten zu aktivieren beginnt, die in eurem Körper gespeichert sind – diesem Körper, der eure gesamte Geschichte enthält.

Wie werdet ihr erkennen, wann sich diese anderen Aspekte des Selbst zeigen? Das kann sehr subtil geschehen, oder wie ein Schlag auf den Kopf mit einem Holzhammer. Es hängt ganz einfach vom Selbst ab. Vielleicht sitzt ihr eines Tages irgendwo, und ganz plötzlich, in einem Augenblick, findet ihr euch in einem anderen Raum wieder. Das ist die Holzhammer-Version. Oder, subtiler, ihr schaut auf der Straße in eine Auslage, und plötzlich löst eine Schaufensterpuppe, ein Bild oder ein Wort etwas in euch aus; für einen Moment driftet ihr ab und bekommt ein klares Bild einer parallelen Identität von euch – die zur gleichen Zeit wie ihr existiert.

Ihr werdet Aspekte eures Selbst entdecken, die nicht physisch existieren, oder Teile, die als Wesenheiten im Weltall arbeiten und wahre Außerirdische sind. Die Seele wird erwachen. Sie wird jeden Aspekt von sich kennen, und jeder Aspekt des Seelenselbst wird sofort alles von sich wissen.

Ihr werdet euch aller Wirklichkeiten auf einmal bewusst werden, wenn ihr lernt, die Schwingungsrate zu nutzen, wenn ihr fünfdimensional werdet. Ihr werdet diese Fähigkeit entwickeln, indem ihr zuerst drei oder vier Wirklichkeiten im Gleichgewicht haltet, dann fünf oder sechs und so weiter. Ihr erweckt die Fähigkeiten Urschöpfers in euch und werdet *euer* Urschöpfer werden. Urschöpfers Ziel bei der Erschaffung dieses und aller anderen Universen bestand darin, sich in einem solchem Ausmaß zu entwickeln und so viele multidimensionale Datenkanäle offen zu haben, dass er – dessen Bewusstsein in allem ist, das ihr kennt – sich seiner selbst in allem bewusst werden konnte, bewusst eines jeden Ereignisses, an dem alle beteiligt sind, und dass er dies alles verarbeiten konnte, ohne dabei verrückt zu werden.

Ihr entwickelt diese Fähigkeit gerade in euch selbst. Grundsätzlich ist die Phase, durch die ihr jetzt geht, die schwierigste, denn ihr zweifelt und fragt euch, ob es wirklich wahr ist. Der Körper sagt das eine und der Verstand etwas anderes. Der Körper sagt dies, und die Gesellschaft sagt das. Das Wissen wächst, und es ist ein Wissen um das, was in euch erwacht.

Ihr müsst jederzeit dazu stehen. Wenn diese Begabungen und Fähigkeiten zu Erfahrungen aus erster Hand für euch werden, müsst ihr lernen, mit ihnen zu arbeiten, komme was wolle. Macht euch klar, dass ihr unter göttlicher Führung steht und dass ihr alle dies nur anzieht, um erhoben zu werden, ganz gleich welchen Aufruhr es in eurem Leben scheinbar hervorruft. Letztlich werden euch diese Ereignisse bereichern. Die gegenwärtige Situation ist so, als würde jemand Fässer voll Gold in euren Garten abladen, und ihr sagt: »Verdammt, das Gold macht das schöne Gras kaputt.« Ihr glaubt, der Rasen ist nicht mehr so schön wie vorher, weil das ganze Gold dort hingekippt wird.

Wann immer ihr eine Erfahrung macht, macht sie voll und ganz. Seid ganz in eurem physischen Körper. Genießt ihn, habt eine schöne Zeit mit ihm und lernt, gleichzeitig eure Erfahrung zu beobachten, die Auswirkung dieser Erfahrung, den Einfluss, den eure Erfahrung auf andere Menschen und auf euch hat, und was ihr aus euren Erfahrungen lernen könnt. Wann immer etwas Ungewöhnliches geschieht, könnt ihr dann zu euch sagen: »Meine Güte – da ist es schon wieder. Was kann ich daraus lernen?«

Wenn ihr solche Erfahrungen nicht habt, entwickelt die Fantasie, ihr könntet euer Leben vollständig in die Hand nehmen. Wenn die Ereignisse wieder einmal über euch hereinbrechen, dann handelt so, *als ob* ihr sie nach eurem Willen gestalten könntet. Ihr könnt dies so machen, wie ihr vielleicht gelernt habt, in einem Traum aufzuwachen, wenn euch der schwarze Mann verfolgt, oder die Schulglocke läuten zu lassen, bevor ihr eine Fünf bekommt. Ihr müsst als Einzelne und als Spezies die Fähigkeit kultivieren, alle Erfahrungen des Lebens durch Glauben und Absicht zu meistern.

Eine Annäherung eurer Selbste steht auf diesem Planeten bevor. Die Selbste, die ihr kennenlernen werdet, kommen aus dem gesamten Universum. Es gibt welche, die euch versteinern lassen, wenn ihr an sie denkt, und solche, bei deren Anblick ihr an einem Herzanfall sterben könntet. Es sind *Selbste, die ihr seid.*

Die Erde macht zurzeit eine Initiation durch. Ihr erlebt eine Initiation, weil ihr Teil der Erde seid und euch nicht aus diesem System ausschließen könnt. Die Erde wandelt sich und beabsichtigt, als Domino für euer Sonnensystem zu fungieren. Sie will viele Welten zu einer einzigen verschmelzen, will ausreichend geerdet sein, um all diese Welten existieren zu lassen, will die Erfahrung umsetzen. Das hat die Erde vor. Daher müsst ihr alle natürlich das Gleiche vorhaben.

Die dreidimensionale Welt steuert auf eine Dimensionskollision zu – nicht einen Zusammenstoß von Welten, sondern einen Zusammenstoß von Dimensionen. Viele Dimensionen werden ineinanderkrachen. Einige dieser Dimensionen scheinen vielleicht fürchterlich und sehr angsterregend zu sein. Die Prüfung, die Initiation – und Initiation bedeutet immer, sich durch eine andere Wirklichkeit zu bewegen, sie zu erobern und umzuwandeln –, besteht darin, diesen Energien und Wesenheiten gegenüberzustehen, die anscheinend unglaublich dunkel sind, und zu verstehen, dass sie kommen, um mit euch zu verschmelzen, denn sie *sind* ihr. Sie sind Teil eures multidimensionalen Selbst, und ihr seid der Fahnenträger, und *ihr seid Licht.* Dunkelheit wird zu Licht werden. Seid sehr klar, wenn ihr mit diesen Dingen zu tun habt. Wenn ihr an etwas zweifelt, tut es nicht. Seid klar.

Wir definieren Licht als das Fördern, Verschenken und Teilen von Information. Dunkelheit ist das Kontrollieren und Vorenthalten von Information. Denkt darüber nach und fühlt es. Ihr seid mit einem kodierten Grundmuster auf den Planeten gekommen, um Licht zu tragen und eine gewaltige planetarische Umwandlung herbeizuführen. Ihr seid gekommen, um der Fahnenträger eurer Seele zu sein, der Teil eurer Seele, der führen wird. Dieser Teil eurer Seele sagt: »Ich bestimme, was hier geschieht: nämlich Licht und Information. Schluss mit der Dunkelheit!«

Habt ihr je daran gedacht, dass es Teile von euch gibt, die im Dunkeln sind und die das Licht nicht anders finden können als durch euch? Sie wollen auch ans Licht. Sie wollen Lösungen und Antworten. Was ihr vielleicht fühlt, ist nicht notwendigerweise die Absicht der dunklen Macht, sondern ihr Grundgefühl – die Angst, die durch den Mangel an Information ausgelöst wird. Uninformierte Teile eures Selbst werden zu euch kommen, um informiert zu werden. Wie könnt ihr sie informieren? Ihr verbreitet Licht; ihr teilt Licht. Ihr sagt: »Ich will, dass alle Teile meiner selbst auf diese Reise mitkommen und dass auch sie Licht erhalten.« Es ist recht einfach.

Der Kampf zwischen Licht und Dunkelheit bringt euch nicht wirklich weiter. Er gehört zu dieser Trennungsgeschichte, die euch nur verwirrt. In Wahrheit gibt es nur Aspekte einzelner Seelen, die im Konflikt miteinander in verschiedene Verkleidungen schlüpfen. Ihr bekämpft euch selbst. Der Kampf zwischen Licht und Dunkel und Gut und Böse besteht nur zwischen Teilen eures Selbst. Diese Teile sind multidimensionale Erweiterungen oder Reinkarnationen desselben Energiekollektivs, von dem ihr als Individuum ein Teil seid. Weil ihr etwas nicht versteht, fürchtet ihr euch davor. Als abgetrennte Bewusstseinsformen, die an Urschöpfers Spiel teilnehmen, befindet ihr euch in einem Universum, das aus Gegensätzlichkeiten besteht. Urschöpfer erschuf dieses Universum mit der Komponente des freien Willens, damit der freie Wille zu Chaos führen konnte, dann zu einer Neuausrichtung von Energien und der Erkenntnis, dass der Schöpfer in allem ist.

Freier Wille bedeutet, dass alles erlaubt ist und Gegensätze auftreten. Diese Gegensätze trennen sich vom Selbst ab, bleiben aber mit ihm verbunden, ebenso wie Urschöpfer in allem ist und alles zulässt. Die Dinge, die ihr antrefft und fürchtet, seid *ihr*. Wenn ihr euch also auf die Geschichte von Gut und Böse konzentriert und aus ihr schlau werden wollt, braucht ihr nur zu erkennen, dass ihr mit einem anderen Aspekt von euch selbst Ball spielt, der euch erlaubt, das Spiel von eurem Standpunkt aus zu spielen.

Das sogenannte Böse dient einem wichtigen Zweck. Ihr verurteilt es nur, weil es euch schlecht erscheint. Wenn ihr als Mitglieder der Lichtfamilie gleichzeitig an anderen Orten existiert, bewegt ihr euch in verschiedene Aspekte eures Selbst und spielt die Rollen perfekt. Als ihr hierherkamt, habt ihr die Dichte des Planeten betreten und mit der Doppelhelix gearbeitet, die kaum funktioniert; daher habt ihr vieles vergessen. Jetzt, da ihr aufwacht und erkennt, was ihr werden könnt, führt ihr euch zu der Erkenntnis, dass *ihr* der Feind seid.

Als Mitglieder der Lichtfamilie habt ihr Zugang zu einem enormen Maß an Verständnis, das andere nicht haben. Ihr kamt damit an, werdet jetzt daran erinnert und lernt und akzeptiert es. Ein Teil eurer Aufgabe besteht darin, zuzulassen, dass ihr mit euren Selbsten verschmelzt, die scheinbar eure Feinde und von euch getrennt sind. Diese Selbste sind in allen möglichen Formen des Daseins. Eure Aufgabe besteht auch darin, die Frequenz der Liebe, die die Frequenz der Schöpfung ist, und die Frequenz des Lichts, die die Frequenz der Information ist, in jeden Bereich eurer Seele zu tragen. Ihr seid als Seele zusammengekommen, um Erfahrungen zu machen und Urschöpfer zu bereichern. Wenn ihr euch abtrennt, geht ihr hinaus und handelt mit freiem Willen, wofür auch immer ihr euch entscheidet, ohne zu urteilen, damit ihr die richtigen Informationen sammeln und euch zur Ganzheit bringen könnt.

Diese Sache mit Gut und Böse kann zur Sackgasse werden, wenn ihr nicht darüber hinausgeht. Ihr seid eine Sammlung einer unglaublichen Fülle von Persönlichkeiten, die in vielen verschiedenen Wirklichkeitssystemen inkarnieren. Als Mitglieder der Lichtfamilie kommt ihr als Informationsbringer in diese Wirklichkeit, und das macht ihr auch in vielen anderen Systemen. Es gibt Versionen von euch, die das Gleiche innerhalb der Gemeinschaften der Echsen, Insekten oder Vogelwesen tun. *Ihr seid eine Sammlung von Persönlichkeiten.* Als Mitglieder der Lichtfamilie enthält die Reinkarnationserfahrung eures Selbst auch nichtmenschliche Formen.

Ein Merkmal, das Mitglieder der Lichtfamilie gemeinsam haben, ist ihre Teilnahme an vielen Versionen von empfindungsfähiger oder zusammengesetzter Wirklichkeit. Viele Formen, in die zu inkarnieren ihr euch entschlossen habt, würden euch seltsam erscheinen und euch sehr erschrecken, und doch habt ihr auf diese Weise eure

Seele entwickelt. Ihr inkarniert nicht nur in eine Spezies; ihr seid Reisende. Ebenso, wie ihr euch als Menschen verkleidet, könnt ihr als Echsen oder etwas anderes maskiert sein. Ihr tut dies, damit ihr euch vereinigen könnt und das Wesen von Urschöpfer durch eine Vielzahl von Spezies verstehen könnt, die scheinbar nichts gemeinsam haben. Als Mitglieder der Lichtfamilie wisst ihr, was hinter den Kulissen gespielt wird. Ihr kommt als Botschafter, um Wirklichkeiten zu verschmelzen und sie untereinander besser zu informieren, damit alle Beteiligten die Angst loslassen und frei werden können. Ein Teil eurer Arbeit besteht darin, diese anderen Identitäten zu treffen, mit ihnen zu verschmelzen und zu sehen, wie sich das anfühlt. Im Idealfall werdet ihr multidimensionale Reisende werden und die Kraft aus eurem Körper beziehen können. Ihr arbeitet vielleicht auf dem Feld, vielleicht macht ihr Gartenarbeit, plaudert mit jemandem oder pflückt Erdbeeren, und etwas dringt zu euch – ein Laut. Ihr entschuldigt euch und sagt: »Man ruft mich. Ich komme später wieder.« Ihr geht, setzt euch nieder und erlaubt eurer gegenwärtigen Erdenpersönlichkeit, fortzugehen.

Ganz bewusst bringt ihr diese Persönlichkeit dann dorthin, wo sie gebraucht wird, um der Lichtfamilie in jener Wirklichkeit beizustehen. *Ihr werdet es wissen.*

Ihr werdet alle multidimensionale Spieler werden.

Ihr werdet euch nichts dabei denken, wenn einer von euch sich bei den anderen entschuldigt, wenn er den Ton hört und gerufen wird. Ihr werdet ganz bewusst reisen, und Unterhaltung wird durch das Selbst kommen. Ihr werdet nicht mehr Bücher lesen, Audios hören oder Filme sehen wollen, denn ihr werdet all das selbst leben. Wenn ihr die Fähigkeiten der Lichtfamilie auf diesen Planeten bringt, werden andere nicht wollen, dass ihr hier seid, denn ihr werdet nicht zu ihren Göttern passen.

Nicht jeder möchte frei sein. Ihr als Mitglieder der Lichtfamilie werdet eine neue Erde erschaffen, die frei sein wird. Diejenigen, die nicht frei sein wollen, werden ebenfalls ihre Erde haben. Es wird eine Spaltung und eine Zeit der Trennung geben.

Mitglieder der Lichtfamilie wissen, dass man nichts zu erzwingen braucht. Ihr braucht einfach nur harmonisch zusammenzuarbeiten, euch gegenseitig zu unterstützen und eure Gesellschaft zu suchen, damit ihr euch bei dem, was ihr tut, wohl fühlt, denn einiges, was ihr macht, wird ziemlich wild sein.

Jeder von euch kam freiwillig in dieser Zeit hierher, um Träger einer Frequenz zu sein. Zurzeit ist diese Frequenz Licht, aber ihr werdet schließlich lernen, die Frequenz der Liebe weiterzutragen. Der Großteil von euch hat keine Ahnung, was die Liebesfrequenz sein soll. Ihr sprecht über Licht und Liebe, und doch versteht ihr ihre Implikationen und ihre wahre Bedeutung nicht. Licht ist Information; Liebe ist Schöpfung. Ihr müsst informiert sein, bevor ihr erschaffen könnt. Versteht ihr das?

Während ihr wachst und in die höheren Erkenntnisbereiche vorstoßt, werdet ihr etwas durchbrechen, das sich wie ein Betonblock anfühlt – Schichten von euch selbst, die euch am Boden gehalten haben. Stellt euch die Frequenz, die das menschliche Experiment begrenzt hat, als Radiostation vor. Die Menschen haben seit 300.000 Jahren ständig nur einen Sender eingeschaltet gehabt. Immer das gleiche alte Lied! Das menschliche Experiment konnte nicht einfach den Sender verstellen und einen anderen Kanal wählen, es war immer dieselbe Frequenz eingestellt. Das erzeugte eine Quarantäne – eine Abschottung dieses Planeten.

Die schöpferischen kosmischen Strahlen, die Urschöpfer und die Ursprünglichen Planer aussenden, durchdringen diesen Frequenzschild. Sie bombardieren die Erde. Sie brauchen jedoch jemanden, der sie empfängt. Ohne einen Empfänger würden diese schöpferischen kosmischen Strahlen nur Chaos und Verwirrung hervorrufen. Ihr als Mitglieder der Lichtfamilie kamt in dieses System, um diese Wissensstrahlen zu empfangen. Ihr verbreitet dann das Wissen, die neue Lebensweise und die neue Frequenz in der restlichen Bevölkerung, um den gesamten Planeten zu verändern.

Als Mitglieder der Lichtfamilie seid ihr hier, um die Frequenz zu verankern und zuzulassen, dass der Umwandlungsprozess in eurem Körper abläuft, damit ihr ihn dem Planeten zugänglich machen könnt. Ihr lebt diesen Prozess, dann sendet ihr ihn an den Planeten. Was bedeutet das? Es bedeutet, dass sich eure Wirklichkeit schließlich verändern wird und ebenso euer Umgang mit der Wirklichkeit. Ihr werdet nicht mehr so sein, wie ihr euch jetzt kennt, und viel mehr mit den anderen Selbsten verbunden sein, die alle darauf warten, den gleichen Bewusstseinssprung wie dieses Selbst zu machen, das ihr seid.

Dieser Prozess bringt mit sich, dass man das multidimensionale Selbst kennenlernt, mit ihm verschmilzt und es einsetzt. Wenn ihr höheres Wissen erlangt, erkennt ihr, dass ihr nicht allein seid und dass es eine Vielzahl Selbste gibt; eure Herausforderung besteht darin, das zu verstehen. Höheres Wissen kann man nicht erlangen, wenn man nicht durch das multidimensionale Selbst geht. Das bedeutet, man muss die volle Einsicht erlangen und ein Kollektiv von intelligenten Existenzen im ständig expandierenden Jetzt, jenseits von Raum und Zeit, erleben, kennenlernen und mit ihm verschmelzen. Anders geht es nicht.

Glaubt uns, wenn wir sagen: Ihr als Mitglieder der Lichtfamilie habt die fortlaufende historische Manipulation auf diesem Planeten eingehend studiert, so wie jemand eine lange Ausbildung absolviert, bevor er mit einem bestimmten Auftrag ins Feld geschickt wird. Jeder von euch wurde ausgebildet, und ihr tragt das Wissen in euch. Unser Teil besteht darin, die Grundakkorde anzuschlagen und euer Bewusstsein aktiv werden zu lassen, damit ihr die Melodie, das Lied oder den Tanz ausführen könnt, auf den ihr vorbereitet wurdet. Euer Wissen liegt in euch, und wenn ihr zulasst, es zu entdecken, wird es in immer tieferen Schichten erwachen. Diejenigen von euch, die dem zustimmen, werden sehr unabhängig werden. Ihr werdet auch sehr wissend sein – jene von euch, die nicht aufhören, weil sie Angst bekommen.

Wir sagen euch ganz ehrlich, dass Angst in eurem Evolutionsprozess immer eine Rolle spielen wird; also gewöhnt euch daran. Glaubt nicht, dass Angst schlecht ist. Wenn ihr einmal eurer Furcht unterliegt und sie todernst nehmt, dann müsst ihr ganz durch sie hindurch gehen und alles erfahren, was ihr fühlt, damit ihr sie überwinden könnt. Sagt einfach: »Ich werde diese Angst umwandeln. Ich werde verstehen, dass sie zum Plan dazugehört. Ich werde verstehen, dass sie mir dienen kann.« Denkt daran, dass eure Macht und eure Fähigkeit, Wirklichkeit willentlich zu erschaffen, dort endet, wo eure Angst beginnt. Und wir sagen euch: Leben bedeutet, der Angst zu begegnen. Blickt auf die Ereignisse in eurem Leben und darauf, wie ihr sie erschafft. Versteht, dass ihr sie immer hervorbringt, um euch zu dienen. Ihr seid dafür ausgebildet. Ihr seid dafür kodiert.

8

Das Ende der Tyrannei

Die höchste Stufe der Tyrannei in einer Gesellschaft ist nicht die Kontrolle durch Kriegsrecht. Sie besteht in der Kontrolle durch psychologische Manipulation des Bewusstseins, wodurch die Wirklichkeit so definiert wird, dass diejenigen, die sich darin befinden, nicht einmal merken, dass sie in einem Gefängnis sind. Sie merken nicht einmal, dass es etwas außerhalb dessen gibt, worin sie existieren. Wir verkörpern das, was außerhalb liegt. Ihr wagt euch manchmal dorthin, und wir möchten, dass ihr dort bleibt; es liegt außerhalb der Bereiche, die die Gesellschaft für bewohnbar hält.

Ihr wurdet wie Schafe in einem Pferch von denen gegängelt, die meinen, euch zu besitzen – von der Regierung über die Weltherrscher bis zu Außerirdischen. Euch wird durch Frequenzkontrolle Wissen vorenthalten. Stellt euch Frequenz als individuelles Ausstrahlen und Empfangen vor, wobei ihr den Sender eurer Wahl einstellen könnt. Es ist die Übertragung von Trägerwellen der Intelligenz. Der Frequenzbereich ist unbegrenzt, und es kann unbegrenzt viel intelligentes Material übermittelt werden.

Frequenzkontrolle begrenzt die Anzahl der Sender, die ihr einstellen könnt. Als Mitglieder der Lichtfamilie müsst ihr neue Frequenzen durch chaotisches Rauschen hindurchbringen und sie im physischen Bereich verankern. Lange Zeit waren auf diesem Planeten verschiedene Frequenzen so gut wie nicht zugänglich. Das lag an Faktoren, die ihr euch dringend bewusstmachen müsst. Während ihr über eure eigene persönliche Geschichte lernt und ungünstige Verhaltensmuster erkennt, die ihr auflösen und verändern müsst, pulsiert der Planet durch seine eigenen Verhaltensmuster. Ihr seid dabei, die Geschichte eures Planeten auf dramatische Weise zu wiederholen.

Ihr seid gekommen, um die Frequenz der Begrenzung zu beseitigen und um die Frequenz der Information einzuführen. Wenn ihr informiert seid, besteht für euch keine Notwendigkeit mehr, Angst zu haben. Wenn ihr euch uninformiert und nicht als Herr der Lage fühlt, versteht ihr das umfassendere Bild nicht. Jeder Einzelne von euch kam, um etwas in sich, in der Kodierung seines Seins, der DNS, zu erwecken, und ihr sprecht nun darauf an. Deshalb seid ihr in allen Bereichen eures Lebens auf der Suche.

Ihr und viele andere haben den Umwandlungsprozess auf dem Planeten begonnen. Indem ihr euch elektromagnetisch umformt, verändert ihr eure Sendefrequenz oder die Melodie, die ihr sendet. Ihr werdet schließlich über die Frequenz, die euch niederhält und euch ständig mit Chaos und Verwirrung bestrahlt, hinauswachsen. Wenn ihr letztlich eure eigene Frequenz verändert, in euch tragt und haltet, werdet ihr anders schwingen und so jeden in eurem Umkreis beeinflussen. Sie werden fühlen, dass diese Frequenzänderung möglich ist, und dieser Prozess wird sich dann wie eine Welle über den Planeten bewegen.

Wenn der Planet diese Frequenz annimmt, für die ihr so hart gearbeitet habt, werden auch diejenigen, die sich am Ende der Dominoreihe befinden, sie empfangen. Diese neue Frequenz heißt Wissen, Licht und Information. Sie heißt Befreiung von Fesseln. Ihr werdet jetzt von Informationsmangel und Missinformation befreit, werdet informiert; ihr kommt ins Licht.

Da jeder von euch die Aufgabe hat, informiert zu werden und zu einer Frequenzänderung auf diesem Planeten beizutragen, müsst ihr lernen, zu Hütern der Frequenz zu werden. Ihr müsst zu einer bestimmten Wissensebene aufsteigen und konsequent dort bleiben. Ihr müsst die Herrschaft über euren Körper erlangen, damit ihr ihn willentlich in Ruhe oder Aktivität versetzen könnt. Ihr müsst in euch gehen können und dort alles, was emotional oder physisch geheilt werden soll, heilen. Ihr müsst anfangen, den Dschungel des Selbst zu durchdringen und die Lichtung zu finden, damit ihr anderen den Weg zeigen könnt.

Manchmal werdet ihr ihnen den Weg nicht durch Reden weisen, sondern nur, indem ihr eure eigene Frequenz haltet, lebt und daran arbeitet und den Mut habt, dies zu tun.

Als Systemsprenger und potenzielle Hüter der Frequenz werdet ihr offensichtlich in solche Bereiche gehen, in denen eure besonderen Talente am meisten gebraucht werden. Viele Wesen, die als Mitglieder der Lichtfamilie inkarniert sind, kamen in die Vereinigten Staaten, weil man in diesem Land die größten Fortschritte machen kann. Es ist auch ein Land, in dem Verleugnung alles durchdringt. Wer dort lebt, glaubt, dass er im *Home of the Brave, Land of the Free* lebt, im Land der Freien und Tapferen, aber er lebt in der am umfassendsten kontrollierten Gesellschaft des Planeten.

Die Tyrannei, die hier aufgebaut wurde, ist höchst erstaunlich, denn es handelt sich um eine Tyrannei ohne Mauern. Als Land und als kollektives Bewusstsein sind die Vereinigten Staaten gerade erst dabei zu erkennen, was alles nicht stimmt. Das Leben in den Vereinigten Staaten ist tatsächlich kontrollierter als in der früheren Sowjetunion, wo die Kontrolle offensichtlich war.

Weil jeder in den Vereinigten Staaten solche Angst hat, das System aufzugeben, sind sie gerade *gezwungen*, es aufzugeben. Das System ist korrupt, es funktioniert nicht, es achtet das Leben nicht, und es achtet die Erde nicht. Das ist seine Quintessenz. Und wenn etwas das Leben und die Erde nicht achtet, könnt ihr wetten, dass es untergeht, und es geht gerade in großem Stil unter.

Das Bewusstsein muss sich ändern, und genau das geschieht zurzeit. Dies ist Teil des Göttlichen Planes, und diese Gelegenheit und diese Umstände werden nicht ungenutzt bleiben. Die materielle Welt wurde viel zu wichtig genommen, und es fehlte völlig an Verständnis für die nicht materielle Welt, die euch umgibt. Deshalb kommt es jetzt zu einer Neuordnung der Prioritäten, um zu bestimmen, was im Leben am wichtigsten ist. Wenn sie erst einmal alles verloren haben, werden sich Menschen erheben, die nie daran dachten, sich zu erheben, als sie noch alles besaßen. Die Menschen werden ihr unglaubliches Potenzial erkennen.

In Kürze greifen in den Vereinigten Staaten Verbundenheit und gemeinsame Zusammenarbeit um sich, so dass man sich dort nicht mehr wegen politischer Ideologien spalten wird. Die gegenwärtige Spaltung war geplant. Immer wenn ein Volk gespalten ist und sich auf Unterschiede konzentriert, ist das ein perfektes Mittel, um es von der Entdeckung der Gemeinsamkeiten abzuhalten.

Diese Trennung hält die Menschen davon ab, sich zu verbünden und stark zu werden.

Viele politische Schachzüge, besonders in den Vereinigten Staaten, zielten darauf ab, euch zu entzweien. Schaut euch die spirituellen Gemeinschaften an. Seht ihr, wie gespalten sie sind? Alles Mögliche wurde gesagt, damit ihr das Gemeinsame nicht erkennt. Wenn die Menschen dies herausfinden, werden sie zornig. Je mehr von den Methoden der Kontrolle und Spaltung offenbar wird, desto mehr wird sich der Zorn in den Vereinigten Staaten aufbauen. Es werden Ereignisse stattfinden, die den Eindruck erwecken, als fiele das Land auseinander, aber sie werden dazu dienen, die Menschen zusammenzubringen.

Neuer Stolz und ein neues Verständnis von Einheit werden wachsen, denn dies ist für diese Zeit so vorgesehen.

Es wird beim materiellen Bereich anfangen. Das Leben in den Vereinigten Staaten wurde dadurch bestimmt, wieviel Geld man in der Tasche hat und wieviel die Regierung davon wollte. Steuern sind das Thema, das die größte Unruhe erzeugt, aber auch das größte

Maß an Einigung, denn Steuern betreffen euch alle. Ihr betet vielleicht nicht denselben Gott an, aber ihr zahlt alle Steuern.

Die Krisen im Nahen Osten erlaubten der Regierung, sich zu nehmen, was sie wollte, ohne sich die Mühe machen zu müssen, euch um Erlaubnis für eine Steuererhöhung zu bitten. Fossile Rohstoffe sind eben teuer. Seht ihr, wie raffiniert diese Dinge funktionierten? Doch jetzt betrachten die Menschen ihre Lebensqualität genauer. Ihr werdet sehr viel Zorn in diesem Land sehen, weil immer mehr Menschen sich machtlos fühlen. Zorn ist eine der ersten Emotionen, die auftritt, sobald die Menschen verstehen, wie und in welchem Ausmaß sie manipuliert wurden – und wenn sie allmählich beginnen, mit ihren Gefühlen in Berührung zu kommen.

Die moderne Technik arbeitet vorwiegend mit Frequenzkontrolle. Das ist eine der größten Waffen eurer Regierung. Man hat euch Geräte zur Arbeit und Unterhaltung aufgedrängt, die alle etwas mit Frequenzkontrolle zu tun haben. Wir legen euch nahe, ihren Gebrauch massiv einzuschränken. Schaltet eure Fernseher ab, legt eure Handys endlich zur Seite. Das sind die Hauptinstrumente der täglichen Manipulation eures Bewusstseins. Dieses Kontrollexperiment, das mit euch durchgeführt wird, ist so raffiniert, dass ihr per Internet und Fernsehen unterbewusst ständig mit Impulsen beschossen werdet, die Krankheit hervorrufen. So bringt sich eine ganze Generation von eigener Hand um – und unterstützt dabei die Pharma-Industrie.

Manchmal werden euch Informationen geschickt, die im Grunde der Befreiung dienen – etwa eine spirituelle Sendung über die inneren Kräfte des Menschen. Ihr seht sie euch an, weil sie zeigt, wie spirituell und grenzenlos ihr sein könnt, während ihr gleichzeitig unterschwellig von einer Frequenz getroffen werdet, die euch von selbständigem Denken abhält. So perfide ist ihr Vorgehen. Diese unterschwellige Botschaft macht euch unbeweglich und hält euch in einer Gesellschaft fest, in der es immer nur heißt: »Überlebe! Mach Karriere! Sei pünktlich! Sei still! Geh arbeiten!« Eure Medien unterstützen diese Art von Trägheit und passivem Leben, von dem ihr nur übergewichtig und krank werdet. Seht euch um. *Wacht auf, Menschen!*

Die meisten unterschwelligen Beeinflussungen werden mit Technologien durchgeführt, die gemeinsam mit außerplanetarischen Wesen entwickelt wurden. Die Verwendung von unterschwelligen Botschaften, um das menschliche Bewusstsein aus dem Gleichgewicht zu bringen und letztlich für die eigenen Zwecke zu kontrollieren, ist zu einer globalen Agenda geworden. Wenn ihr an die Abermillionen Haushalte mit all ihren technischen Geräten denkt, die ans Internet angebunden sind, müsst ihr zugeben, dass dieses Marketingprogramm sehr erfolgreich war. Einige Menschen, die über die unterschwellige Beeinflussung durch die Machthaber Bescheid wissen, glauben, dagegen immun zu sein. Doch wie bewusst ihr auch immer sein mögt, die Auswirkungen der Technik sind so tiefgreifend, dass ihr nicht ausgleichen könnt, was die Machthaber der Welt euren Schwingungsfrequenzen antun.

Wir haben bereits gesagt, dass es Wesenheiten gibt, die sich von euren Emotionalkörpern ernähren. Bedenkt, was für ein schlaues Werkzeug allein das Fernsehen für sie ist. Auf der ganzen Welt setzen Milliarden Menschen Emotionen in die Atmosphäre frei, je nachdem, was sie gerade in der Glotze sehen. Sie brauchen keine Kriege mehr, um euch alle aufzuregen – sie machen einfach Filme. Leute, die fernsehen müssen, nutzen die Fülle von Informationen nicht, die sie in ihrer Seele und überall um sich herum finden können. Wenn ihr euch wirklich entwickeln wollt, lest keine Zeitungen, hört nicht Radio und seht nicht fern. Wenn ihr eine Zeitlang ohne Massenmedien lebt und euch loslöst von der Frequenz von Chaos, Angst, Stress, all dem Hin und Her, den Versuchungen aller Art, die ihr nicht braucht, so werdet ihr langsam klar. Ihr beginnt dann zu hören, was in euch vorgeht, beginnt in der Welt zu leben, ohne darin verloren zu sein. Ihr werdet klar und bewusst.

Wir können dies nicht genug betonen! Handys, Computer und Elektrogeräte bringen eure Frequenz durcheinander. Auch wenn sie nicht speziell dafür entworfen wurden, tritt manchmal eine Interferenz zwischen eurem elektrischen Körper und einer anderen elektrischen Frequenz auf. Und, wie gesagt, viele Geräte sind darauf angelegt, Störungen zu erzeugen, damit ihr immer in einer bestimmten Schwingungsrate bleibt, die euch zu sicherem, harmlosem, trägem, produktivem Herdenvieh macht.

Und die Computer! Das wichtigste Gerät auf der ganzen Welt für eure Kontrolle ist der Computer. Wie viele von euch bekommen bei der Arbeit am PC oder Laptop Kopfschmerzen, besonders wenn sie für große Unternehmen arbeiten und an deren Zentralrechner angeschlossen sind? Große Unternehmen lieben es, die Möglichkeiten der Bewusstseinskontrolle voll auszuschöpfen; sie verwenden euren Geist, um Energie zu erzeugen, mit der sie etwas für sich erreichen wollen.

Und dann die vielen alternativen Erfindungen, die nie auf dem freien Markt verkauft werden. Es gibt sie wirklich, Geräte und gelungene Versuche, die der Frequenzkontrolle stark entgegenwirken können: Diese Technologien sind in der Lage, die Qualität eurer Luft und eures Wassers zu verändern, sie können euer Heim abschirmen und energetisch versiegeln, so dass ihr ein geschlossenes System seid und euch nichts mehr von außen bombardieren kann. Es gibt Technologien, die Großartiges leisten. Aber sie werden euch schon in frühen Phasen weggenommen und gegen euch gerichtet. Sie werden nicht zu *eurem Nutzen* angewendet.

An der Technik selbst ist nichts Böses, sie wird euch weit bringen.

Wie die Technik verwendet wird, darauf kommt es letztlich an.

Das macht den Unterschied.

Oder ein weiterer Bereich, in dem ihr alle gesteuert werdet: das Erziehungs- und Bildungswesen. Das meiste, was ihr in den Schulen und später lernt, sind bewusste Fehlinformationen. Ihr arbeitet hart, nehmt Kredite auf und zahlt Geld, um etwas zu lernen, das bereits veraltet ist, bevor ihr damit überhaupt anfangt, besonders im Bereich der Naturwissenschaft, Mathematik, Psychologie und Medizin.

Was macht ihr, wenn ihr in einer Gesellschaft lebt, die euch nach euren akademischen Diplomen entlohnt? Ihr hört nicht auf, Formeln für eure Welt zu erschaffen. Handelt stattdessen nach der folgenden Maxime: »Ich glaube, dass ich meine Welt selbst erschaffe. Ich glaube, dass ich diese Qualifikationen nicht brauche, um mein Dasein zu definieren. Ich kann aus mir selbst heraus einzigartig sein, unabhängig und frei.« Findet eine Methode oder einen Weg, die Welt *ohne* Hochschulabschluss zu erforschen. Bildung ist das Streben nach Wissen, und Wissen kann man durch eine Wanderung in der Wüste erlangen. Es muss nicht immer davon kommen, dass man Bücher wälzt. Tragt eure Zweifel ins Schulsystem hinein und glaubt ja nicht, dass das, was man euch dort beibringt, auch stimmt.

Ihr werdet durch Themen gegängelt und entzweit, die an eure innersten Gefühle rühren. Nehmt nur die Diskussion um die Abtreibung. Das ist ein globales Thema, kein nationales, und es stehen marktwirtschaftliche Interessen der schlimmsten Art dahinter, die ihr euch in euren kühnsten Vorstellungen nicht auszumalen wagt. Manchmal sieht es tatsächlich so aus, als ob unschuldige Opfer von Geschehnissen, mit denen sie nichts zu tun haben, niedergewalzt würden. So hat man euch das beigebracht – dass ihr machtlos seid und einzig durch das Wohlwollen der Götter gerettet werden könnt. Das war aber nie so. Diejenigen, die durch Unfälle oder Gewalttaten ums Leben kommen, *haben sich dafür entschieden.*

Die Abtreibungsfrage wurde in den Vereinigten Staaten und weltweit von den verschiedenen Regierungsfraktionen absichtlich inszeniert, um heimlich im ganz großen Stil Geschäfte zu tätigen und um Disharmonie zu schaffen. Teile und herrsche, und das Volk gehört dir. Gib den Menschen Wahlmöglichkeiten, Freiheit und die Fähigkeit, ihr Leben ständig zu verbessern, und du kannst sie nicht besitzen. Immer wenn sich Menschen gegeneinander wenden, profitieren die Machthaber, selbst bei einem so privaten Thema wie der Abtreibung. Wie profitieren sie? Sie spielen Frauen und Männer gegeneinander aus. Sie halten die Menschen in Angst. Indem sie euch ständig mit diesem Thema konfrontieren, überzeugen sie euch, dass eine Frau keine Kontrolle über den Geburtsvorgang in ihrem Körper hat. Dabei braucht ihr keine Abtreibung: Ihr braucht gar nicht schwanger zu werden, wenn ihr es nicht wünscht. Ja, das war früher einmal so, und diese Fähigkeit könnt ihr wiedererlangen. Wie? *Kraft eures Willens.* Eine Frau konnte zu sich sagen: »Ich bin jetzt nicht zu einem Kind bereit.« Oder auch: »Ich bin bereit, ein Kind zu empfangen.« Wenn ihr euer Leben selbst in die Hand nehmt, werdet ihr keine Erlaubnis von der Regierung mehr brauchen, was ihr mit eurem eigenen Körper machen dürft.

Gewalt in den Straßen der Großstädte ist ein weiteres subtiles Mittel der Kontrolle, das gezielt eingesetzt wird. Die großen Städte der Vereinigten Staaten sind Löcher, durch die Energie über den gesamten nordamerikanischen Kontinent kommt. Die Gewalt in diesen Städten ist gestiegen, weil man weiß, dass Unruhen ein gutes Mittel zur Manipulierung der ganzen Nation sind, wenn sie am Kochen gehalten und über sie berichtet wird. Sie wurden auf der materiellen Ebene absichtlich in Gang gesetzt, und ihre Wirkung wird auf der ätherischen Ebene unterstützt, denn je mehr Angst erzeugt wird, desto mehr profitieren die Herrschenden davon. Wenn eine Frau mit ihrer Familie ausgeht und angegriffen wird und ihr junger Sohn als scheinbar unschuldiges Opfer gegen die Angreifer kämpft, niedergestochen wird und später stirbt, nährt diese Angst, die bei Massen von Menschen verbreitet wird, viele. Die Angst, die ihre Kriege im Nahen Osten erzeugten, war phänomenal.

Man hat euch eurer Lebenskraft beraubt. Wenn es etwas gibt, das ihr als Mitglieder der menschlichen Spezies gemeinsam habt, dann ist es die Tatsache, dass man euch um eurer Emotionen willen vergewaltigt. Andere spielen auf der Klaviatur eurer Emotionen, als seien sie Instrumente, und sie lassen euch über die Macht eurer Gefühle im Dunklen. Immer läuft die Geschichte auf Emotionen hinaus. Emotionen sind wie Fahrkarten, durch die ihr herumkommt, wodurch ihr miteinander in Verbindung tretet. Ihr habt so viele Talente und Fähigkeiten, darin seid ihr unglaublich reich. Wenn ihr nur begreifen könntet, wie reich ihr durch eure Gefühle seid. Die niedriger schwingenden Wesen, wenn wir einmal so keck sein dürfen, sie so zu nennen, existieren von einem sehr kleinen Frequenzbereich von Gefühlen – Emotionen, die auf Angst, Chaos und Gewalt aufbauen.

Die Fähigkeit, den menschlichen Willen über den menschlichen Geist zu stellen, ist eure größte Ressource. Diese Fähigkeit, den Körper willentlich zu meistern, ist genau das, was euch auch weiterhin verwehrt bleiben soll, wenn es nach denen geht, die den Planeten beherrschten. Wird eine größere Zahl von euch souverän und bestimmt sie ihre eigene Frequenz, werden diejenigen, die die neue Frequenz hier nicht haben wollen, eine gegenläufige Frequenz aussenden, um Chaos, Verwirrung und Gegensätze zu erzeugen. Immer wenn eine Gesellschaft kurz vor großen Veränderungen steht, gibt es diametral entgegengesetzte Aktivitäten.

Betrachtet ein Thema immer aus einer höheren Sicht, aus der Vogelperspektive, damit ihr ihm neutral begegnen könnt, dann wird das Bild für euch immer größer. Der Planet erlebt gerade eine massive Konfrontation mit bestimmten Wesenheiten. Wir stellen das nur fest; wir sind nicht hier, um Angst zu erzeugen. Die andere Gruppe möchte, dass ihr Angst empfindet. Wir möchten, dass ihr versteht, dass *ihr alles, was ihr wollt, verändern könnt.* Eure Zahl wird in Zukunft eure Stärke sein, weil ihr zusammenarbeiten werdet, um euch gegenseitig Kraft zu geben.

Wir bitten die Menschen, ihre volle Funktion als Mitglieder der Lichtfamilie einzunehmen. Eine Möglichkeit besteht darin, zum Schutz eine Lichtsäule zu visualisieren und zu energetisieren und den eigenen Körper hineinzustellen. Befehlt es einfach. Visualisiert eine Lichtsäule um euch herum. Nehmt euch jeden Tag vor, mental oder physisch mit Licht zu arbeiten, denn die Frequenz des Lichts verbindet euch und erfüllt euch mit Schutz und Information. Fühlt, wie das Licht bis hinunter ins Steißbein verläuft, euren Körper hinab bis in die Erde; fühlt auch, wie dieses Licht, das reine Information ist, einem Springbrunnen gleich aus eurem Solarplexus hervorsprudelt und rund um euch einen goldenen Schild aus Licht formt. Wenn ihr euren Solarplexus benutzt, um herauszufinden, was geschieht, werdet ihr Unterscheidungsfähigkeit *durch Gefühl* lernen – Intuition.

Die Machthaber der Erde wollen die Menschen nicht wissen lassen, dass ihre Gefühle und Emotionen wie eine Feldfrucht sind, wie Getreide, das geerntet werden kann. Wenn ihr über eure eigene Ernte bestimmt, können andere euch nicht mehr übervorteilen und ausnützen, außer ihr wollt es so. Handelt ihr aus einer bestimmten Frequenz heraus und mit Souveränität, sind die, die euch steuern wollen, dazu nicht mehr in der Lage, ja nicht einmal mehr daran interessiert. Sie möchten eine angstvolle, chaotische Frequenz, die sie ernährt. Angst und Chaos haben auf diesem Planeten vorgeherrscht, denn diese Wesenheiten haben sie geschürt. Sie haben überall geteilt und geherrscht, um diese Frequenz zu erzeugen. Wenn ihr in Frieden und Liebe und lichtvoll informiert handelt, verändert ihr die Struktur dieses Ortes nachhaltig: Ihr bringt die freie Wahl der Frequenz zurück auf den Planeten.

9

Jenseits der alten Grenzen

Da ihr eine Gesellschaft seid, deren Frequenz eingeschränkt wird, ist die Fähigkeit der Menschen, neue Technologien zu erschaffen, begrenzt. In einer weniger kontrollierten Gesellschaft, die eine größere Reichweite hat oder in den Weltraum reisen kann und größere Austauschmöglichkeiten mit Systemen hat, sind die technologischen Fortschritte bemerkenswert. Viele Geschenke von außerhalb der Erde und Einflüsse auf diesen Planeten, die dazu gedacht waren, große positive Veränderungen für euch zu bringen, wurden totgeschwiegen. Einige Informationen erreichten euch jedoch auf mehreren Wegen, und die daraus entstandenen Technologien brachten enorme Veränderungen in der Lebensweise.

Eine äußerst wesentliche Veränderung war die Einführung des Films. Durch die Filmindustrie wurde eine vollkommen neue Art, Gedanken zu beeinflussen, auf die Erde gebracht. So, wie es auf diesem Planeten eine Filmindustrie gibt, haben auch Außerirdische eine holografische Industrie. Sie erzeugen holografische Einblendungen – Dramen, die ganz so aussehen, als wären sie wirklich – und fügen sie durch Toröffnungen in eure Wirklichkeit ein.

Da diese Wesen seit Hunderttausenden von Jahren hier sind und die Frequenzen der Menschheit kontrolliert wurden, ist es ziemlich einfach, Menschen in die Irre zu führen. Holografische Einblendungen sind auf der Erde benutzt worden, um das Bewusstsein zu manipulieren und zu kontrollieren und um die Geschichte der Information in eine der Desinformation umzuwandeln. So, wie wir es sehen, wollen diejenigen, die mit den holografischen Einblendungen arbeiten, den Menschen nicht immer Licht, Information oder Inspiration bringen. Sie haben ihre eigenen Gründe, auch wenn sie diese vielleicht als lichtvoll ausgeben.

Holografische Erfahrungen, besonders UFO-Sichtungen am Himmel, werden veranstaltet, um große Gruppen von Menschen auf einmal zu beeinflussen. Viele, wenn auch nicht alle, UFO-Sichtungen sind holografische Einblendungen.

Es gab holografische Einblendungen von einem Individuum in mannigfacher Gestalt, das gleichzeitig in viele verschiedene Kulturen projiziert wurde. Daher gleichen sich einige der Mythen aus verschiedenen Teilen der Welt, selbst wenn es zwischen den betreffenden Kulturen keine physischen Kontakte gegeben hat.

Holografische Einblendungen sehen genau wie die dreidimensionale Wirklichkeit aus. Es sind hergestellte Ereignisse, die in eure Realität eingefügt werden, um wie Teile einer aufeinanderfolgenden Handlung auszusehen. Sie dienen dazu, Beobachter mental zu beeinflussen, und sind sehr schwer als solche zu erkennen. Ihr habt in den letzten Jahren viel Gelegenheit zum Üben bekommen, denn im Nahen Osten und in anderen Gebieten der Erde lief eine Menge von außerirdischen Aktivitäten an, über die berichtet wurde. Einige der großen Ereignisse waren echt, und bei anderen handelte es sich um Einblendungen, die das Bewusstsein der Menschheit aus Gründen der Kontrolle auf die Neue Weltordnung lenken sollen.

Holografische Einblendungen zeichnen sich durch Energiefelder aus und können radiästhetisch gemessen werden. Wünschelruten reagieren in solchen Einblendungen anders, weil ihre Energiefelder unausgeglichen sind und unglaublich schnell schwingen. Ihr könnt in Einblendungen hineingehen und daran teilnehmen. Menschen können an ihnen beteiligt sein und schwören, dass die Umgebung echt ist. Aber es sind inszenierte Ereignisse, die das Bewusstsein von Menschen beeinflussen sollen. Sie werden nicht um der Information willen erzeugt, sondern um zu kontrollieren. Sie sind ganz einfach das Produkt bestehender Technologie.

Wirklichkeiten können wie Filme konstruiert und eingeblendet werden. Filme, Fernsehen, Videos und dergleichen sind eure Art, Wirklichkeiten zu erschaffen. Es gibt andere, hochentwickelte Wesen, die Wirklichkeiten derart geschickt »wirklich« machen können, dass ihr den Unterschied nicht erkennt. Solche Einblendungen sind wie der Strahl eines Scheinwerfers. Wie Scheinwerfer ihr Licht in die Nacht projizieren, so werden holografische Einblendungen auf diesen Planeten projiziert, und zwar durch Toröffnungen. Dafür ist enorm viel Energie notwendig, denn der Prozess erfordert das Verschmelzen von Dimensionen, und diese Technologie existiert in der dritten Dimension nicht. Es gibt sie nur in anderen Dimensionen, und die brauchen diese Art von Verschmelzungen.

Worin besteht der Unterschied zwischen Dimensionen, fragt ihr euch. Warum ist eine Dimension für eine andere wichtig? Weil jede Dimension eine andere Schwingungsrate oder Art der Molekularbewegung hat. Holografische Einblendungen benötigen Orte, wo Dimensionen bereits verschmolzen sind, weil sie Dimensionen überbrücken müssen, um hier hineinzukommen.

Der Mensch ist blind gewesen und wurde immer wieder irregeführt, weil sich die Information in seine unentwickelten DNS-Helices nicht einklinken konnte. Die Lichtfamilie ist gekommen, um all das zu ändern. Ihr seid hier, um eine neue Frequenz auf den Planeten zu tragen und sie in eurem Körper zu halten, damit der Rest des Planeten auf der gleichen Frequenz schwingen kann. Diese Frequenz wird die Strukturen, die auf der doppelten DNS-Helix beruhen, aufbrechen. Daran führt kein Weg vorbei: Es ist Zeit, sich zu entwickeln. Die Erde ist bereit, das durchzumachen, was immer für diese Entwicklung notwendig ist.

Die Menschen müssen lernen, Energien wahrzunehmen und zu verstehen. Sie müssen lernen, mehr als nur ihre fünf Sinne zu gebrauchen, um Wirklichkeit zu erfassen. Wir haben gesagt, dass eure fünf Sinne Realitätsbetrüger sind. Sie sperren die Wirklichkeit ein. Ihr glaubt, mit diesen Sinnen die Realität wahrzunehmen, während sie tatsächlich eure Wahrnehmung der Wirklichkeit nur einschränken. Seit eurer Kindheit seid ihr darauf trainiert, euch auf die fünf Sinne zu verlassen, um Erfahrungen zu interpretieren. Jetzt werdet ihr euch auf andere Sinne verlassen müssen, um echte Erfahrung zu erfassen. Eine der Formen, die ihr vernachlässigt habt, ist das Gefühl. Das Gefühl – euer wissendes, intuitives, übersinnliches Selbst – wurde durch die Frequenzkontrolle auf diesem Planeten so verschüttet, dass es niemand mehr finden konnte. Hättet ihr euer eigenes Wissen und eure eigene Art der Intuition finden können, so wärt ihr nicht kontrollierbar gewesen.

Woher sollt ihr nun wissen, was von außen kontrolliert ist und was nicht? Es gehört zu eurer Erfahrung hier, dies zu lernen – ein bisschen ins heiße Wasser zu gehen und zu wissen, wann ihr wieder rausspringen müsst. In eurem tiefsten Inneren gibt es einen unbeschädigten Kern, den ihr entdecken könnt und mit dem ihr anfangen könnt zu arbeiten. Das ist eine Art von Integrität, die das Leben achtet, und vor allem jenes Leben, für das ihr verantwortlich seid, nämlich euer eigenes. *Ihr seid verantwortlich für euch*, und ihr seid mit der Fähigkeit beschenkt worden, euer Licht, euren Körper und eure Erfahrung so gut ihr könnt zu achten.

Wenn ihr beginnt, eure Integrität zu pflegen und zu kultivieren, ihre Wunder und ihre Möglichkeiten zu entdecken, dann werdet ihr auch erkennen, dass euer Körper, der bisher so etwas wie eine Last gewesen ist, die ihr mit euch herumgeschleppt habt, in Wahrheit unschätzbar wertvoll ist. Er bietet euch unermessliche Möglichkeiten und gewaltigen Reichtum. Durch den physischen Körper seid ihr sozusagen Millionäre. Ihr müsst lernen, euer Gefühlszentrum zu benutzen und die Information in euch zu aktivieren und danach zu handeln; ihr müsst lernen, euch zu vertrauen.

Als Mitglieder der Lichtfamilie beabsichtigt ihr, Dimensionen zu verschmelzen. Es gehört zu euren Aufgaben, andere Dimensionen in diese Realität zu ziehen und durch euer Nervensystem die verschiedenen molekularen Schwankungen zu verarbeiten. Ihr lernt gerade, mit eurem Gefühlszentrum wahrzunehmen, und dabei bringt ihr anderen bei, was ihr könnt. Ihr weist ihnen den Weg.

Mit Hilfe des Gefühls werdet ihr holografische Einblendungen erkennen. Sie werden sich nicht richtig *anfühlen* – irgend etwas an ihnen wird sich verdächtig oder seltsam anfühlen. Wenn holografische Einblendungen in eure Wirklichkeit eingefügt werden, ist irgend etwas nicht in Ordnung. Es wird eurer Kodierung als Mitglieder der Lichtfamilie zuwiderlaufen, wenn ihr holografischen Einblendungen ausgesetzt seid, denn sie zielen auf Kontrolle und nicht auf Befreiung ab. Sie haben den Zweck, euch in einen bestimmten Funktionsmodus zu bringen und eure Emotionen so zu intensivieren, dass andere sich davon ernähren können. Diese Technologien werden in größerem Maß angewendet werden. Deshalb sagen wir, dass der Menschheit ein drastisches Erwachen bevorsteht, wenn es darum geht, was wirklich real ist. Die Grenzen der Wirklichkeit sind sehr weit.

Wir sprachen über die Toröffnung im Nahen Osten, eine dimensionale Öffnung oder ein Eingang zum Planeten, über den bestimmte Energien Zugang zur Zivilisation finden. Erinnert euch: Wenn ihr eine planetare Sphäre verlasst und in den Weltraum geht, müsst ihr, nachdem ihr bestimmte Bewusstseinsgürtel durchquert habt, die richtige Toröffnung finden, um genau in der definierten Zeitspanne oder durch genau den Zeitkorridor wieder zurückzukommen, den ihr angepeilt habt. Auf diese Weise werden Systeme geschlossen und intakt gehalten, so wird verhindert, dass sie überfallen und in Besitz genommen werden.

Es gibt Toröffnungen in Nord- und Südamerika, Asien, China und auf der ganzen Erde. Die riesige Toröffnung, von der wir sprechen, ist diejenige im Nahen Osten. Sie ist gigantisch.

Viele holografische Einblendungen oder Dramen sind durch diese Toröffnung eingespielt worden, um das Bewusstsein und den

Glauben der Bevölkerung aus dem Gleichgewicht zu bringen. Da sich diese Toröffnung in einer Krise befindet, ist sie ein erstklassiges Ziel für holografische Einblendungen und höchst geeignet, um durch ein Glaubenssystem diese Welt zu verändern und Verwirrung zu stiften. Achtet auf euer Gefühlszentrum, wenn so etwas auf dem Planeten geschieht.

Der Nahe Osten ist eine Toröffnung, wo viele Dimensionen aufeinandertreffen und Wesenheiten aus anderen Dimensionen zu euch kommen. Es ist ein aufregender Ort. Deshalb sind in jüngerer Zeit, den letzten 40.000 bis 50.000 Jahren, im Nahen Osten viele Zivilisationen aufgetaucht, und viele religiöse Dramen haben dort ihren Anfang genommen. In dieser Region sind holografische Einblendungen leichter zu produzieren, genauso, wie sich Filme in Kalifornien leichter produzieren lassen.

Eine mögliche holografische Einblendung in dieser Toröffnung ist die Ankunft von Außerirdischen. Oder die Wiederkehr Christi. Oder die Wiederkehr eines anderen Gottes oder Retters oder irgendein anderer Grund dafür, dass sich plötzlich jeder einer bestimmten Denkrichtung anschließen soll. Aus unserer Sicht kommt so etwas zurzeit nicht von der Seite des Lichts. Ein Beispiel für eine holografische Einblendung, die in der Vergangenheit auf den Planeten gebracht wurde, um den Verlauf der Geschichte zu ändern, ist die Kreuzigung Christi. Das Drama, das gespielt und überliefert wurde, entspricht nicht der Wirklichkeit, die der Gesalbte hier spielen wollte. Eine *Version* des Lebens dieser Wesenheit wurde zu einem holografischen Unterhaltungsfilm gestaltet und eingespielt, als wäre sie real.

Christus kam als ein ganzes Komitee von Wesen über eine längere Zeitspanne auf die Erde. Die Geschichte, die man euch erzählt hat, ist eine dramatisierte, kommerzialisierte Version – eine in hohem Maße verfälschte Version dessen, was diese Wesenheit wirklich war und ist. Ein Teil des Christusdramas, das man euch gelehrt hat, war eine holografische Einblendung. Und ein Teil dessen, was ihr in der Zukunft über den Gesalbten erfahren werdet, könnte eine weitere holografische Einblendung sein. Seid also aufmerksam.

Nun werden sicher viele Menschen sagen, was wir hier behaupten, sei ein Sakrileg, und wir seien des Teufels. Wie können wir die Bibel nur derart in Frage stellen? Wie können wir all diese Dinge in Frage stellen? Wir können es, weil das alles von patriarchalen Organisationen gesagt und getan wurde, die für sich selbst Werbung machten. Mehr waren sie nicht. Sie wurden benutzt, um die Energie auf dem Planeten wieder zu kontrollieren.

In Wahrheit wurde der Gesalbte als Systemsprenger gesandt, als ein Mitglied der Lichtfamilie, um Licht durch die Toröffnung des Nahen Ostens zu bringen. Dies schuf für viele einen Weg, hereinzukommen und eine Wirklichkeit auszusäen, die das menschliche Bewusstsein auf einen Zyklus vorbereiten sollte, der in diesen Jahren enden wird. Der Gesalbte kam nicht als eine Wesenheit, sondern als eine Anzahl von Wesenheiten, die Menschen in einer dunklen Stunde der Menschheit beeinflussten, einer Stunde, in der sie bereit waren, ihre Mysterien zu verstehen. Und zu den vielen Dingen, die euch nicht wahrheitsgetreu übermittelt wurden, gehört auch, dass der Gesalbte hier durchaus wohlwollend aufgenommen wurde. Die Energie, die die Christuswesen auf den Planeten brachten, wurde sehr begrüßt.

Eine Reihe von Dramen hat sich mit der Christuswesenheit abgespielt. Da war einmal der ursprüngliche Plan: Das Christuskomitee kommt auf die Erde, verbreitet Licht oder Information und zeigt den Menschen, wozu der menschliche Körper fähig ist. Dann waren da die Wesen, die sagten: »Was sollen wir jetzt tun? Der kommt durch unsere Toröffnung, und wir möchten die Kontrolle darüber nicht verlieren. Wie werden wir diese Energie nützen können? Es ist ein Universum des freien Willens, also können wir machen, was wir wollen.« In der Folge beschlossen sie, eine holografische Einblendung über das Drama der Kreuzigung Christi zu produzieren, um die guten Absichten anderer so umzumünzen, dass Angst geschürt wurde, und das Bewusstsein der Menschen auf eine Weise zu steuern, wie es ursprünglich überhaupt nicht beabsichtigt war. Was bedeutet das? Nun, in einem Universum des freien Willens, besonders wenn

Toröffnungen zur Verfügung stehen, ist es offensichtlich möglich, dass eine Gruppe von vermeintlichen Göttern einer anderen ihre Geschichte wegnimmt und stattdessen ihre eigene Version davon herausbringt. Zu der Zeit, in der das geschieht, mag es vielleicht nicht viele betreffen, aber nach und nach wird darin die Wirkung der holografischen Einblendung immer deutlicher.

Wir wissen, dass dieses Wissen viele von euch frustriert. Doch indem wir es mit euch teilen, bringen wir euch dazu, euch zu bewegen, zu fühlen, euch zu erinnern – und nicht so viel *zu denken.* Dies ist kein Prozess des logischen Denkens, sondern ein Prozess des Fühlens. Was geschieht mit eurem Körper? Fragt euch: »Was ist meine Identität? Wie kann das sein? Was bin ich in alldem?« Dann werdet ihr mehr von dem freisetzen, was ihr seid, und ihr werdet viele Dinge verstehen können.

Versteht ihr jetzt, warum ihr hierhergekommen seid, um das bestehende System zu sprengen? Versteht ihr jetzt, wie kompliziert die Frequenzkontrolle ist? Versteht ihr, wie zerbrechlich und dünn Wirklichkeit ist? Versteht ihr, welche Mittel die menschliche Spezies hat, um die Realität zu beeinflussen – wenn sie untereinander harmonisieren und so handelt, als wäre für alles gesorgt, und wenn sie glaubt, dass sie durch ihren Geist erschaffen kann?

Wir sagten euch, dass Licht auf diesem Planeten unterschätzt wird. Das ist wahrlich so. Wenn bekannt würde, wie viele Menschen gerade Souveränität über ihre Gedanken und ihr Leben erlangen und wie viele diese Souveränität bereits ausstrahlen und anderen vermitteln, dann würden die Herrschenden noch rascher etwas dagegen unternehmen, als es ohnedies schon der Fall ist. Licht wird unterschätzt, und das ist gut, denn Licht wird euch alle befreien.

Ihr habt eine aufregende Aufgabe – einen beneidenswerten Job –, und ihr erhaltet all die Hilfe, die ihr für die Ausführung brauchen werdet. Es hat einen enormen Zustrom von Wesenheiten und Mutterschiffen auf diesen Planeten gegeben, die gerade als Vermittler oder buchstäblich als Energieüberträger agieren. Die Lichtstrahlen, die zurzeit auf den Planeten gelangen, stammen von uralten Sternensystemen, die seit vielen Äonen mit der Erde zusammenarbeiten. Viele davon werden von euren Astronomen einfach numeriert, während andere vertraute Namen haben – Sirius, Arcturus, Orion, die Plejaden … Die Lichtstrahlen werden von zahlreichen Mutterschiffen rund um die Erde aufgefangen, durch ein spezielles System gefiltert und dann mit großer Kraft auf den Planeten gerichtet.

Viele von euch haben Implantate, durch die sie auf diese Kommunikation ansprechen und mit denen sie die psychologische Kriegsführung und störenden Einflüsse umgehen, die eure Frequenzen blockieren und euch am Empfang der Informationen hindern wollen. Diese Implantate sind nicht negativ. Ihr wurdet nicht entführt, und sie wurden euch nicht gegen euren Willen eingesetzt. Es sind feinstoffliche Implantate, die ihr zu euch gerufen habt, um außerplanetarische Energie zu empfangen. Sie werden jetzt gerade aktiviert. Viele von euch fühlen sich verändert. Zu verschiedenen Tageszeiten, besonders vor dem Schlafengehen, hört ihr Töne oder fühlt eine Art elektrischer Schwingung in eurem Körper.

Wenn diese Informationen zu euch abgestrahlt werden, müsst ihr sie empfangen können. Damit euer Körper sie empfangen kann, muss er sich in einem bestimmten Zustand befinden. Information ist wie ein Strom, und wenn euer Körper das Fließen nicht verarbeiten kann, fühlt er sich unwohl. Die Menschen auf der Erde wurden auf diese Zeit vorbereitet, und es gibt niemanden, der hier inkarniert ist und sagen kann, dass er sich geirrt hat und nicht wusste, was geschehen würde. Niemand auf dem Planeten wurde ohne einen Mechanismus in seinem Inneren geboren, der aktiviert werden kann, um sich auf diese Frequenzen einzustimmen.

Wir haben euch geraten, den logischen Verstand beiseite zu lassen, denn der logische Verstand wird mit dieser Information und elektrischen Energie in Konflikt geraten. In den nächsten Jahren wird euer Verständnis und euer Einklang mit den Frequenzen, die zu euch kommen, wie das Einschalten eures eigenen Radios sein. Ihr werdet eine direkte telepathische Verbindung mit den Mutterschiffen haben, die ihre Informationen an euch senden.

Es wird die Zeit kommen, in der ihr an den Besuch einer Channeling-Sitzung nicht einmal mehr denken werdet, weil ihr euren eigenen Zugang zur Information habt, euren eigenen Draht. Die Fülle von Informationen, die ihr empfangen werdet, wird euch sehr sicher in euren Entscheidungen machen; denn ihr werdet dadurch auf dem Laufenden gehalten, was vor sich geht.

Wenn ihr größeres Vertrauen entwickelt, werdet ihr fähig sein, vor euch eine Lichtwesenheit zu manifestieren, die in körperlicher Form zu euch kommt, um euch zu unterrichten. Channeling oder das Einholen von Information durch ein anderes Wesen wird völlig überholt sein, wenn jeder buchstäblich sein eigenes Wesen manifestiert, um von ihm zu lernen. In der Zwischenzeit sind wir da, um euch zu lehren, euch zu erinnern, wer ihr seid, und um euch eine Vorstellung davon zu geben, was ihr zu euch heranholen könnt.

Mehr als alles andere wollen wir euch helfen, als Mitglieder der Lichtfamilie die Menschen zu befreien. Konzentriert euch auf euren eigenen Tanz. Zu welcher Melodie wollt ihr tanzen, und welche magischen Dinge wollt ihr vollbringen, und zu welchen Höhen wollt ihr euch geistig aufschwingen können, um eurem Bewusstsein eine neue Definition seiner Möglichkeiten zu geben?

10

Systemsprenger und Lichtrebellen

Wer bringt den Neuen Morgen? Wer nimmt teil am Aufbruch ins Neue Morgen und welche Rolle spielt er dabei? Es sind diejenigen, die die Sonnenstrahlen tragen und Licht und Wissen bringen. Sie haben eine uralte Organisation, eine uralte Gesellschaft, eine uralte spirituelle Bindung, die sie in einem bestimmten Sternensystem bestimmte Arbeit leisten lässt. Ihr gehört zu den Bringern des Neuen Morgens; sonst hätte es euch nicht zu diesem Buch gezogen. Die Mitglieder dieser Eliteorganisation kommen zu unterschiedlichen Zeiten auf die Erde, um ihre Arbeit zu erledigen. Das geschieht, wenn ein Zyklus festgelegt wurde und genau die richtigen Ereignisse eintreten, damit die hohen Energien des Kosmos und die Energie von der Erde in ihrem eigenen Wesen verschmelzen können.

Die hohen Energien des Kosmos gelangen immer zur Erde, und die Energien von der Erde streben immer zum Kosmos hinauf. Die Menschheit erschafft die heilige Brücke zwischen Himmel und Erde, die manche die Regenbogenbrücke nennen. Die Bringer des Neuen Morgens lassen diese Energien verschmelzen, so dass das Neue Morgen oder das Licht in ihnen selbst erwacht. Dann bringen sie dieses Neue Morgen in die Zivilisationen. *Das seid ihr. Das tut ihr.* Viele andere tun das auch. Ihr seid die Bringer des Neuen Morgens.

Als diejenigen, die den Neuen Morgen bringen, habt ihr eine bestimmte Haltung, die euch eure Verpflichtung erleichtert. Diese Haltung ist eine des *Zulassens*, eine Absage an die Nachlässigkeit und an die geringschätzige Bewertung eurer Erfahrungen. Für die Bringer des Neuen Morgens stellt jeder Teil das Ganze dar, ganz gleich wie er konstruiert ist, welche Stärken und Schwächen er hat oder wie groß oder klein seine Rolle ist.

Stärke, Schwäche oder Einfluss können nicht unbedingt verglichen werden; sie sind einfach die Haltung, auf die sich das Bewusstsein in seinem eigenen Tanz der Realität konzentriert.

Wir belehren euch über euch selbst und helfen euch beim Entschlüsseln dessen, was in euch ist, nicht dessen, was außerhalb von euch liegt. Als Bringer des Neuen Morgens befindet ihr euch in der dunkelsten Stunde vor dem neuen Tag, wenn ihr euch vielleicht fragt, ob je ein Lichtstrahl erscheinen wird. Dann wird fast sofort das Licht aus dem Nichts auftauchen. Woher wird es kommen? Wie wird es euer Denken verändern? Wie kann das Dasein im einen Moment vollkommen dunkel sein, und im nächsten Moment ist da Licht? Als Bringer des Neuen Morgens zieht ihr das Licht kraft eures *Willens* an. Dafür wurdet ihr ausgebildet; das ist eure Stärke.

Ihr, die ihr den Neuen Morgen herbeiführt, seid auch als Lichtfamilie bekannt und habt eingewilligt, den Umwandlungsprozess zu durchlaufen, euch mittels Absicht und bewusster Zustimmung zu höheren Wesen zu entwickeln. Ihr bringt das Licht auf den Planeten zurück, bewirkt eine neue Evolution der Menschheit und ermöglicht den kosmischen Evolutionssprung von Bewusstheit und Intelligenz, indem ihr die Frequenz zuerst in eurem Körper verankert und sie dann lebt.

Die Lichtfamilie kommt von einer zentralen Operationsbasis – einer Quelle innerhalb dieses Universums, die als Sendestation dient. Es gibt Zentralsonnen in eurem galaktischen System und eine

Zentralsonne in diesem Universum. Die Mayas nannten diese Zentralsonne Alkyone. Andere haben andere Namen dafür. Diese Sonne verströmt Licht, und Licht enthält Information.

Um es ganz simpel auszudrücken: Die Mitglieder der Lichtfamilie kommen alle von einem Ort, der im Grunde das zentrale Lagerhaus des Universums für Informierung ist.

Ihr geht zyklisch oder spiralförmig von dieser Zentralsonne aus und tragt die Information von ihr durch die verschiedenen Systeme dieses Universums; ihr projektiert, plant und reist. Ihr seid in dieser Hinsicht einzigartig, und ihr wisst es.

Wenn ihr euch die Bevölkerung anseht, so wisst ihr, dass ihr ganz anders seid. Ihr seid gerne rebellisch, und ihr liebt es, Systeme aufzubrechen. Wenn es heißt »Betreten verboten«, dann gilt das für alle anderen, aber nicht für euch. Ihr geht überall dorthin, wo etwas verschlossen ist, um es zu öffnen. Eure Methode ist es, euch in viele mehrdimensionale Identitäten zu teilen und dann in Systeme einzutreten, um sie zu verändern.

Ihr inkarniert euch manchmal Hunderttausende Jahre lang in diesen Systemen als Vorbereitung für die Zeit, da ihr aufgerufen werdet, sie zu sprengen. Ihr habt einschlägige Erfahrungen vorzuweisen. Zum Beispiel inkarniert ihr euch mehrmals auf der Erde; wenn dann der Ruf ergeht, dass die Erde aufgemischt und die Paradigmen geändert werden sollen, könnt ihr sagen: »Ich bin 247 Mal in so und so vielen Varianten hier gewesen, einmal war ich sogar imstande, meinen Körper mitzunehmen. Ich habe dies, das und jenes gemacht. Wenn ich mich für den Plan erwärme, das System auszuhebeln, dann bin ich sicher, dass ich meine Erinnerungen auffrischen, mich über die Gesetze hinwegsetzen und diesen Auftrag ausführen kann.«

Manchmal geschieht das nicht, und der Plan muss aus bestimmten Gründen fallengelassen werden. Das ist dann eine frustrierende Erfahrung für euch. Wenn jedoch alles nach Plan verläuft, ihr das System erfolgreich sprengt und ein neues Paradigma des Lichts erschafft, ist das für euch wie ein kosmischer Orgasmus.

Die Bringer des Neuen Morgens oder die Lichtfamilie arbeiten in Teams. Ihr geht nicht allein in Systeme. Ihr braucht einander bei dieser Arbeit, denn allein könnt ihr die Frequenz nicht halten. Indem ihr als Team geht, erhöht ihr die Chancen, den Plan erfolgreich auszuführen. Ihr seid wie sehr intelligente Strahlen und Lichtspiralen der Zentralsonne, und ihr werdet von einer hohen Intelligenz innerhalb der Zentralsonne geleitet.

Licht ist ein Königreich des Bewusstseins, und es hat einen Sinn im Dasein. Die Geschichte, die wir euch heute erzählen, ist eine, die ihr begreifen könnt. Jedes Mal, wenn wir zu Menschen sprechen und ihr mehr begreift, geben wir euch mehr. Wir möchten nicht, dass ihr glaubt, dass Licht edler ist als alles andere. Etwas im Kern eurer Seele verbindet euch mit dieser Lichtquelle und treibt euch zu diesem Beruf, aber dadurch ist dieser Beruf nicht besser als jeder andere. Es gibt andere, die andere Quellen haben und sich mit anderen Absichten auf ihren Spiralkurs begeben, und sie machen dieses Spiel möglich. Das lernt ihr jetzt.

Wir erinnern euch daran, dass Urschöpfer alles erschafft und alles mit sich selbst ausstattet. Ebenso, wie ihr Selbsterkenntnis sucht, gelingt dies auch Urschöpfer. Er möchte sich seiner selbst in allem bewusst sein und die Dinge, in denen er ist, mit dem Bewusstsein ausstatten, dass Urschöpfer in ihnen ist und sich seines Daseins bewusst ist. Die Bewusstheit ist wie ein Spiegel, der zwischen Urschöpfer und allem Erschaffenen hin und her reflektiert, bis hinunter zum kleinsten Käfer oder zur kleinsten Ameise, die auf dem Boden kriecht. Ebenso, wie Urschöpfer im Licht ist, ist er auch im sogenannten Bösen, denn er weiß, dass das »Böse« auch einen göttlichen Zweck hat.

Es gibt viele Königreiche des Bewusstseins. »Königreiche des Bewusstseins« ist ein großes Wort für ein Konzept, das wir euch verständlich machen wollen. Innerhalb eines Königreichs des Bewusstseins besteht eine Ähnlichkeit der Energie, und es existieren viele Arten von solchen Reichen. Die Lichtfamilie kommt aus einem bestimmten Königreich des Bewusstseins.

Wenn euer Bewusstsein die Gesetze der Schöpfung, Handhabung und Verwaltung von Wirklichkeit lernt, ist es ziemlich einfach für euch, euch in jeder gewünschten Form zu manifestieren. Diejenigen von euch, die ihre Erinnerungen an ihre schamanische Vergangenheit aktiviert haben, wissen sehr gut, dass man bei Urvölkern unter anderem lernte, in verschiedene Wirklichkeiten zu gehen und eine andere Form anzunehmen. In gewissen Kulturen wurden die Schamanen deswegen verehrt. Sie trugen die genetische Kodierung, und sie waren im Verhältnis zur Gesamtbevölkerung eine Minderheit. Sie hatten die Magie und das Geheimnis, und sie hielten den Prozess lebendig. Sie konnten sich in Tiere und verschiedene andere Formen und Gestalten verwandeln. Das war wirklich eine sehr profunde Wissenschaft.

Weil diese Wissenschaft auf dem Planeten existiert, gibt es sie natürlich auch *außerhalb* davon. Die Erde ist gerade jetzt ein »heißer« Ort des Geschehens, ein aufregender Platz. Sie ist darauf kodiert, ihre eigene Revolution zu starten – nicht unbedingt nur eine Revolution des Lebensstils, sondern eine dimensionale Verschiebung, die den ganzen Weltraum um die Erde herum verändern wird.

Viele Außerirdische, die sich für Lebensformen interessieren, verstehen es, ihre Molekularstruktur neu zu ordnen, und sie kommen als Menschen verkleidet auf den Planeten. In Zeiten tumultartiger Veränderungen, wenn Dimensionen das Potenzial zur Verschmelzung und zur Kollision besitzen – was ihr gerade hier auf der Erde vorbereitet –, erscheint eine große Ansammlung von Energien, um bei der großen Show mitzumachen.

Die große Show spielt sich auf vielen Ebenen ab, nicht nur auf der dreidimensionalen. Eine Kettenreaktion läuft in allen Dimensionen des Daseins und des Bewusstseins ab. Einige Wesen teleportieren sich in menschlicher Verkleidung auf die Erde, oder sie inkarnieren und packen so die Gelegenheit beim Schopf, sich für das große Ereignis eine Fahrkarte in diese Realität zu sichern.

Einige, bei denen ihr das Gefühl habt, dass sie auf dem Planeten nicht heimisch sind, aber auch nicht als Systemsprenger wirken, sind einfach zum Beobachten, Teilnehmen und Verstehen hier, damit sie die Information zurück in ihre Systeme, die sich ständig weiterentwickeln, tragen können.

Es gibt intelligente Geschöpfe, die sich als Menschen manifestieren und diese Rolle perfekt spielen können; manchmal ist ihr Erinnerungsvermögen intakt, manchmal nicht. Wegen der Frequenzkontrolle ist es für diese Wesen nicht immer einfach, mit der vollen Erinnerung daran, wer sie an anderen Orten sind, hierher zu kommen. In den nächsten Jahren wird euch stärker bewusst werden, dass ihr Mitglieder der Lichtfamilie in menschlicher Verkleidung seid. Die geplante Evolution der menschlichen Spezies und die geplante Neuordnung der menschlichen DNS als eine positive, natürliche Entwicklung wird unter anderem mit sich bringen, dass jeder Mensch beginnt, sich zu erinnern, wer er ist.

In den verschiedenen Dimensionen der Wirklichkeit gibt es natürlich auch verschiedene Erfahrungen und verschiedene Gesetze. In der dritten Dimension, in der ihr als menschliche Spezies so lange eingesperrt gewesen seid, sind die Erfahrungsmöglichkeiten begrenzt. Die dritte Dimension ist darauf angelegt, dass man sich in ihr nur auf jeweils eine existierende Realität konzentrieren kann. Das wird durch das Zusammenspiel von Frequenz und Nervenimpulsen im Körper erreicht.

Ihr seid magnetisch und biogenetisch eingestellt und gestaltet. Die Mitglieder der Lichtfamilie sind *viel mehr* als *nur Menschen*. Typischerweise erbringt ihr Spitzenleistungen in Multidimensionalität. Als Mitglied der Lichtfamilie bewirbt man sich um eine Position im multidimensionalen Bereich.

Ihr habt euch auf diesem Planeten inkarniert, um euch auf die Ausführung eurer Aufgabe vorzubereiten. Worin besteht eure Arbeit? Eure Arbeit ist recht einfach: Ihr tragt Frequenz in Systeme mit begrenzter Lichtfrequenz, weil Licht Information ist. Das ist nicht kalte, computermäßige Information; es ist Information, die durch elektromagnetisches Aussenden von Bewusstsein biologisch übertragen wird. Darin seid ihr Experten. Wenn ihr im Vollbesitz der Erinnerung eurer Identität Visitenkarten drucken ließet, würde ungefähr Folgendes darauf stehen: »Rebell und Mitglied der Lichtfamilie. Systemsprenger. Auf Abruf verfügbar zur Veränderung von Bewusstseinssystemen innerhalb des Universums des freien Willens.«

Ihr zieht es durch, ihr packt es an! Das ist der Aspekt eurer Identität, den ihr alle gemeinsam habt, und ihr seid jetzt millionenfach hier vertreten. Ihr seid hauptsächlich hier, um *euch zu erinnern, wer ihr seid*, um multidimensional innerhalb des Systems zu operieren und um den Menschen – den Einheimischen, die schon sehr lange der Frequenzkontrolle ausgesetzt sind – ein neues System beizubringen. *Ihr seid als Menschen maskiert.* Sobald ihr das zu erkennen beginnt, werdet ihr euch von dem menschlichen Drama und Dilemma der Frequenzkontrolle befreien.

Bevor die Frequenzkontrolle vor 300.000 Jahren durch die Invasion einer Gruppe von Schöpfergöttern eingeführt wurde, war die einheimische Spezies um einiges klüger. Sie hatte ein sehr entwickeltes System zum Empfang von Informationen, und Botschaften aus dem Weltraum konnten auf dem Planeten direkt empfangen werden. Sie besaß auch viele verschiedene Methoden, das Wissen sofort nach dem Empfang zu verbreiten. Die Verbreitung von Wissen wird jetzt auf dem Planeten von der Technik übernommen – etwas Äußerlichem also. Wieder so eine Segnung, die euch verkauft wird, um euch zu kontrollieren. Vor langer Zeit war auf dem Planeten Kommunikation eine Sache des gegenseitigen Kontakts durch innere Mechanismen und nicht durch eine materielle Technologie.

Die meisten Menschen können nicht begreifen, dass ihre Geschichte weiter als nur ein paar tausend Jahre zurückreicht. Ihr werdet lernen, euch zu erinnern, und dem Planeten beibringen, dass er eine Millionen Jahre alte Geschichte hat. Zuerst werdet ihr die Geschichte des Planeten der vergangenen 300.000 Jahre aufdecken und verarbeiten, damit ihr das Bild des menschlichen Dilemmas vertiefen könnt. Denkt daran, dass die gesamte Geschichte in euch und nicht außerhalb von euch ist. In eurer gegenwärtigen Faseroptik werden Lichtfäden außerhalb eures Körpers als symbolische Darstellung der Übertragung von Nachrichten geschaffen. Die menschliche Spezies erschafft *außerhalb* von sich, was sie *in* sich lernen muss. Das gehört zur Meisterschaft des Lichts.

Als eure große Bibliothek ins Chaos gestürzt wurde, blieb ein kleiner Teil an Daten übrig, um die Spezies kontrollierbar, betriebsfähig, steuerbar und doch selbständig funktionierend zu halten, damit sie Aufgaben erledigen konnte; sie wurde angeregt, als Lebens- und Bewusstseinsform eine bestimmte Frequenz zu erzeugen: Angst. Diese Angst ist in den vergangenen 300.000 Jahren auf diesem Planeten als gesteuerte und kontrollierte Substanz in jeder nur denkbaren Version gefördert worden.

Wenn ein Mensch elektromagnetisch schwingt und die Frequenz der Angst aussendet, findet eine Bewusstseinsübertragung statt. Wohin geht diese Angst? Wohin gehen eure Gedanken? Wohin gehen eure Gefühle? Wir haben bereits gesagt, dass Bewusstsein, kollektiv gesehen, Nahrung bedeutet. Als Systemsprenger seid ihr gekommen, um die Nahrungsquelle zum Versiegen zu bringen oder sie auf etwas anderes umzustellen als Angst und Chaos. Diejenigen, die von solcher Nahrung leben, werden entweder ihre Kost ändern oder den Planeten verlassen müssen. Ihr seid hier, um Licht und Information zu bringen, das Verständnis dafür, dass die Möglichkeit zur Veränderung besteht, sowie eine Nahrungsquelle, die mit Licht zusammenarbeitet und in Resonanz tritt. Eure Aufgabe und Verantwortung besteht darin, das zu erreichen.

Wir verstehen, dass einige von euch verwirrt darüber sind, wie sie das tun sollen und wie sie diesen Zustand der Makellosigkeit im eigenen Leben erreichen sollen. Eines der wichtigsten Dinge, die wir jeden von euch bitten, von nun an zu verwirklichen, ist, eure Zukunft nicht auf Erfahrungen der Vergangenheit zu gründen. Ihr alle bringt gerne die Vergangenheit als Entschuldigung für das, was in der Zukunft geschehen könnte, ins Spiel. Ihr seid berühmt dafür. Aber ihr müsst handeln, als wärt ihr gerade auf die Erde versetzt worden, unschuldig wie ein Neugeborenes und bereit, euch in die Umstände des täglichen Lebens zu stürzen. Stellt morgens beim Aufwachen mit Klarheit fest, was ihr an diesem Tag zu erfahren beabsichtigt. Wenn ihr das nicht bereits tut und es euch nicht zur Gewohnheit gemacht habt, dann fangt damit an! Auf diese Weise wird Wirklichkeit gestaltet. Wie gesagt besteht das große Geheimnis, das der menschlichen Spezies vorenthalten wurde, darin, dass *das Denken Erfahrung schafft und dass das Denken Wirklichkeit erschafft.* Alle Wirklichkeit wird durch Gedanken erzeugt. Sie ist eine völlig subjektive Erfahrung. Aber ihr werdet elektromagnetisch dazu gebracht, Erfahrungen nur innerhalb eines bestimmten Bereichs der Wirklichkeit zu erschaffen.

Als Mitglieder der Lichtfamilie seid ihr weit gereist und gut mit der Möglichkeit vertraut, neue Frequenzen einzubringen. Ihr seid hierher gekommen, um die neuen Frequenzen zu halten, die aus dem Weltraum zu euch gesendet werden und die in eurem Körper ein neues Muster in Bewegung setzen. In dem Maße, wie ihr zu wissen beginnt, dass dies eure Bestimmung ist, werdet ihr beginnen, eure Bestimmung bewusst zu gestalten. Ihr werdet euch darüber klarwerden, was ihr wollt, und es erleben, ganz gleich auf welchem Gebiet. Das ist unumgänglich.

Jeder von euch liebt auf seine eigene Weise Dramen. Ihr langweilt euch, wenn nicht »etwas« geschieht. Deshalb entwarft ihr diesen Plan – diese Invasion. Tatsächlich wurde diese Wirklichkeit oder Welt, lange bevor sie überfallen wurde, von Wesenheiten der Lichtfamilie entworfen. Als Mitglieder der Lichtfamilie wart ihr die Ursprünglichen Planer. Es gab hier viele reichhaltige Bewusstseinsreserven, die ihr jederzeit kontaktieren und nutzen durftet. Als die Wesenheiten anderer Familien, die ihr als »dunkel« bezeichnet, diesen Planeten übernahmen, hielten sie das Licht sehr wirkungsvoll fern. Licht kann nur so groß wie euer Paradigma werden, aber es gibt dort draußen auch noch andere Gruppen und Königreiche des Bewusstseins. Arbeiten wir einmal der Einfachheit halber mit den Begriffen Licht und Dunkel.

Das dunkle Team hat also lange Zeit beim Aussperren des Lichts ganze Arbeit geleistet. Aber diese Zeit läuft ab!

Ihr seid Lichtrebellen, und ihr habt euch entschieden, zurückzukehren und einen weiteren Überfall auf das Bewusstsein zu veranstalten – diesmal Millionen von euch –, weil ihr durch die Arbeit mit der Energie Urschöpfers wusstet, wie äußerst wahrscheinlich es ist, dass jeder einen großen Reichtum des Bewusstseins erlangt. Wenn ihr nun beginnt, dieses Licht in euren Körper und auf den Planeten zu ziehen, sind vielleicht viele Menschen betroffen, die das Drama lieben. Sie werden vielleicht vom Licht durchbohrt und reagieren darauf, denn je mehr Licht ihr bringt, desto schneller wird es sich verbreiten. Das Licht auf diesem Planeten wird stärker, wenn ihr euch daran erinnert, dass ihr die Eingeborenen seid, die eng mit den Ursprünglichen Planern zusammenarbeiten und die hier sind, um ihre Welt von den Räubern zurückzuholen.

11

So bestellt man eine Realität

Um die kommende Zeit zu überleben, ist es unerlässlich, sich mit der Idee der Gedankenmanifestation oder des Überbewusstseins vertraut zu machen. Überbewusstsein ist zurzeit nur ein Wort für euch. Es ist ein Konzept, das noch nicht in euch ist, denn ihr könnt euch nicht vorstellen, so sensitiv und von so viel Information angefüllt zu sein. Und doch bewegt ihr euch in eurer Entwicklung darauf hin. Manchen Menschen ist sehr klar, dass sich diese Bewusstseinsbewegung über den Planeten ausbreiten könnte, und sie setzen darauf, dass es nicht geschieht. *Es ist schon geschehen.* Wir sind in eure Vergangenheit zurückgekehrt, um euch dies zu versichern.

Zuerst kommt der Gedanke. Erfahrung ist immer sekundär. Es ist nie umgekehrt – dass ihr erst die Erfahrung macht und dann den Gedanken darauf aufbaut. Immer erfahrt ihr eine direkte Entsprechung eurer Gedanken.

Klarheit und das Erkennen eurer eigenen Kraft ist das Grundlegende. Eure Gedanken bilden *zu jeder Zeit* eure Welt. Nicht nur, wenn sie gerade Lust dazu haben – *jederzeit.* Weil man euch mit so vielen Schwingungen der Frequenzkontrolle bombardiert, um euch an der Klarheit zu hindern, werdet ihr schwankend. Ihr müsst es euch als Spezies zur Absicht machen, sehr klar zu sein, zentriert zu bleiben und immer im Augenblick zu leben. Hört auf, in der Zukunft oder Vergangenheit zu leben, und lebt immer in eurem Jetzt. Sagt euch: »Was möchte ich? Ich möchte meine persönliche Entwicklung beschleunigen. Ich möchte, dass mich die Geistige Welt in größerem Maße unterstützt. Ich möchte, dass mein Körper sich selbst regeneriert. Ich möchte Gesundheit ausstrahlen. Ich bin bereit, Schwierigkeiten aufzugeben, damit ich als Beispiel dessen leben kann, was die Menschheit sein kann.« Diese Art des Denkens – dieses Befehlen aus eurem Innersten heraus und dieses klare Aussprechen eurer Wünsche – bringt alles in Bewegung.

Achtet auf eure Muster. Wenn ihr merkt, dass ihr leugnet, eine bestimmte Erfahrung erschaffen zu haben, und ihr sie nicht als eure Schöpfung anerkennen wollt, schaut sie euch einfach an. Sagt: »Das ist aber interessant – ich tue das immer wieder. Ich möchte nicht zu dem stehen, was ich erschaffe. Wenn ich es nicht mag, gebe ich jemand anderem die Schuld. Mal sehen, wie lange ich das noch mache und wie ich eine Lösung finde, um ein anderes Verhaltensmuster zu entwickeln.«

Verurteilt euch nicht. Beginnt, euch zu sagen: »Ich werde die Verantwortung für alles übernehmen, was mir zustößt. Wenn ich nicht mag, was mir geschieht, dann werde ich mich zu fragen beginnen, warum ich Dinge erschaffe, die ich nicht mag. Vielleicht soll ich auf etwas aufmerksam werden, damit ich verändern kann, was nicht gut für mich ist und was ich nicht sehen kann.«

Handelt immer so, als hätte all euer Tun einen makellosen Grund. Handelt so, als wäre es für euch von höchstem Wert und höchstem Nutzen, jedes Erlebnis durchzuarbeiten, an dem ihr gerade beteiligt seid. Handelt immer so. Wenn ihr auf der Straße geht und jemand sagt: »Du hast eine Pistole im Rücken; her mit der Handtasche!«, dann handelt so, als würde euch gerade die Gelegenheit zu höchstem Wachstum geboten. Ihr wisst nie, was dabei herauskommt, wenn ihr so zu handeln beginnt. Wenn ihr *handelt als ob*, handelt ihr ohne Wissen und ohne Erwartung. Das ist eine Einstellung. Wenn ihr alle diese Einstellung haben könntet und so handeln würdet, *als ob* jedes Ereignis dazu bestimmt wäre, euch in eurem Wachstum voranzubringen, dann könntet ihr euch umdrehen und herausfinden, dass der Mensch, der die Pistole in der Hand hält, ein Gegenstück oder ein Teil von euch selbst ist. Ihr könntet vielleicht etwas heilen; ihr könntet die Gelegenheit bekommen, etwas zu tun, wovor ihr euch fürchtet.

Habt keine Angst vor dem, was ihr erschafft. *Vertraut dem, was ihr erschafft.* Vertraut darauf, dass ihr immer davon profitieren könnt. Kehrt eure Dramen nicht unter den Teppich, als wären sie der letzte Dreck, den ihr nie wieder sehen wollt. Schließt diese Dramen ab: Hört auf, sie immer wiederzukäuen und euch darin zu verlieren. Versteht andererseits, dass ihr die Dramen, die ihr mit eurer Mutter, eurem Bruder, eurer Schwester, eurem Partner hattet, zwanzig Jahre später verwenden könnt, um zu einer völlig neuen Erkenntnis zu gelangen. Geht also mit diesen Lebensdramen um wie mit einer Akte. Schließt sie, löst die Konflikte, so gut ihr könnt, schließt Frieden und akzeptiert euren Anteil daran, und dann lasst sie durch euer Bewusstsein gehen, um euch etwas zu lehren. Lasst sie zu ständigen Schätzen der Erfahrung für euch werden und nicht zu Hindernissen, an denen ihr vorbei wollt. Mit diesen Dingen sind Gefühle verknüpft; denkt daran, dass Gefühle euch in andere Handlungsbereiche bringen können.

Glaubt ihr, dass ihr eure Wirklichkeit nur in bestimmten Bereichen erschafft und dass ihr in anderen machtlos seid? Wendet ihr ein, dass ihr über einige Bereiche eures Lebens keine Kontrolle habt? Gebt ihr das, was von Natur aus euch gehört, auf, weil euch die Gesellschaft sagt, dass ihr es nicht haben könnt? Ihr werdet herausfinden, dass Ereignisse nicht einfach aus heiterem Himmel stattfinden. Einige von euch glauben, dass sie ihre eigene Wirklichkeit erschaffen, aber dass andere das nicht tun – besonders Babys, denen alles Mögliche passiert, oder Kinder, die missbraucht werden. Für viele von euch ist es sehr schwer zu begreifen, dass auch scheinbar hilflose Kinder oder verhungernde Menschen ihre eigene Wirklichkeit erschaffen. Immer wenn ihr auf die Opferrolle hereinfallt, sendet ihr den Menschen den Gedanken, dass sie machtlos sind, und ihr macht es auch für euch selbst wahrscheinlich. Ihr müsst lernen, die Dramen und Lektionen der anderen zu respektieren. Seid euch bewusst, dass euch die Zeitungen nicht darüber informieren werden, welche Möglichkeiten zur Veränderung die an einem bestimmten Geschehen Beteiligten haben, denn Zeitungen berichten nicht auf diese Weise über die Dinge. Ihr versteht die zugrundeliegenden Synchronizitäten der Ereignisse nicht: Eure Medien decken nur die äußeren, sogenannten Fakten auf und ignorieren den komplexen Untergrund von Emotionen, der menschliche Dramen und Lektionen begleitet.

Diejenigen, die in Dramen verstrickt sind, in denen es aussieht, als sei jemand ein Opfer, sind für gewöhnlich so von ihren Gefühlen abgeschnitten, dass sie das, was sie fühlen, nicht in Verbindung mit dem bringen, was sie denken. Opfer finden Opfer. Sieger finden Sieger. Wenn ihr also Zeitungsberichte lest oder über Dramen in der Welt hört, in denen Menschen wie hoffnungslose Opfer erscheinen, dann respektiert sie und respektiert euch, indem ihr anerkennt, dass sie ihre eigene Wirklichkeit erschaffen haben. Es ist vielleicht keine Wirklichkeit, von der ihr lernen müsst oder an der ihr teilnehmen wollt. Ihr müsst verstehen, dass andere durch die Bereiche der Dichte gehen müssen, um zum Licht zu kommen. Manchmal resultiert die größte Erleuchtung aus den größten Katastrophen und Schwierigkeiten.

Wenn ihr in ein Restaurant geht und etwas bestellt, bereitet es der Koch zu, und der Kellner bringt es euch. Ihr bestellt es, aber ihr kocht es nicht selbst. Irgendwie bereiten es die Köche oder die spirituelle Energie zu, aber ihr wählt aus, was euch vorgesetzt wird. Es wird euch nicht serviert, wenn ihr nicht vorher in ein Restaurant geht und es bestellt. Also seid ihr dafür verantwortlich, und ihr zahlt dafür.

Das Leben ist genauso; das Leben ist wie ein Restaurant. Lernt das, was ihr wollt, vom Leben zu bestellen wie in einem Restaurant, und dann vertraut darauf, dass es euch serviert werden wird, weil ihr es bestellt habt. Wenn ihr in ein Restaurant geht, macht ihr euch auch nicht über jeden Gang Gedanken und fragt euch nicht, ob ihr ihn verdient habt. Nun, manchmal tut ihr es. Manchmal sagt ihr: »Ich verdiene das nicht. Das kostet zwanzig Euro. Ich kann nur etwas nehmen, das höchstens fünf Euro kostet.«

Wie ihr in Restaurants handelt, ist ein wunderbarer Indikator dafür, wie ihr im Leben handelt. Es ist eine unglaubliche Lehre, die es zu verstehen gilt. Wenn ihr in ein Restaurant geht, bestellt ihr einfach und sagt: »Das will ich!«, und vertraut, dass es euch gebracht wird. Oder macht ihr euch vielleicht Gedanken, ob sie es vermasseln werden? Folgt ihr nach der Bestellung dem Kellner in die Küche und sagt: »Oh, sie haben vielleicht nicht den richtigen grünen Salat. Sie werden die Zwiebeln vielleicht anders dünsten, und sie werden nicht die Pilze haben, die ich mag?« Nein. Ihr vertraut, dass es euch genau so serviert werden wird, wie ihr es wollt, und ihr lasst es geschehen. Wenn es euch vorgesetzt wird, sagt ihr »Danke«. Wenn es nicht ganz in Ordnung ist, verlangt ihr, was nötig ist, und macht weiter.

Schaut euch nur die göttliche Nonchalance an, mit der ihr in einem Restaurant bestellt. Bestellt so auch euer Leben. Macht euch klar, was ihr wollt, bestellt es und belasst es dabei. Ruft nicht dauernd in der Geistigen Welt an, um zu sehen, ob eure Bestellung angekommen ist, gebt keine Ratschläge, wie sie erledigt werden soll. Ihr habt bestellt. Vertraut darauf, dass es kommen wird.

Ihr seid das Ergebnis eurer Gedanken. Wenn ihr auf diesem Planeten auch nichts anderes lernt, so werdet ihr lernen, dass dies die Regel in dieser Realität ist, und übrigens auch in anderen. *Denken erschafft Erfahrung.* Warum macht ihr euch nicht ein Geschenk und fangt an, euch als außergewöhnlich, großartig und erhebend zu sehen? Befreit euch von der Vorstellung, dass euch der Rest der Gesellschaft zustimmen muss. *Bestätigt euch selbst euren Wert.* Für einige von euch ist das sehr schwierig. Wie bestätigt man sich selbst, wenn man gewohnt ist, es nicht zu tun?

Eure Wörter geben euch Kraft, oder sie machen euch klein. Wir möchten, dass ihr den Mut habt, euer Licht zu leben, daher möchten wir betonen und euch auf jede nur mögliche Weise davon überzeugen, dass eure Gedanken eure Welt erschaffen. Streicht die Wörter *sollte* und *versuchen* aus eurem Wortschatz. Wenn ihr jedes Mal etwas zahlen müsstet, wenn ihr diese Wörter verwendet, hättet ihr hohe Schulden. Und tatsächlich bleibt ihr euch etwas schuldig, wenn ihr euch für machtlos und unfähig erklärt. *Sollte* impliziert, dass ihr unter der Herrschaft eines anderen steht. Wir möchten euch daran erinnern, dass ihr euer eigener Souverän seid.

Wenn jemand *versucht*, eine Zeitschrift herauszugeben, oder *versucht*, seine Verhaltensmuster zu verändern, oder versucht, einen Webshop einzurichten, dann kann er das für den Rest seines Lebens versuchen. *Versuchen* ist nicht *tun*. Immer wenn ihr das Wort *versuchen* verwendet, werdet ihr nichts erreichen, denn *versuchen* ist eine Entschuldigung: »Ich hab ja versucht, es zu tun. Ich hab's versucht!« Verwendet in eurem Leben die Worte: »Ich erschaffe«, »Ich tue«, »Ich manifestiere«, »Ich beabsichtige« und »Ich bewirke«. Vergesst »Ich versuche«.

Wenn ihr ein *Handelnder* werdet und das manifestieren könnt, was ihr im Leben wollt, dann werdet ihr für viele Menschen ein Spiegel sein. Es herrscht ja weithin die Überzeugung, dass es von allem nur eine begrenzte Menge gibt und dass jeweils nur der eine oder der andere Mensch etwas tun oder manifestieren kann. Wenn ihr zu zeigen beginnt, dass ihr die Gesetze der Wirklichkeit beugen könnt, dann mögen das andere manchmal nicht, denn sie glauben, dass ihr etwas habt, was sie wollen, und dass sie es nur bekommen können, wenn ihr es nicht habt.

Wenn ihr euch selbst zurücksetzt und euch davor fürchtet, etwas zu besitzen, was andere nicht haben, weil ihr glaubt, dass es nicht genug davon gibt, dann versteht ihr nicht, dass ihr zu einem lebendigen Beispiel des Lichts werdet, wenn ihr den göttlichen Prinzipien erlaubt, in eurem Körper zu wirken und sich auf dem Planeten zu verankern. Ihr gestattet dem wahren Zweck des Lichts, euch als

Werkzeug zu benutzen, und ihr werdet zu einem lebendigen Beispiel dessen, was andere zu leisten in der Lage sind. Das ist die hohe Schwingung, die wir euch alle lehren wollen.

Wir möchten, dass ihr versteht, *dass es keine Begrenzung gibt.*

Es gibt auf dem gesamten Planeten *keine Begrenzung*. Jeder Einzelne auf dem ganzen Planeten kann im Geist der Zusammenarbeit handeln und dabei einzigartig sein. Welches spirituelle oder materielle Geschenk auch immer zu euch kommen mag – glaubt nicht, dass ihr mehr Glück habt als andere. Versteht stattdessen einfach, dass ihr die göttlichen Prinzipien in eurem physischen Körper wirken lassen könnt und anderen zeigen könnt, wie es geht. Ihr könnt sagen: »Schau, es funktioniert. Ich kann es. Ihr könnt es auch.«

Wir verbringen Ewigkeiten damit, Menschen zu lehren, sich nicht vor dem Manifestieren zu fürchten. Jeder von euch hat Angst, denn ihr seid mit einer Moral aufgewachsen, die besagt: »Nur wenn du für etwas arbeitest, besitzt es einen Wert. Wenn du nicht hart arbeitest, kannst du nichts bekommen.« Es ist unerlässlich, dass ihr diese Idee der harten Arbeit näher betrachtet und seht, woher sie kommt. Schaut euch eure Eltern und ihr Glaubenssystem an. Wir sprechen über die Geburt eines Bewusstseins, über eine neue Menschheit, die lernt, Dinge *mühelos* zu tun.

Wenn etwas nicht mühelos geschieht, vergesst es. Wenn es nach zu viel Arbeit aussieht, sagt euch etwas, dass dies nicht der richtige Weg ist. Nur wenn etwas mühelos zustande kommt und ganz einfach passt, ohne dass jemand zu viel dazutut, ist es richtig. Wenn ihr alle so zu leben beginnt, werdet ihr die Art, wie die bewusste Spezies Mensch ans Leben herangeht, vollkommen verändern. Das ist nicht verantwortungslos oder eine Ausflucht – es ist eine neue Art, Ziegelsteine von einem Ort zum andern zu tragen.

Wir sprachen einmal mit einer Gruppe über einen großen Haufen Ziegelsteine und fragten: »Wie bringt ihr die Ziegel an einen anderen Ort?« Sie sagten alle: »Nun, wir heben einen nach dem anderen auf.« Und wir sagten: »Hat niemand daran gedacht, jemanden anzustellen, der das macht?« Wenn eure Aufgabe darin besteht, Ziegelsteine von hier nach dort zu schaffen, wie macht ihr es? Eure erste Antwort könnte sein: »Gut, ich bringe sie hin. Ich werde sie aufheben.« Ihr könntet aber auch jemanden rufen und sagen: »Schaff diese Ziegel für mich dorthin.« Wenn ihr das tut, erfüllt ihr auch eure Aufgabe. Ihr tut, was getan werden muss. Glaubt ihr, dass wir euch bestrafen werden, wenn ihr es nicht selbst tut? Nein. Ihr erledigt die Aufgabe trotzdem. Seht ihr den Unterschied?

Geld scheint für jeden ein Thema zu sein. Ihr habt alle sehr genaue Vorstellungen davon, wie Geld zu euch kommt. Je mehr ihr glaubt, dass ihr schwer für euer Geld arbeiten müsst, desto schwerer werdet ihr auch dafür arbeiten müssen. Viele von euch glauben, dass es ganz normal ist, für Geld hart zu arbeiten, und wenn man das nicht tut, ist Geld für sie »schmutzig«.

Erinnert euch an den Ausdruck *mühelos* und nehmt ihn in euren Wortschatz auf. Sagt euch: »Ich beabsichtige, dass dies mühelos geschieht.« Mühelos zu sein bedeutet, der Wirklichkeit zu befehlen, dass sie auf eine Weise zu euch kommt, die noch jede Menge Energie für andere Experimente übriglässt.

Denkt daran, dass eure Wirklichkeit das Ergebnis eurer Gedanken ist. Wenn ihr glaubt, etwas sei schwierig, was erschafft ihr dann? Viele von euch haben ganze Leben damit zugebracht, Familienmitglieder oder Personen des öffentlichen Lebens zu achten und zu respektieren, die für euch wertvolle Mitglieder der Gesellschaft waren und eine bestimmte Arbeitsmoral und ein Wertesystem repräsentierten. Ihr habt nicht daran gedacht, diese Arbeitsmoral in Frage zu stellen oder zu schauen, ob es noch einen anderen Weg gibt. Daher glaubt ihr, dass ihr für Geld viel Energie aufwenden müsst oder bei jemandem angestellt sein müsst, der es euch gibt. Diese Vorstellungen sind absolut falsch. Wir können das nicht genug betonen.

Wenn ihr den Dingen mehr Freiheit lasst, wird euch die Geistige Welt auf viele unerwartete Arten belohnen. Der einzige Grund, warum dies nicht schon geschehen ist, besteht darin, dass ihr einfach nicht geglaubt habt, dass es möglich ist. Wenn ihr glaubt, dass Dinge möglich sind, verändert sich die Wirklichkeit.

Geistige Einstellung – darum geht es in diesem Spiel. Wir können es nicht genug betonen: Wie sich die Wirklichkeit für euch anfühlt und wie ihr sie programmiert, so werdet ihr auf sie reagieren und so wird sie sich für euch darstellen. Deshalb: »Wagt es! Seid empörend! Tut, was euch Spaß macht! Tut das Unmögliche!« Ihr könnt es. Ihr könnt alles tun, was ihr wollt. Ihr werdet eure Welt umwandeln, in welchem Zustand sie sich auch befindet.

Denkt immer daran, wenn ihr die Spielregeln lernt – ihr seid ein Ergebnis des Denkens, und in eurem Universum ist das ein Gesetz –, dann braucht ihr nur zu denken, wie ihr sein wollt, und ihr werdet so sein. Sobald ihr das erkannt habt, könnt ihr euren Körper ebenso gestalten wie euer Alter, und ihr könnt alles an euch in Ordnung bringen, denn ihr werdet selbstmotiviert, durch euch selbst ermächtigt und von euch selbst erschaffen sein.

12

Eine großartige Aufgabe

Es ist an der Zeit, dass ihr alle eure Identität in einem viel größeren Sinn neu definiert. Im Kosmos laufen Ereignisse ab, von denen ihr und viele eurer politischen Führer keine Ahnung haben. Ihr müsst diese unsinnige Definition von Göttern aufgeben, müsst aufhören zu glauben, dass Wesen vom Himmel auf diesen Planeten kommen, die besondere Fähigkeiten haben und alle spirituell orientiert sind. In den nächsten Jahren werdet ihr als Spezies einige euch heute noch sehr beunruhigende Vorstellungen entwickeln. Wir bereiten euch im Namen der Lichtfamilie darauf vor, damit ihr das versteht und über eure Wahlmöglichkeiten informiert seid.

Wir haben bereits den Gedanken der Multidimensionalität betont – die Vorstellung, dass ihr an vielen Orten zugleich sein könnt und euer Bewusstsein verlagern könnt. Wir haben euch gesagt, dass aus dieser Erde eine Vielzahl von Welten geschaffen wird. Irgendwann werdet ihr alles, was wir euch mitgeteilt haben, anzweifeln. Euer System wird geschockt sein, und ihr werdet das Ausmaß eurer Uninformiertheit nicht glauben wollen, und so werdet ihr die Gültigkeit unserer Informationen für einige Zeit leugnen.

Wir können euch nur so viel Informationen anbieten, wie das Tempo eures eigenen Fortschritts es zulässt. Ihr müsst euch entwickeln und klug genug sein, um nach Informationen zu *fragen*, denn es besteht ein göttliches Gesetz gegen übermäßiges Eingreifen. Es gibt viele, die dieses Gesetz gebrochen und auf die Erde eingewirkt haben: Sogar jene aus dem Bereich unserer eigenen Vorfahren haben das getan. Wir haben euch oft genug gesagt, dass dies ein Universum und eine Zone des freien Willens ist, so dass das Grundthema natürlich lautet, dass alles erlaubt ist. Daher gibt es immer Wesen, die sich zu Herren, Meistern und Autoritäten über andere aufschwingen wollen. Hinsichtlich der Frage, wie viele Wesen hier andere kontrollieren, wart ihr etwas naiv.

Die Lichtfamilie hat eine Vorliebe dafür, Gesellschaften zu erschaffen, in denen es entlang der Lichtstrahlen eine beachtliche Bewegung in alle Richtungen gibt. Was bedeutet das? Licht ist Information, also ist die Lichtfamilie die Familie der Information. Es gibt Wesenheiten – Kriegs-Clans – die nach euren Zeitmaßstäben vielleicht schon Milliarden von Jahren damit verbringen, Bewusstseinskontrolle zu studieren, zu fördern und auszuüben. In einem Universum, das außerhalb der Begrenzung durch Zeit liegt, werden alle Szenarien innerhalb einer Zone des freien Willens durchgespielt.

Jetzt ist es Zeit für euch, eure Ansicht über euch selbst radikal zu ändern und Grenzen aufzulösen. Es ist Zeit, sich über die Kleinlichkeiten alltäglicher Dramen und Ereignisse zu erheben und zu beginnen, sich auf einer kosmischen Ebene mit dem stattfindenden höheren Drama zu verbinden. So könnt ihr besser über eure eigenen Absichten, eure Bestimmung und euer Drama informiert werden. Ihr müsst eure Identität verstehen können, aber auch eure Fähigkeit, diese Identität in jede gewünschte Welt zu tragen.

Die Geschichte der Lichtfamilie oder »Die Wiederkehr des Weißen Teams«, wie wir gerne sagen, ist die Geschichte dessen, wer ihr seid. Ihr habt euch verpflichtet, eine bestimmte Aufgabe auszuführen, einen Auftrag zu erledigen, euch zu erinnern und das zu vollbringen, wozu ihr hergekommen seid. Wir haben euch gesagt, dass sich eure Welten und eure darin enthaltenen Identitäten drastisch verändern werden, und diese Zeit ist jetzt angebrochen. Viele von euch haben schon Veränderungen erfahren. Wenn ihr zurückblickt, wie ihr vor einem Jahr wart, wird hoffentlich jeder von euch feststellen, dass er innerlich bereits stärker ist.

Idealerweise beginnt gerade jeder von euch zu fühlen, dass er tatsächlich in jedem Augenblick seine eigene Wirklichkeit erschafft und dass jede erfahrene Situation selbst gemacht ist. Heute beherrscht hoffentlich jeder Einzelne von euch die Kunst zu manifestieren, denn es ist Zeit für euch, das kosmische Gitternetz der Information in euren Körper zu ziehen und an eure Psyche anzuschließen, damit ihr zu einem Multiplikator dieser Daten auf dem Planeten werden könnt. Dies ist das Gitternetz, das von den kodierten Lichtfäden außerhalb eures Körpers ausgelöst wird.

Ihr müsst viel deutlicher unterscheiden, was und wer da vom Himmel kommt, denn ihr werdet betrogen und übers Ohr gehauen werden und ihr werdet es nicht verstehen. Wir sehen das, weil wir aus eigener Erfahrung wissen, wie leicht es ist, eine Spezies zu täuschen und auszutricksen. Manchmal geschieht es, um euch voranzubringen. Wir haben euch erzählt, dass auch wir bereits Tricks bei euch angewendet haben. Das war erforderlich, denn hätten wir euch die ganze Geschichte erzählt, hätten viele gekniffen und wären längst davongelaufen. Hoffentlich haben wir euch Vertrauen gegeben. Auf jeden Fall haben wir euch neue Informationen gegeben, so dass ihr den Grundstein dieses Systems nehmen könnt – das Konzept, dass ihr euch selbst erschafft, dass ihr eure Wirklichkeit durch eure Gedanken erschafft – und eine Welt formulieren könnt, die von der Lichtfamilie entworfen wurde. Auf diese Weise kann ein Plan und ein neues Gitternetz einen Teil des Planeten überlagern, so dass die Wahrscheinlichkeiten des Geschehens verändert werden.

Ohne euch und die neuen Wahrscheinlichkeiten, die ihr einbringt, besteht die Möglichkeit eines großen kosmischen Krieges auf der Erde. Öffnet euer Gefühlszentrum und spürt die Verwirrung, die sich auf der ganzen Erde ausgebreitet hat angesichts dessen, was gerade geschieht. Dieser Planet hat auf einer sehr niedrigen Frequenz funktioniert, einer Frequenz, die auf Sorge um das Überleben und auf Machtlosigkeit beruht. Eure Identität hat bisher darauf gegründet, was ihr außerhalb von euch ansammeln konntet. Die zwölf Helices der DNS werden alles, was die zwei Helices repräsentiert haben, bedeutungslos machen.

All das ersparte Geld, das erworbene Eigentum – all die Sicherheit im Rahmen der alten Identität – ist für die Evolution des Planeten vollkommen belanglos.

Erkennt die Furcht und die Unsicherheit, die das Leben der Menschen erfasst, sobald sie begreifen, dass ihr gewohnter Rahmen sich auflöst. Erkennt, dass Licht an diesem Prozess schuld ist und dass ihr als Mitglieder der Lichtfamilie und Hüter der Frequenz zu dieser Auflösung beitragt, weil ihr jene elektromagnetische Ladung auf den Planeten bringt, welche die neue Frequenz sendet. Ihr helft mit, dieses Chaos des neuen Bewusstseins zu erschaffen.

Denkt an die letzten zwei, drei Jahre eures Lebens und erkennt, dass es Zeiten gegeben hat, da ihr euch selbst in einem unglaublichen Bewusstseinschaos befandet. Ihr seid in einem Chaos von Entscheidungen gewesen, wart unsicher, wer ihr seid, wo ihr leben wollt, wer euer Partner sein soll, ob ihr bei ihm oder ihr bleiben wollt oder nicht, ob ihr Kinder wollt oder nicht, ob ihr weiterhin Eltern bleiben wollt und viele andere Dinge.

Denkt an eure Gemeinschaften und fühlt, wie das Fundament, auf dem die Menschen ihr Leben aufgebaut haben, langsam zerbröckelt. Die globale Vorstellung von Wirklichkeit verliert an Boden. Das Fundament rutscht weg, und es gibt tatsächlich Menschen, die das immer noch nicht sehen können. Der wichtigste Grund für dieses Wegrutschen besteht darin, dass weltweit neue Informationen verfügbar sind, die alte Informationen vorsintflutlich und hinfällig erscheinen lassen, und ihr selbst sorgt dafür. Also seid ihr in gewisser Weise für eure eigene Entwicklung verantwortlich und auch dafür, dass ihr eure eigene Form der Inspiration seid – ein lebendes Beispiel für andere.

Ihr nehmt eine sehr aktive Rolle ein. Es gibt viele, die sagen: »Oh Schreck, hier kommt das Licht!«, weil man weiß, dass Licht jede Schwingungsfrequenz ändert, die auf seinem Weg liegt. Licht transportiert Information, und Information erweitert Systeme, so dass die alten nicht mehr bestehen können. Auf seinem Weg der Zerstörung erschafft Licht neue Systeme durch das, was es zurücklässt. Eine neue Ordnung wird gebildet.

Einigen von euch ist nicht wohl dabei, sich als Zerstörer zu sehen, denn ihr habt ein bestimmtes Glaubenssystem, was Zerstörung anbelangt. Es ist ein Paradigma, und wenn ihr in dieser Schwingung steckenbleibt und diese Vorstellungen nicht zertrümmert, so werdet ihr in der Erfahrung von Wirklichkeit sehr begrenzt und eingeschränkt sein. Ja, ihr seid eindeutig Zerstörer. Ihr zerstört Systeme, in denen das Dunkle Team und die Unwissenheit vorherrschen. Licht zerstört alle Systeme; wie stark man Zerstörung empfindet, hängt davon ab, wie stark oder mit welcher Leidenschaft sich das Bewusstsein an das Zerstörte klammert.

Wer wird euch rauspauken, wenn es hart auf hart geht? Wo ist die Rettungsmannschaft? *Ihr seid es.* Damit diese Umwandlung stattfindet, müsst ihr alles, was ihr habt, einsetzen. Es gibt unglaublich viel Hilfe aus allen möglichen Bereichen, aber es hängt alles von euch ab, nicht von uns. Ihr werdet die Frequenz ändern, einfach durch Bereitschaft, Entschlossenheit und Willenskraft.

Entdeckt, was ihr in eurem physischen Körper seid, denn er ist hier das Werkzeug eurer Kraft. Lernt, ihn zu leiten, zu verwenden, eins mit ihm zu werden. Indem ihr Licht in eurem Körper tragt, bringt ihr diese Frequenz auf den Planeten, denn sie enthält Information. Die Lichtfrequenz enthält die Geschichte eurer Identität und die Geschichte eures persönlichen Bewusstseins. Das Bewusstsein wurde von eurer Datenbank oder Zellstruktur abgetrennt, weil diejenigen, die als eure Götter hier eintrafen, euch nicht hätten kontrollieren können, wenn ihr die gleichen Fähigkeiten wie sie gehabt hättet. Daher führten sie die biogenetischen Experimente und Mutationen durch, die als »der Sündenfall« bezeichnet werden.

Damals wurde die Unwissenheit der menschlichen Spezies vorherrschend. Die Götter führten über lange Zeiträume viele verschiedene Experimente durch.

Licht bedeutet, dass bisher Getrenntes wieder zusammengebracht wird, und um diese Aufgabe auszuführen, braucht ihr nur zu *sein*. Indem ihr einfach seid, euch selbst entwickelt und eurer Persönlichkeit gestattet, sich zu entwickeln, könnt ihr *wirklich* sicher sein, dass alle anderen Mitglieder des Lichts sich ebenso entwickeln wie ihr. Ihr sendet die telepathische Mitteilung aus, dass ihr hier seid, ebenso wie wir immer sagen: »Wir sind hier.« Auch wir sind Mitglieder der Lichtfamilie, und wir bringen Information mit und senden sie überallhin.

Jeder von euch muss die Grenzen, die er um sich herum aufgebaut hat, überprüfen. Ihr glaubt, euch entwickelt zu haben, den Überblick zu haben und vieles zu sehen. Und verglichen mit dem Ausgangspunkt eurer Reise habt ihr wahrlich Fortschritte gemacht. Wir garantieren euch jedoch, dass ihr die Grenzen nicht seht, die ihr euch gegenwärtig setzt und die noch immer bestimmen, was ihr glaubt, tun oder nicht tun zu können. Sie fesseln euch an diese Version oder Frequenz von Wirklichkeit.

Diese Grenzen, die ihr euch setzt, die ihr verkündet und verbreitet, halten euch davon ab, mit der Information mitzugehen, die in euch erwacht. Sie ist Teil des spirituellen Aufstiegs. Verschiedene Schichten der Wirklichkeit werden entfernt, so dass ihr immer mehr mit den Bereichen des Geistes im Gleichklang seid. Das ist spiritueller Fortschritt. Wir möchten, dass ihr Grenzen aufgebt und aufhört, jeden Aspekt eures Lebens zu definieren und zu schützen.

Es ist eine gewaltige Aufgabe, Lichtträger zu sein. Wenn ihr einmal zulasst, dass Licht in euren Körper kommt, startet ihr den Veränderungsprozess – der nicht immer freudig, erhebend und lustig ist, wie manche von euch schon entdeckt haben. Wenn die Dinge in diesem Prozess nicht so lustig sind, ist das Erste, was euch von Entwicklung und Veränderung abhält, auf emotionale Ereignisse mit Angst zu reagieren. Ihr beschuldigt vielleicht andere und jammert und klagt, und ihr fühlt und glaubt womöglich, dass jemand euch etwas angetan hat.

Der Rest des Planeten glaubt das, aber das sind nicht Mitglieder der Lichtfamilie. Andererseits gibt es hier natürlich Millionen Mitglieder der Lichtfamilie, und Licht kommt auf diesen Planeten zurück, auf dem das Dunkle Team so lange das Kommando hatte. Es hat sich von euren Gefühlen der Angst, Negativität, Krieg und Gier ernährt; weil dies ein Universum des freien Willens ist, ist all dies erlaubt gewesen. Urschöpfer ist sowohl das Dunkle Team als auch die Lichtfamilie. Urschöpfer ist *alle* Dinge.

Wir unterrichten euch mit Geschichten. Eines Tages werdet ihr vielleicht die Geschichten durchschauen. Ihr werdet sie nicht mehr brauchen, und ihr werdet Paradigmen zertrümmern können und größere Wirklichkeiten erfassen. Bis dahin sprechen wir in Geschichten zu euch, damit wir euer Interesse nicht verlieren und euch in Gebiete locken können, vor denen ihr erstarrt – Gebiete, in die zu reisen ihr euch im Kern eurer Seele verpflichtet habt.

Bald wird es notwendig sein zu erkennen, welche Menschen wirklich Hüter der Frequenz sind und welche nur darüber reden. Die Hüter der Frequenz werden aufgerufen werden, auf dem Planeten eine gewisse Stabilität zu erzeugen, denn sie wissen immer hundertprozentig, dass sie ihre Wirklichkeit erschaffen. Sie lernen, wie sie den Gesetzen der Menschheit durch bewusste Lenkung ihres Bewusstseins und ihrer Energie trotzen können. Das ist die Makellosigkeit und Hingabe, von der wir sprechen.

Wir sind nicht hier, um uns zu streiten oder damit ihr euch gut fühlt. Wir sind hier, um euch daran zu erinnern, wer ihr in Wahrheit seid und wozu ihr euch bereit erklärt habt – mit welchem Ziel ihr auf diesen Planeten gekommen seid. Wir sind hier, um euch anzufeuern und euch zu erinnern – um Führung und Unterstützung zu geben, damit ihr selbst das Wunder entdecken könnt, das im menschlichen Körper auf euch wartet.

Jetzt arbeitet ihr am besten, wenn ihr eure eigene Frequenz haltet und nicht ständig herumlauft und jeden zu »retten« versucht.

Tut alles in eurer Macht Stehende, damit ihr euch ständig bewusst seid und immer begreift, was geschieht. Seid im Einklang mit der Frequenz des Lichts, die Information bringt, und der Frequenz der Liebe, die die Frequenz der Schöpfung ist.

Wenn den Schöpfergöttern die Nahrungsquelle entzogen und der Frequenzschild durchstoßen wird, verändert sich auch das Gitternetz der Erde. Tatsächlich macht die Erde selbst eine Initiation durch. Die Erde sorgt sich um all ihre Bewohner und entwickelt sich wie ihre Bewohner in ein Dasein hinein, in dem größere Möglichkeiten an der Tagesordnung stehen werden – in der Wunder zur Lebensweise werden, weil sie innerhalb der Frequenz existieren, die verfügbar sein wird. Jeder von euch trägt zum Lebendigwerden dieser Frequenz auf dem Planeten bei, indem er sein Leben dem Licht gemäß lebt und in Übereinstimmung mit dem, was er weiß. Das ist individuelle Arbeit. Ihr könnt in Gruppen arbeiten und bestimmte Leiter haben, aber ihr müsst euch als Einzelne selbst entwickeln. Wenn ihr das tut und von eurem Licht dahingehend geführt werdet, auf eine bestimmte Art zu leben, dann wird euer Leben aufregend und interessant werden. Ihr müsst nicht mit uns oder *irgendjemandem* kontinuierlich arbeiten, um Informationen zu erhalten. Kontinuität braucht ihr nur bei der ständigen Arbeit mit euch selbst und bei der Suche nach dem Sinn dessen, was wir erhöhtes Selbst nennen. Fühlt, was *das erhöhte Selbst* bedeutet – es ist triumphal, befreit, freudig und stark.

Dieser Planet braucht ganz dringend engagierte Wesenheiten, die auf der Suche nach dem erhöhten Selbst sind. Die Beständigkeit, von der wir gesprochen haben – die ihr in euer Leben bringen müsst –, sie bedeutet, in jedem Augenblick zu wissen, dass ihr entschlossen seid, diese Erhöhung zu entdecken. Diese Erhöhung kann mit den Begriffen Frequenz, Gefühlswelle oder Schwingung ausgedrückt werden. Ihr alle versteht Schwingung, wenn es um Licht und Schall geht. Schwingungen sind ein ständiger Prozess – sie enthalten und übermitteln Formen von Intelligenz. Wenn ihr euch betrachtet und nicht vergesst, dass ihr auf diesem Weg seid – und euch ständig selbst daran erinnert, Licht in euren Körper zu ziehen, die Frequenz eures physischen Seins anzuheben, den Gesetzen der Menschheit zu trotzen und die Frequenz auf diesem Planeten zu verändern –, dann erzeugt ihr eine Art von Kontinuität, die mehr ausrichten kann als alle Bücher und Tonbänder dieser Welt.

Es gibt nichts Stärkeres als eure Verpflichtung gegenüber dem *erhöhten Selbst*. Sobald ihr euch der Energie des Lichts, der Energie der Erhöhung und der angehobenen Frequenz verpflichtet, seid ihr gekennzeichnet. Dann müsst ihr nach dem leben, was diese Energien euch vorgeben, wenn ihr verlangt, dass eure Aufgabe beschleunigt werden soll.

Vor allem anderen: *Lebt euer Licht*. Lebt dieses Licht in euch mutig. Lebt nicht im stillen Kämmerlein – *lebt es laut*. Sagt, was ihr wisst, ohne auf ein Podest zu steigen und wie ein Fanatiker mit den Armen zu fuchteln. Stellt einfach fest: »Das glaube ich. Das lebe ich.« Zum Beispiel könnte jemand sagen: »Pass auf, dass du dich nicht erkältest.« Ihr könnt erwidern: »Ich glaube nicht an Erkältungen. Ich benutze meinen Körper nicht für Krankheiten.« Wenn ihr so etwas sagt, bringt ihr andere zum Aufwachen. Sprecht über euer Wissen in allgemeinen Gesprächen mit Familienmitgliedern und Freunden.

Und wo immer ihr auch seid, verwendet die Lichtsäule. Wir empfehlen, dass jeder von euch eine Lichtsäule visualisiert, die durch euren Kopf hereinkommt, euren Scheitel öffnet und euren Körper mit Licht füllt. Visualisiert diese kosmische Lichtsäule, wie sie aus dem erhöhten Kosmos kommt, euch erfüllt und dann durch euren Solarplexus austritt und eine Lichtkugel um euren Körper bildet, so dass ihr euch in einem leuchtenden, ätherischen Ei befindet.

Wenn ihr euch selbst und die Erde liebt und wisst, dass ihr hier seid, um die Grenzen der Menschheit neu zu definieren, neu zu gestalten und zu überwinden, dann strahlt ihr das auch aus. Ihr lebt euer Leben in dieser Verpflichtung. Wenn ihr uns fragt, wie viel Zeit ihr dem widmen müsst, werden wir sagen: »Oh, das ist einfach: *die ganze Zeit*.« Alle Zeit. Es ist nicht etwas, worüber ihr grübelt, es ist etwas, das ihr einfach *seid*. Ihr lebt es – es ist eure Göttlichkeit. Wenn ihr euer Licht lebt, werdet ihr herausfinden, dass ihr andere zu euch zieht, die sehr daran interessiert sind, ihr Leben auf gleiche Weise zu leben, und eure Zahl wird immer mehr anwachsen.

Wenn ihr euch verpflichtet und sagt: »Geist, ich möchte von dir angestellt werden. Setz mich ein und zeig mir, was ich tun kann. Gib mir die Möglichkeit, mein Licht zu leben, meine Wahrheit zu sagen und dieses Licht um den ganzen Globus zu tragen«, dann wird die Geistige Welt euch Arbeit geben. Seid klar in Bezug darauf, wofür ihr euch zur Verfügung steht, und schließt einen Vertrag mit der Geistigen Welt. Sagt ihr, was ihr als Gegenleistung erwartet. Sie wird Verhandlungen zulassen und jeden gewünschten Vertrag ausfertigen, solange ihr so handelt, dass ihr euch selbst dient und eure Schwingung erhöht. Wenn ihr euch selbst dient und dazu verpflichtet, euch persönlich weiterzuentwickeln und zu verändern, dann hebt ihr jeden um euch herum ebenfalls empor. Das ist Dienen. Dienen bedeutet nicht, sich aufzuopfern und zu sagen: »Ich werde dich retten.« Dienen heißt, die Arbeit selbst zu tun und so zu leben, dass jeder, den ihr berührt, durch eure Reise betroffen ist.

Es ist nichts Schlechtes dabei, mit der Geistigen Welt ein wenig frech umzugehen und zu sagen: »Also, mir reicht's jetzt. Ich habe darum gebeten und bin auch bereit, es zu tun. Ich möchte, dass es schneller geht.« Wenn ihr Beschleunigung wollt, seid sehr klar in diesem Wunsch und bereit abzuheben und seid dafür offen, die Hinweise zu erkennen, wenn sie zu euch kommen.

Wenn vor euch ein Buch aus einem Regal fällt, lest es. Wenn sich die Möglichkeit bietet, irgendwohin zu reisen, sagt nicht: »Tut mir leid – das kann ich mir nicht leisten.« *Tut es.* Tretet diese Reise an, und wenn ein Mensch euren Weg kreuzt und ihr gesagt habt, dass ihr eine Beziehung wollt, aber dieser Mensch nicht ganz die richtige Verpackung hat – *lasst es darauf ankommen.* Handelt nicht aus dem Verstand heraus, denn vielleicht ist das, was ihr gerade erlebt, die Art, wie euch die Geistige Welt dazu bringt, eure gewohnten Muster zu durchbrechen. Wenn ihr klar seid und in jeder Situation kommuniziert, könnt ihr große Fortschritte machen.

Ihr denkt alle viel zuviel darüber nach, wie etwas zustande kommen und wie die Verpackung aussehen wird. Es ist wichtig, dies zu erkennen. Wenn ihr also um Beschleunigung bittet, seid bereit, Risiken einzugehen, über die euer logischer Verstand laut aufschreit. Der logische Verstand wird sich wegen dieser Dinge fürchterlich anstellen, weil er Angst hat. Werdet hellhörig, wann immer ihr euch Sätze sagen hört wie »Ich kann das nicht tun« oder »Das ergibt keinen Sinn«. Das sind Schlüsselwörter. Sagt stattdessen: »Ich bin göttlich geleitet. Ich beabsichtige eine Beschleunigung. Ich beabsichtige, dass ich mit einer erhebenden Fähigkeit arbeite, und ich werde das Risiko auf mich nehmen. Es fühlt sich richtig an, auch wenn es keinen Sinn macht, also werde ich es tun.« Wenn es sich jedoch nicht *richtig anfühlt* und keinen Sinn ergibt, tut es nicht. Vertraut euren Gefühlen.

Es erfolgt zurzeit eine Auslese – eine Auslese der Auserwählten. Was heißt es, ein »Auserwählter« zu sein? Diejenigen, die sich bei unseren Worten versammeln, und diejenigen, die den Klang ihres inneren Liedes hören, sind auserwählt. Auserwählt zu sein heißt nicht, automatisch aufzusteigen und lässig die Aufgabe zu erfüllen, die erfüllt werden muss. Wer hat euch auserwählt? *Ihr selbst habt euch auserwählt.* Ihr seid keine Mitglieder eines exklusiven Klubs – und seid es andererseits doch. Die Mitgliedschaft in diesem Klub ist freiwillig, und ihr alle habt entschieden, wer ihr sein und warum ihr hierher kommen würdet. Wir können nicht genug betonen, dass Mut für jeden von euch zu einem festen Bestandteil seines Wesens werden wird.

Viele von euch führen ein Leben im Verborgenen. Ihr seid nicht gewillt, jeden wissen zu lassen, was euer tiefster Glaube ist. Ihr fühlt euch vielleicht sicher, im kleinen Kreis verschiedene Themen zu diskutieren, von denen einige sehr abgefahren sind, aber an eurem Arbeitsplatz, in eurer Familie oder sonstwo hängt ihr euch einen Maulkorb um und wagt nicht, eure Wahrheit zu sagen.

Es gibt eine Menge Menschen, deren Kodierung darauf wartet, eure Stimme zu hören. Daher werdet ihr, die Auserwählten, jetzt auserlesen. Ihr werdet nach Mut sortiert. Wenn ihr jetzt in dieser

Zeit nicht Mut sammeln konntet, sind wir nicht so sicher, dass ihr das später tun werdet.

Jeder Einzelne von euch kam auf diesen Planeten, um eine Aufgabe zu erfüllen, und diese Aufgabe steht jetzt an. *Jetzt.* Das Jahrzehnt der Veränderung ist angebrochen, und wenn ihr euch vervollkommnet und erkennt, was diese Veränderung bedeutet, wird sie das Leben eines jeden von euch verwandeln. Die Veränderung läuft darauf hin, vieles aufzugeben, von vielem wegzukommen und neue Erfahrungen zu machen, weil ihr vertrauen werdet.

Vertrauen ist das Wort, das ihr alle gern als Teil eures Namens hättet, und doch sagt ihr alle, dass ihr kein Vertrauen habt.

Aber was bedeutet es denn, zu vertrauen? Es bedeutet, ein so starkes inneres Wissen über euch selbst zu haben, dass eure Gedanken eure Welt erschaffen – sich einfach ganz sicher sein, mit göttlicher Leichtigkeit und innerem Wissen: *Wenn ihr etwas denkt, so ist es auch.* Es ist immer das gleiche Thema, das wir euch näherbringen wollen, in jeder Form und mit jedem Ausdrucksmittel, bis ihr es eines Tages begreift. Wenn ihr es einmal begriffen habt und zu leben beginnt, wird es euer Leben verändern.

Wir betonen immer wieder, dass es *jetzt* Zeit ist, sich in Bewegung zu setzen. Es ist nicht unbedingt so, dass es für euch bereits zu spät ist. Es ist nur so, dass die Zeit allmählich drängt, und wenn ihr *jetzt* nicht handelt, können die Dinge sehr ungemütlich werden. Wie gesagt, es findet gerade eine Auslese der Auserwählten statt. Ihr habt euch selbst auserwählt; wenn ihr euch nicht an die Arbeit macht, den Plan zu verwirklichen, den ihr für euch entworfen habt, wird die Zeit in gewisser Weise knapp werden. Ihr habt noch ein paar Jahre, bevor es so turbulent und hektisch sein wird, dass es zu spät für euch sein könnte, wenn ihr euer Leben nicht in der wahren Bedeutung des Lichts lebt. Mit anderen Worten, wenn ihr die Sache immer wieder aufschiebt, werdet ihr in den Sog der Flutwelle geraten – vielleicht sogar im wahrsten Sinne des Wortes.

Wie groß die Unternehmung, zu der ihr hingeführt werdet, auch sein mag, sie ist Teil eurer Grundstruktur und eures Planes, damit ihr euch entwickeln könnt. Und durch eure Entwicklung beeinflusst ihr die Evolution des Planeten. Alles, was ihr tut, dient eurer Entwicklung. Wenn ihr begreift, wer die Menschen sind und was dieser Ort ist, beginnt ihr, neue Wege für andere zu erschließen. Ihr werdet sehen, dass Ereignisse, die für euch unvorstellbar waren, euch quasi auf dem Silbertablett gereicht werden. Es werden Dinge sein, die über euer Verstehen hinausgehen – Inszenierungen, wie wir sie gerne nennen, oder Möglichkeiten, an die ihr nie gedacht habt. Dann werdet ihr wissen, dass ihr euer Licht lebt, und zwar mutig.

Es besteht durchaus die Möglichkeit, dass Lichtträger in den nächsten Jahren oder sogar noch früher in Frage gestellt werden. Versteht, dass auch dies Teil des Planes ist. Ihr müsst alle eine klare Vision davon haben, wie ihr eure Wirklichkeit gestalten wollt. Das heißt nicht, dass ihr unflexibel seid; es heißt, dass ihr mit Klarheit handelt. Sagt: »An meine Führer und an alle, die mir bei meiner evolutionären Reise auf Erden beistehen: Es ist meine Absicht, erfolgreich zu sein. Es ist meine Absicht, bei allem, was ich tue, sicher zu sein. Es ist meine Absicht, bei allem, was ich tue, Liebe zu erhalten und Liebe zu geben. Es ist meine Absicht, mich am Leben zu erfreuen und nach meinen Bedürfnissen mit Wohlstand versorgt zu sein. Es ist meine Absicht, nicht zu sehr von der materiellen Welt in Anspruch genommen zu werden.«

Auch wenn ihr die Arbeit selbst machen müsst, um euch zu entwickeln, so gibt es doch viele außerplanetarische und nichtphysische Wesen, die bereit sind, mit euch zu arbeiten. Ihr müsst sie nur um Unterstützung bitten. Wenn ihr das tut, erklärt immer deutlich, dass jede Unterstützung von der Seite des Lichts kommen möge. Bleibt makellos und seid aufmerksam. Auf diesem Planeten wird angenommen, jemand, der intelligent ist, sei deshalb auch spirituell bewusst. *Das ist vollkommen falsch!* Jemand kann brilliant sein und lernen, die Gesetze der Menschheit zu transzendieren, und doch nicht mit der Frequenz des Lichts oder der Liebe arbeiten. Seid euch dessen bewusst und seid klar in Bezug auf die Unterstützung, die ihr zu euch ruft.

Wir haben oft gesagt, dass Lichtfrequenz Information bringt. Die Frequenz der Liebe bringt sowohl schöpferische Kraft als auch Achtung für und Verbindung mit der gesamten Schöpfung. Die Liebesfrequenz ohne die Frequenz des Lichts kann sehr einschränkend sein. Wenn ihr glaubt, dass Liebesfrequenz von außerhalb kommt statt aus eurem Inneren, dann werdet ihr das tun, was auf diesem Planeten immer wieder geschehen ist: jemanden, der Liebesfrequenz verbreitet, wie einen Heiligen verehren.

Das Ideal ist, die Lichtfrequenz der Information selbst zu tragen – informiert zu werden – und sie mit der Frequenz der Liebe zu verbinden. Darauf strebt ihr zu. Dadurch werdet ihr euch als Teil der Schöpfung fühlen und sie nicht beurteilen oder Angst vor ihr haben, sondern einfach ihre Göttlichkeit und Vollkommenheit sehen, wenn sie sich entwickelt, um ganz unwillkürlich jedes in ihr enthaltene Bewusstsein über sich selbst zu belehren.

13

Wem nützt ihr?

Wir haben gesagt, dass euer Dasein einen Zweck, eine Bestimmung, einen Sinn hat. Sinn für wen? Habt ihr je darüber nachgedacht? Wem nützt ihr?

Ihr habt einen Sinn, weil alle Bewusstseinsaspekte miteinander verbunden sind. Keiner existiert außerhalb des Systems, alle sind Teile des Ganzen. Das ist der Sinn, nach dem ihr suchen solltet, denn einen anderen gibt es nicht. Die Essenz des Vehikels, das ihr benützt, und die von euch erzeugte Energie sind Teil einer Entwicklungsreihe, von der ihr sagen könnt, dass sie für eure persönliche Suche im Leben einen Zweck hat. Aber welchen Sinn fügt ihr dem Ganzen hinzu? Könnt ihr euch jemand anderen denken, der sich eure Bestimmung zunutze macht und aus ihr erwächst? Eine Energie, von deren Existenz ihr nichts wisst?

In diesem Universum ist alles miteinander verknüpft wie bei einem Dominospiel. Alle Bewusstseinsaspekte sind in diesem Universum versammelt, um sich gegenseitig zu beeinflussen, denn das ist der einzige Weg, wie sich Bewusstsein in diesem bestimmten System selbst erfahren kann. In einem anderen System oder einer anderen Universumsstruktur kann jede einzelne Bewusstseinsart vielleicht vollkommen frei sein. Mit anderen Worten, ihr könntet für euch selbst und für niemand anderen einen Sinn haben. Das gilt nicht für dieses Universum.

Es gibt viele verschiedene Universen und Themen. So wie hundert Cent einen Euro ergeben, so ergeben bestimmte Ansammlungen von Universen etwas, das eine Ansammlung von Energien ist. Schließlich werdet ihr erkennen, dass es ganze Systeme des Daseins gibt, die nichts mit dem Dasein zu tun haben, mit dem ihr arbeitet. Dieses System ist als Zone des freien Willens gestaltet, in der alles mit allem verwoben ist und miteinander zusammenarbeitet.

Es gibt andere Arten von Zonen, die man vielleicht auch als Zonen des freien Willens bezeichnen könnte, wo alles voneinander unabhängig ist. Hier auf der Erde ist alles mit allem verflochten. Es gibt viel mehr Raum in einem System, in dem alles unabhängig ist. Oder besser gesagt, es gibt ein größeres Bewusstsein von Raum, nicht notwendigerweise Raum selbst. So eine Art Universum könnte tatsächlich viel kleiner als dieses Universum sein, aber weil es nicht durch Dichte wirkt, könnte es größer erscheinen.

Euer Zweck ist es, Information zu beherbergen und, indem ihr das tut, die Information durch Frequenz anderen zugänglich zu machen. Wenn wir euch eine Geschichte mitteilen, habt ihr danach Information. Information ist Licht; Licht ist Information. Je informierter ihr werdet, desto mehr verändert ihr eure Frequenz. Ihr seid elektromagnetische Geschöpfe, und ihr sendet alles, was ihr seid, an alle anderen. Genauso, wie ihr erkennt, wenn jemand Angst hat, erkennt ihr einen frohen Menschen, wenn ihr lernt, das körperlich wahrzunehmen.

Eure Aufgabe besteht darin, Information zu beherbergen und die höchsten Fähigkeiten zu entwickeln, die innerhalb der menschlichen Form möglich sind. Wenn ihr das tut, beeinflusst ihr automatisch die Massen. Ihr fühlt vielleicht, dass euer gegenwärtiger Beruf nicht gerade großartig ist – zum Beispiel Kellnerin. Denkt daran, dass die Dinge nicht so sind, wie sie äußerlich scheinen, und dass jeder, mit dem ihr in Kontakt kommt, von eurer Schwingung berührt wird. Einige von euch bleiben vielleicht eine Zeitlang in sehr unscheinbaren Berufen, oder ihr werdet geführt, einfach Eltern und Hüter eurer Kinder zu sein, oder ihr macht eine Arbeit, von der ihr fühlt, dass sie nicht gerade die Straße zum Ruhm ist. Und doch werdet ihr eine gewisse Zeitspanne haben, in der ihr all die Information aufnehmen müsst, die tatsächlich sehr radikal ist. Ihr müsst sie in euer Leben integrieren, und ihr müsst sie in eure Weltgeschichte einpassen, indem ihr sie lebt, wahrnehmt und euch an sie gewöhnt. Wenn ihr einmal eine Frequenz der Information dauerhaft aufrechterhalten könnt und nicht mehr Spielball eurer Emotionen seid, weil ihr nicht wisst, wer ihr seid, dann wird euch eine Aufgabe gegeben werden. Sie wird euch vorgelegt werden, und sie wird Teil eurer »Blaupause« sein. Eure Blaupause ist euer eigener persönlicher detaillierter Plan oder Handlungsentwurf für dieses Leben.

Viele von euch kennen ihre Blaupause schon und wissen, wohin sie geführt werden. Im tiefsten Inneren seines Wesens kennt jeder von euch seinen Plan. Was sich eurem Wissen in den Weg stellt, ist der logische Gedanke, dass ihr kein Talent für euren Plan habt oder dass ihr ihn nicht verwirklichen könnt. Wenn ihr euch in einen meditativen Zustand begebt, werdet ihr ein Bild eurer Identität und Wirklichkeit erhalten und Tag für Tag den nächsten Schritt eures Auftrags wissen. Meditation ist ein Zustand der Kommunikation, nicht ein Weg, um irgendwohin abzudriften. Sie ist ein Weg, informiert zu werden und Kraft zu sammeln.

Ihr werdet euch in eure Bestimmung hineinbewegen, und sehr wahrscheinlich wird es damit zu tun haben, die Frequenz leichter zugänglich zu machen: sie umzusetzen, sie zu anderen hinunter zu transformieren, sie zu erklären, sie zur Heilung anderer einzusetzen und sie für die Menschheit zu stabilisieren. Wenn jeder von euch eine Frequenz der Information halten kann, ohne durchzudrehen, und dabei verlässlich und stabil ist, dann verankert ihr die Frequenz auf dem Planeten. Diese Frequenz wird erkannt. Sie kann nicht genau zurückverfolgt, aber sie kann erkannt werden, und sie wird jetzt erkannt. Daher hat es von gewisser Seite hektische Bemühungen gegeben, diese Frequenz zu ändern. Ihr werdet immer mehr Frequenzkontrolle sehen, wo ihr auch hinschaut, nur werdet ihr sie jetzt als solche erkennen können.

Ihr werdet erkennen, dass alles in eurem Leben euch Schritt für Schritt auf euer zukünftiges Tun vorbereitet hat. Ihr wart vielleicht Pfadfinderführer und habt gelernt, mit Jugendlichen umzugehen. Ein andermal habt ihr vielleicht in einem Restaurant gearbeitet und gelernt, mit Essen umzugehen und zu servieren.

Durch eure verschiedenen Berufe erschuft ihr bestimmte Aspekte der Wirklichkeit, so dass ihr später, wenn ihr diesen Systemen beibringen müsst, über sich hinauszugehen, verstehen könnt, welchen Hintergrund die Menschen haben.

Wir sprechen zu euch, als wärt ihr nicht Menschen, weil ihr es für uns tatsächlich nicht seid. Für uns seid ihr Mitglieder der Lichtfamilie, und wir kennen euer multidimensionales Selbst. Wir sprechen mit euch über den Umgang mit Menschen, weil es eure Aufgabe ist, sich bei ihnen einzuleben, sie zu beruhigen und einen Lichtfunken in ihnen zu erwecken, damit sie nicht alle zerstört werden, damit dieser Ort Heimat für eine neue Spezies und Schauplatz neuer Aktivitäten werden kann.

Wir haben oft über die Entwicklung der DNS und die Einschränkung der Frequenzen gesprochen, die die Spezies und das Experiment kontrollierbar und steuerbar gemacht hat. Ihr arbeitet im Auftrag der Zukunft und seid beauftragt, euch zurück in diesen Zyklus der Existenz zu katapultieren – euch viele Male zu inkarnieren, damit ihr verstehen könnt, was die Menschen unter Kontrolle gehalten hat. So könnt ihr von innen her wirken und das System ändern. Wenn ihr euch mit eurem logischen Verstand auf Kriegsfuß befindet, so erlebt ihr einen Konflikt zwischen dem menschlichen Teil in euch, der die Geschichte der Herrschenden glaubt, und einem Teil von euch, der zur Lichtfamilie gehört, der die Geschichte durchschaut und etwas über die größeren Zusammenhänge lernt.

Beginnt zu erkennen, dass ihr von eurem logisch agierenden Teil etwas lernt. Er zeigt euch, wie der Großteil der Bevölkerung funktioniert, und vermittelt euch Wissen aus erster Hand darüber, durch was ihr euch alles hindurcharbeiten müsst, um andere zu erreichen. Wenn es für euch einfach wäre, intuitiv zu sein und vollkommen vertrauensvoll zu handeln, und wenn euer logischer Verstand nicht im Gegensatz dazu stünde, dann würdet ihr über kurz oder lang sehr ungeduldig mit dem Rest der Menschheit werden. Wenn es für euch leicht wäre, wie könntet ihr dann jemals verstehen, wie schwierig es für andere ist?

Die Menschen sind lange Zeit durch Frequenz kontrolliert und gesteuert worden. Sie haben sich so sehr an diese Frequenzkontrolle gewöhnt, und der logische Verstand ist in jüngster Zeit so überentwickelt worden, dass es viel Misstrauen und Angst gibt – ein dunkler Ort des Selbst, der so stark kontrolliert ist, dass die Menschen sich fürchten, auch nur dort hinzugehen und darauf zu vertrauen, dass sie vielleicht eigene Informationen erhalten könnten. Wenn ihr an die Wesenheiten denkt, die die Schwingungen der Menschen reduziert haben, indem sie deren DNS neu geordnet und unterschiedliche Szenarien und Ereignisse auf diesem Planeten eingeleitet haben – und dann die Ergebnisse dieser psychischen Energien durch verschiedene Toröffnungen zu ihrem eigenen Nutzen in den Weltraum geschleust haben –, dann könnt ihr sehen, wogegen ihr ankämpft.

Sie möchten, dass ihr und der gesamte Planet nur nach den Prinzipien der Logik funktioniert – einer sehr ängstlichen Logik. Der beste Rat, den wir euch zurzeit dazu geben können, ist, diese Logik zu benutzen. Sagt euch: »Ich werde einen Augenblick lang logisch sein und sehen, was mein logischer Verstand tut. Er möchte die Führung übernehmen. Er hat gelernt, dass die Dinge so und nicht anders sind. Mir wurde aber auch gesagt, dass diese anderen Dinge ebenfalls wahr sind. Ich werde einfach beobachten, wie ich zwischen dem einen und dem anderen hin und her schwanke. Bin ich zornig? Bin ich unsicher? Was bringt mir Freude? Was bringt mir Sicherheit? Was habe ich von der einen und was von der anderen Denkweise? Was nehme ich an mir selbst wahr? Wie fühle ich mich?«

Beobachtet dies alles und erkennt es an. Dann sagt euch: »Nun, da ich allem die Möglichkeit gegeben habe, sich zu äußern, was will *ich?*«

Bestätigt euch noch einmal, *was ihr* wollt, und ihr werdet wissen, dass ihr euch entwickeln wollt. Seht ihr, wie das Durchlaufen des Zweifels tatsächlich Teil des Göttlichen Plans ist? Es gehört dazu, damit ihr versteht, was andere, die in eure Fußstapfen treten, durchmachen werden. Ihr müsst lernen, euer Mitgefühl, euer Herzzentrum, zu öffnen, was vermutlich eines der schwierigsten Dinge überhaupt ist. Lernt, mit euch selbst und mit allen anderen, die gleich euch den Mut haben, loszulassen und zu fühlen, Mitgefühl zu haben.

Es ist sehr wichtig zu beobachten, wie ihr mit Ereignissen umgeht. Verschiedene Ereignisse kommen zu euch, damit ihr sie beobachten könnt. Lernt, euer Verhalten zu beobachten und viel mehr Zeit allein zu verbringen – auch wenn es manchmal schwer für euch ist und ihr euch einsam fühlt. Langfristig werdet ihr uns dafür dankbar sein, dass wir euch zu einer sinnvolleren Begegnung mit euch selbst gebracht haben. Ihr habt den Reichtum und die Reife in euch, die euch zu höherer Erkenntnis bringen können.

Ihr operiert innerhalb einer Ordnung, die ein Teil von euch nicht sehen kann. Wenn manchmal ein Teil von euch ohne Vision oder Wahrnehmung handelt, geschieht etwas, das euch zurück auf den Weg bringt. Seid euch bewusst, dass hinter diesem neuen Bewusstseinschaos, hinter dieser Verwirrung und plötzlichen Unsicherheit eine göttliche Ordnung steht.

Man könnte es mit dem Backen eines Kuchens vergleichen. Jede Zutat des Rezepts ist in sich ein vollständiges Ganzes und hat seine eigene Struktur: die Eier, das Mehl, die Butter, der Zucker. Wenn ihr alles zusammenmixt, erzeugt ihr zunächst scheinbar ein Chaos. Jemand könnte sagen: »Du machst hier alles kaputt. Du hast das Ei zerschlagen. Wo ist der Zucker geblieben? Du ruinierst ja alle Zutaten.« Er versteht vielleicht die wundersame katalytische Wirkung von Hitze nicht.

Auf diesem Planeten ist zurzeit eine katalytische Energie präsent, die Hitze hervorbringt, und während alle individuellen Strukturen zu schmelzen beginnen und sich miteinander verbinden, erzeugen sie etwas, das wie Chaos aussieht. Aber daraus wird etwas Neues geboren, so wie aus dem Chaos der Mischung bestimmter Zutaten ein Kuchen geboren wird. Jemand, der nicht weiß, dass der Kuchenteig nach dem Vermengen in den Backofen geschoben wird, sieht nur die klebrige Masse und glaubt, dass daraus nichts werden kann. Viele Menschen auf dem Planeten können nicht erkennen, dass hinter dem Chaos eine höhere Ordnung steht – dass nach einem Rezept vorgegangen wird.

Jeder von euch hat in diesem Rezept eine bestimmte Aufgabe. Ihr besitzt den freien Willen zu entscheiden, auf welche Weise ihr euch an das Rezept haltet und eine Zutat davon seid. Durch diesen freien Willen könnt ihr genau bestimmen, wie ihr euer Leben gestalten wollt, auch wenn ihr eurer Blaupause folgen müsst. Ob ihr euch entscheidet, dies auf eine schwierige oder einfache Weise zu machen, in Armut oder Reichtum, liegt an euch. Es hängt alles davon ab, wo ihr eure eigenen Grenzen seht.

Was können wir sagen, um euch dazu zu bringen, alle eure Begrenzungen niederzureißen – aufzuhören, das zu begrenzen, was ihr glaubt besitzen zu können? Wenn es etwas gibt, was wir erreichen wollen, dann, dass jeder von euch grenzenlos und frei wird, im Wissen, dass jeder Gedanke in irgendeiner Weise eure Erfahrung bestimmt. Wenn wir euch dazu bringen könnten, einhundert Prozent der Zeit so zu leben, wie ihr es wollt, dann würden wir dieses Jahr als äußerst erfolgreich bezeichnen.

Wir werden jeden von euch bitten, sich zu verpflichten, ein reineres und makelloseres Leben zu leben. Wir bitten euch, Verantwortung auf Gebieten zu übernehmen, an die ihr nie gedacht habt. Wir möchten, dass jeder Einzelne so handelt, als wüsste er, was vor sich geht. Handelt so, als wärt ihr bei jeder Entscheidung göttlich geführt, und beginnt zu glauben, dass ihr immer zur rechten Zeit am rechten Ort seid. Sagt euch: »Ich stehe unter göttlicher Führung. Ich bin immer zur rechten Zeit am rechten Ort. Alles, was ich tue, ist für mein höheres Wachstum, mein höheres Bewusstsein und meine höhere Entwicklung inszeniert.« Wir möchten, dass ihr jetzt immer so handelt. Seid lebende Hüter der Frequenz. Wenn Licht in euren Körper gebracht wird, spricht es eure kodierten Lichtfäden an und hilft, die DNS neu zu bündeln und eine Frequenzänderung herbeizuführen. Frequenz ist, was ihr wisst. *Frequenz ist eure Identität.*

Es gab Zeitabschnitte, als viele verschiedene Dimensionen gleichzeitig auf diesem Planeten existierten. In den letzten einhundert Jahren wichen die vielen unterschiedlichen Dimensionen zurück, während großes Chaos und Dunkelheit über die Bevölkerung kam. Diese Dimensionen – andere Wirklichkeiten oder Orte, an denen die Gesetze des Daseins etwas anders sind – kehren nun zurück. Ihr helft ihnen, zurückzukehren, indem ihr die Dimensionen auf diesen Planeten zieht und eine sogenannte Verschmelzung der Dimensionen erzeugt.

Manchmal bewegt ihr euch in diese Dimensionen hinein und erkennt nicht, dass ihr euch dort befindet. Ihr kommt in einen veränderten Bewusstseinszustand, besonders wenn ihr an einem heiligen Ort seid. Ihr bewegt euch in eine andere dimensionale Frequenz, und alles verändert sich. Ihr fühlt euch erhoben und voller Energie oder habt ein flaues Gefühl im Magen. Es geschieht etwas, wenn ihr euch in einen veränderten Zustand begebt.

Da ihr euch in einem veränderten Zustand befindet, *wisst* ihr nicht immer, dass ihr euch in einem solchen befindet. Das ist der Anfang der Verschmelzung der Dimensionen. Wenn ihr von einem heiligen Ort wieder nach Hause kommt, denkt ihr zurück und sagt: »Was ist da eigentlich passiert?« Dahinter steckt das Gefühl, verschiedene Dimensionen erfahren zu haben.

Dimensionale *Kollisionen* sind eine andere Geschichte. Diejenigen, die von Angst erfüllt sind und sich Veränderungen widersetzen, obwohl es ihre Bestimmung ist, jetzt auf dem Planeten zu sein, um sich zu verändern – sie werden den Vorgang als Zusammenstoß empfinden. Für sie wird sich die Verschmelzung der Dimensionen anfühlen, als träfe eine Betonwand auf eine andere. Bei vielen auf diesem Planeten herrscht deshalb bereits großes Unbehagen. Im kleinen Maßstab äußert sich das als Unbehagen im Nervensystem. Bei Menschen können Krankheiten des Nervensystems einfach dadurch auftreten, dass sie sich weigern, sich zu entwickeln und ihren Standpunkt über sich und ihre Wirklichkeit zu verändern. Alle von euch, die mit Menschen arbeiten, ob ihr nun Mediziner seid oder Körpertherapeuten, Lehrer, Musiker oder was auch immer, ihr versteht, dass dies das menschliche Dilemma ist: *die Notwendigkeit, die Definition vom Selbst und der Wirklichkeit zu verändern.*

Gebraucht euren Willen und euren Verstand, um zu entscheiden, wie sich die Wirklichkeit gestalten soll. Wenn ihr das tut, werdet ihr schließlich entdecken, dass es einen höheren Willen und einen höheren Plan gibt, und ihr werdet euer Bewusstsein darauf zubewegen und den göttlichen Pfad entdecken. Dieser göttliche Pfad zielt auf die Entwicklung des Bewusstseins ab.

Ihr, als menschliche Spezies, habt Äonen lang geglaubt, was andere euch über euch selbst erzählt haben. Wie schon gesagt, gab es einen Grund dafür: Andere wollten euch kontrollieren und steuern. Nach Vollkommenheit zu streben war auf dem Planeten schwierig, weil die DNS zersplittert und lahmgelegt war; daher war die Verbindung zu höheren Schwingungen einfach nicht erreichbar. Nun, da diese auf den Planeten gelangen, kommt der Göttliche Plan – den ihr euch als ein Raster oder ein Grundschema vorstellen könnt – näher zur Erde, und die Dimensionen werden sich schließlich treffen. Wann sie sich treffen werden, hängt von euch ab. Für den Göttlichen Plan ist kein bestimmtes Datum vorgesehen; es hängt davon ab, wie schnell die Menschen das Notwendige erfüllen und Meisterschaft über sich erlangen können.

Was bedeutet es, sich selbst zu meistern? Um den Göttlichen Plan zu verstehen und sich ihm anzunähern, müsst ihr euch selbst betrachten. Ihr müsst Meisterschaft darüber haben, *was ihr seid.* Es gibt vieles in eurer Gesellschaft, für das ihr eine Prüfung absolvieren müsst, um sagen zu können: »Ja, ich bin qualifiziert. Ich beherrsche diese Regeln, ich verwende sie und unterstelle sie meinem Willen.« Zum Beispiel müsst ihr Meisterschaft über ein Auto erlangen, um einen Führerschein zu bekommen. Wie viele von euch können ihren Körper meistern und ihn willentlich benutzen? Nur sehr wenige.

Warum? Weil euch niemand gesagt hat, dass es möglich ist. Wir sind hier, um euch an einiges zu erinnern.

Die Erde ist gerade ein sehr schwieriger Ort, einfach weil diejenigen, die darauf kodiert sind, die Veränderungen auf den Planeten zu bringen, so kodiert sind, dass sie sich selbst unterrichten. Seht ihr, das Problem auf diesem Planeten sind immer wieder die Götter gewesen. Ein Gott nach dem anderen. Wer waren diese Götter? Sie erschufen euch. Ihr seid ihr Projekt. Ihr seid ihnen ans Herz gewachsen. Einigen von ihnen seid ihr jedoch nicht sehr lieb und teuer, weil sie Emotionen und Gefühle nicht verstehen. Und einige von ihnen sind von anderen Wirklichkeiten fasziniert als ihr. Bewusstsein darf sich Ausdruck verschaffen, und ihr durftet euch innerhalb der Grenzen Ausdruck verschaffen, die eure Beherrscher euch setzten. Von eurem Gesichtspunkt aus habt ihr euch nie von ihnen beherrschen lassen, und ihr habt keine Ahnung, dass sie existieren. Sie bringen Dramen auf diesen Planeten in der Verkleidung dessen, was ihr als Religion, Führung oder manchmal Inspiration bezeichnet. Auch wenn die Ereignisse inszeniert werden, um gewisse Ziele zu erreichen, so gehen sie doch manchmal ganz anders aus als beabsichtigt.

Wir möchten euch mitteilen, dass eine drastische Veränderung vor sich geht. Wir können das gar nicht genug betonen. Die Erde wird gerade wachgerüttelt. Das bringt es mit sich, dass die Menschheit Daten verarbeitet und begreift, die vollkommen außerhalb ihres derzeitigen Weltbildes liegen. Das bedeutet, euer Nervensystem wird mit Daten bombardiert und muss lernen, sich von der Art und Weise zu lösen, in der es bisher die Wirklichkeit zu steuern oder wahrzunehmen glaubte.

Für euch als Mitglieder der Lichtfamilie, die ihr gewünscht habt, diese Information in euch aufzunehmen, besteht die Aufgabe darin, eine neue Frequenz auf dem Planeten zu verankern, indem ihr sie makellos in euch selbst verankert. Das ist nicht leicht. Es sollte auch nicht leicht sein. Ihr kamt nicht hierher, um eine leichte Aufgabe auszuführen. Ihr seid Rebellen, und ihr seid schon immer Rebellen gewesen. Wenn wir euch für eine Minute euer multidimensionales

Gedächtnis geben könnten, dann wüsstet ihr, wovon wir sprechen. Ihr würdet ohne jeden Zweifel wissen, dass ihr immer wieder in verschiedenen Verkleidungen und Formen dorthin gegangen seid, wo Veränderung verankert werden musste. Ihr habt die Paradigmen gesprengt, habt euch befreit und seid über das hinausgegangen, was ihr als eure Identität betrachtet habt. Das ist der Göttliche Plan: das Verschmelzen des Selbst.

Der Göttliche Plan hat viele Verzweigungen und bringt viele Arten von Kräften zusammen. Ihr habt uns über die Kräfte des Lichts und der Dunkelheit sprechen hören. Wir haben ihnen die Spitznamen »Weißes Team« und »Dunkles Team« gegeben, um die Situation neutral zu gestalten und damit ihr versteht, dass es ein Spiel ist. Wir möchten auch, dass ihr wisst, dass das Spiel sehr ernst ist und dass in, um und über dem Spiel der Göttliche Plan steht. Der Göttliche Plan kann als eine Schwingung in bestimmten menschlichen Körpern verankert werden, die dafür kodiert sind und hierher kamen, um diese Frequenz zu tragen. Dann könnt ihr zu eurer eigenen Blaupause der Makellosigkeit aufsteigen.

Wenn euer eigenes Leben in Höhen aufsteigt, in denen ihr es nicht einmal mehr als euer Leben erkennt, erlaubt ihr der Energie der nichtphysischen Bereiche, euch als Kanal zu verwenden – die Dimensionen zu verschmelzen und das Bewusstsein zu einer neuen Art der Wahrnehmung zu befreien. Auch wenn Tod und Zerstörung in eure Welt kommen, denkt daran, dass Tod und Zerstörung jedes Jahr im Herbst auf dem Planeten Einzug halten. Die Blumen und die Blätter auf den Bäumen werden durch den Frost zerstört; Dinge welken und sterben. Vielleicht wäre jemand, der an einem Ort lebt, wo immer Sommer ist, verstört, wenn er zum ersten Mal den Herbst sähe. Er würde denken: »Meine Güte, die Welt hier geht zugrunde. All die Schönheit stirbt dahin.« Versteht, dass dies gerade mit der Erde geschieht. Es ist eine Jahreszeit, in der die Dinge sterben, damit neue geboren werden können. Es ist alles Teil des Göttlichen Plans.

14

Emotionen – eure kostbarsten Schätze

Es existieren Wesen in diesem Universum, die die menschliche Emotion erst entdecken müssen. Wenn ihr die alten Länder der Erde besucht und euch die Schöpfungen anderer Zeiten und Orte anseht, könnt ihr die Schwingungen und Frequenzen spüren, die diesen Orten innewohnen. Ihr *wisst*, dass dort Schlüssel verborgen liegen, ihr *wisst*, dass dort Botschaften verschlüsselt sind – dass dort etwas längst Vergangenes eingeschlossen ist, das wieder an die Oberfläche kommen will. In der gleichen Weise ist in den Menschen etwas verborgen, das für die Evolution des Universums sehr wertvoll ist. Wir bezeichnen diese Daten als Codes und Schlüsselzahlen: Geometrische Formeln des Lichts, die für die Wiedererschaffung und Erzeugung von Lebensformen in diesem gesamten Universum wesentlich sind.

So viele Menschen sind versteckt, verborgen und in den Tiefen der Geschichte vergessen worden, seit ihre DNS umgruppiert wurde, denn gerade in der fernen Vergangenheit war eure Spezies lebendig und bewegte sich in einer ganz anderen Schwingung. Jene Zeit wurde von einigen verdrängt. Wie bereits gesagt, seid ihr in

Quarantäne gewesen, fast als hättet ihr in den Verliesen der Zeit so lange geschmachtet, dass die späteren Epochen vergessen haben, dass ihr überhaupt dort wart.

Manche haben jedoch nicht vergessen. Sie haben euch mit dem Auftrag hergeschickt, all dies zu ändern: die Erinnerung hervorzuholen und *den Wert der menschlichen Existenz* wieder in den Vordergrund der Schöpfung zu stellen.

Ihr werdet gebraucht, und zwar mehr denn je, denn ihr besitzt etwas, von dem viele andere Arten keine Ahnung haben: Emotion. Und ebenso wie ihr zusammenarbeiten müsst, um eure eigenen Selbste in die Ganzheit und den Reichtum multidimensionalen Seins zu bringen, so gibt es Wesen, die danach streben, das gesamte Universum in eine neue Oktave zu katapultieren – ein Greifen nach und ein Erschaffen von neuem Territorium.

Die Hüter der Zeit wissen, wo die Daten unter Verschluss gehalten worden sind, und ihr wurdet gefunden; ihr wurdet ausgewählt, sie wieder ans Licht zu bringen. Wir sind gekommen, um denjenigen von euch beizustehen, die die Aufgabe haben, die Annalen der menschlichen DNS zu öffnen. Wir sind hier, um euch dabei zu helfen, sie in eurem eigenen Inneren neu zu ordnen und dann Teil der Lebendigen Bibliothek zu werden.

Wie gesagt werden die Ereignisse auf der Erde das Geschehen an vielen anderen Orten beeinflussen. Jetzt wird Energie hierher geschickt, um bestimmte universelle Kräfte umzuleiten, so dass sie in Einklang miteinander kommen und dieses Universum in eine gleichzeitige Bewusstheit seiner Identität bringen. Was in der Erde ist, ist wie ein verborgenes Geheimnis in den Zeitchroniken, und es hat mit Emotion zu tun. In diesem Geschenk der Emotion sind Reichtum und Fülle; hier liegt die unglaubliche Fähigkeit, viele Wirklichkeiten zu transzendieren und viele verschiedene Bewusstseinszustände zu durchlaufen und zu erfahren. Die Emotion erlaubt, dass bestimmte Energien sich vermischen, verschmelzen, sich verbinden und in Erkenntnis ihrer selbst zusammenkommen.

Ohne Emotion könnte es diese Verbindung nicht geben.

∞

In diesem Universum existieren uralte Wesenheiten, die erkannt haben, was dieser Ort ist. Sie arbeiten schon seit Äonen. Sie sind sogar für unser System uralte Älteste, und sie werden als große weise Männer und Frauen geehrt, wie ihr sagen würdet, obwohl sie überhaupt keine Männer oder Frauen sind. Sie werden in diesem System als Hüter der Existenz betrachtet. Sie sind diejenigen, die die Bewegungen machen und das System steuern, wie ein Lotse ein Schiff lenkt. Sie lenken dieses Universum auf seinem Kurs; das ist ihre Aufgabe. Ebenso wie ihr einen Beruf habt, besteht ihr Beruf darin, dieses Universum auf Entdeckungskurs zu halten. Sie haben durch ihr eigenes Lernen und ihre Reise entdeckt, dass sie sich mit anderen Universen verbinden müssen.

Es gibt einen Plan, Energie in neue Erfahrung zu katapultieren und zu senden. Zurzeit ist die Erde und eine Reihe anderer Systeme, in denen ihr gleichzeitig existiert, beteiligt am Wiederauftreten von Emotion, und zwar mit dem Zweck, alle Identitäten als Teil einer einzigen zu begreifen. Die Universen entdecken, was sie tun können, indem sie zusammenkommen und miteinander arbeiten, so wie ihr entdeckt, was ihr werden könnt. Es gibt keine vorgefasste Idee, was geschehen wird. *Dies ist Neuland.*

Emotion ist der Schlüssel zu all dem. Als Menschen braucht ihr Emotion, um euch mit eurem spirituellen Selbst zu verbinden. Emotion ist notwendig zum Verständnis von Spiritualität, denn *Emotion erzeugt Gefühl.* Der Mentalkörper und der physische Körper sind sehr stark verbunden, ebenso wie der emotionale und der spirituelle Körper. Der spirituelle Körper existiert natürlich jenseits der physischen Grenzen. Ihr braucht Emotion, um das Nichtphysische zu verstehen, deshalb wurden Emotionen auf dem Planeten so stark unterdrückt. Euch wurde emotional sehr wenig Freiraum gelassen, denn ihr solltet euch möglichst machtlos und ängstlich fühlen.

Viele von euch möchten nicht über diese emotionalen Schranken hinausgehen und ihre persönlichen Grenzen nicht durchbrechen, weil es schmerzhaft sein könnte. Ihr würdet gerne »Abrakadabra« sagen und sie einfach verschwinden lassen.

Schmerz bringt euch Gefühl.

Wenn ihr anders nicht fühlen könnt, erschafft ihr euch manchmal Schmerz, um den Panzer eurer eigenen Sturheit zu durchbrechen, euch trotz des Widerstands den Umfang eurer Fähigkeiten zu zeigen und euch ins Leben zurückzuholen. Auf diese Weise könnt ihr den Reichtum des Lebens wieder fühlen.

Die meisten Menschen haben vor ihrem Emotional- oder Gefühlszentrum Angst; sie fürchten sich davor, zu fühlen. *Vertraut euren Gefühlen, ganz gleich, welche es sind.*

Vertraut darauf, dass sie euch zu irgendetwas hinführen und dass eure Art zu fühlen euch eine Erkenntnis bringen kann. Ihr alle möchtet fest im Leben stehen und gleichzeitig weit davon entfernt sein. Ihr sagt: »Ich möchte ein kraftvoller Mensch sein, aber nicht zu viel fühlen oder mitmachen, denn das schmerzt zu sehr und zieht mich herunter. Ich vertraue dem Leben nicht.«

Wenn ihr euch nicht vor Gefühlen fürchtet, nicht mehr urteilt und einfach zulasst, alle Arten von Gefühl zu fühlen, dann werdet ihr einen gewaltigen Durchbruch erleben, denn ihr werdet *durch Gefühl in andere Wirklichkeiten reisen* können.

Einige von euch haben Angst zu fühlen und an dieser Wirklichkeit teilzunehmen; noch viel mehr ängstigt es sie, in andere Wirklichkeiten zu reisen, weil sie ihren Gefühlen nicht trauen.

Wenn ihr Beschleunigung wollt, versenkt euch in etwas, das Gefühle hochbringt. Weicht einem Thema nicht mehr aus, nur um glauben zu können, ihr hättet alles unter Kontrolle. Taucht mitten hinein und schaut dann, ob ihr die Kontrolle habt.

Es ist nicht so, dass ihr nicht wisst, wie ihr fühlen sollt, sondern *ihr fürchtet euch vor euren Gefühlen*. Ihr wisst nicht, was ihr mit ihnen anfangen sollt, wenn sie da sind. Sie bringen eine Art Machtlosigkeit mit sich, daher verbindet ihr Gefühl mit so etwas wie »Oh nein, ich hab's vermasselt«. Euer Glaubenssystem besagt, dass etwas nicht gut ist, wenn es mit aufkommenden Gefühlen von Schmerz und Ärger zu tun hat. Es ist Zeit, nicht mehr um die Dinge herumzuschleichen und eure Emotionen nicht mehr zu vermeiden.

Wut hat einen Sinn. Alle von euch möchten damit fertig werden: Ihr möchtet sie unter den Teppich kehren und so tun, als sei sie schlecht. Ihr behandelt sie wie faules Gemüse, werft sie weg und vergrabt sie im Garten, als wäre sie zu nichts gut. Wir betonen, dass Angst und Wut einen Sinn haben. Wenn ihr zulassen würdet, eure Ängste auszudrücken und zu erfahren, was wiederum zu einem Ausdruck von Wut führen könnte, so würdet ihr etwas lernen. Diejenigen unter euch, die unbedingt Angst und Ärger vermeiden wollen und sich wirklich vor diesen Gefühlen fürchten, haben durch diese Emotionen etwas Wichtiges zu lernen. Sie sind Methoden, die euch über eure persönlichen Grenzen von Identität und Verhalten hinausbewegen, und ihr habt nur Angst davor, das zu erfahren.

Meistens wollt ihr ganz einfach akzeptiert werden. Ihr fühlt, dass niemand euch mögen wird, wenn ihr bestimmte Dinge tut oder auf gewisse Art fühlt, und so erlaubt ihr euch nicht, diese bestimmten Gefühle zu haben. Von daher kommt die Wut. Ihr ärgert euch, weil ihr Urteile darüber abgebt, was ihr tun oder nicht tun solltet. Wenn ihr euch nicht erlaubt, zu fühlen, könnt ihr nicht lernen. Das Gefühl verbindet euch mit dem Leben.

Gefühle dienen den Menschen zu verschiedenen Zwecken. Wir legen euch allen nahe, euren Gefühlen zu vertrauen, sie zu pflegen und euch auf sie zu verlassen. Versteht, dass eure Gefühle eure Fahrkarte in multidimensionale Wirklichkeiten sind, wo ihr hingehen müsst, wenn ihr dieses Spiel ernsthaft spielt. In multidimensionalen Wirklichkeiten lernt ihr, viele verschiedene Versionen eures Selbst gleichzeitig aufrechtzuerhalten und zu fokussieren. Gefühle können euch an diese Orte bringen, besonders Gefühle, denen ihr vertraut. Viele von euch stehen ihren Gefühlen sehr skeptisch gegenüber und wollen sie beherrschen.

Ihr lasst gewisse Gefühle nicht an die Oberfläche kommen, oder ihr verurteilt sie, wenn sie auftreten, statt zu beobachten, wohin sie euch bringen oder was sie für euch tun.

Weil ihr Angst vor etwas habt, hindert ihr euch daran, es zu erfahren; ihr baut dann eine Wand auf, die sagt: »Wenn ich dahin gehe, ist das schlecht.« Ihr bremst euch. Tatsächlich wird eure Angst letztlich diese Erfahrung in euren Entwicklungsbereich drängen, denn jeder Gedanke wird aufgrund des dahinterliegenden emotionalen Einflusses in eine Form gebracht. Daher ist das Beste, was man manchmal tun kann, einfach zu sagen: »Was soll's, ich gehe da hinein. Ich gebe auf.« Dann setzt euch damit auseinander, dort zu sein, und macht euch keine Sorgen, ob ihr zentriert seid, während ihr in eurem Gefühlszentrum seid. Wenn ihr beabsichtigt, in euer Gefühlszentrum zu gehen und dabei immer die Kontrolle zu behalten, gebt ihr euch nicht den nötigen Spielraum, um die Emotionen auszuleben, die Grenzen und Glaubenssysteme erschüttern.

Wut hat ihren Sinn. Wut ist nicht zwecklos, und Schmerz ist nicht zwecklos. Sie alle führen euch auf etwas hin. Ihr könnt beabsichtigen, in euer Gefühlszentrum zu gehen und zu lernen, dort zentriert zu sein, während ihr die Möglichkeiten erkundet. Wenn ihr sagt: »Ich werde dort zentriert sein«, klingt das so, als würdet ihr euch dort keine Bewegung erlauben. Beabsichtigt stattdessen, einfach Zentriertheit zu haben. Zentriertheit heißt nicht, dass die Dinge sich nicht ständig verändern, es heißt, dass ihr den Dingen erlaubt, sich zu verändern. Ob ein Boot nun dem Kentern nahe ist oder auf ruhigem Wasser dahintreibt, *ihr lasst es zu.* Ihr fahrt mit ihm, und dann wird aus dem Ereignis entweder eine ruhige oder eine stürmische Fahrt. Eure Emotionen sind nicht nur Nahrung für andere, sie sind Nahrung für das Selbst. *So* ernährt ihr euch und erschafft eure eigene Identität. Dies ist eure Identität als Frequenz durch Emotionen. Emotionen ernähren euch, sie ermöglichen eurer Identität, sich zu manifestieren.

Ihr werdet euch mit jeder eurer Grenzen beschäftigen, aus dem einfachen Grund, weil ihr es nicht tun wollt. Ihr würdet liebend gerne sagen: »Goldener Sternenstaub, beseitige alles, was mich begrenzt hat. Bumm! Ich bin frei!« Es wäre ja so einfach. Das ist ein klassisches Beispiel dafür, wie man das Gefühlszentrum wieder umgehen und ihm ausweichen möchte. Ihr habt bestimmte emotionale Überzeugungen oder Gefühle, die mithelfen, diese Grenzen außerhalb von euch selbst zu errichten; wenn ihr also eine Grenze niederreißt, müsst ihr erst mit dem Gefühl fertigwerden, das die Grenze errichtet. Durch euren Emotionalkörper seid ihr mit eurem spirituellen Körper verbunden. Ihr wollt vielleicht an etwas Schwierigem vorbei, aber ihr müsst euch euren Weg hindurch fühlen.

Ihr möchtet schwierige Dinge unter den Teppich kehren und sagen: »Ich möchte das nicht tun«, doch die schwierigen Dinge sind eure Juwelen. Auch wenn ihr entdeckt, dass ihr tausendundeine Grenze habt, fühlt euch nicht frustriert. Sagt einfach: »Das ist interessant.« Schaut euch die Grenzen an, die ihr errichtet habt; und statt sie zu verfluchen, betrachtet sie einfach daraufhin, ob ihr entdecken könnt, wie sie entstanden sind. Seht, welchem Zweck sie dienten – in welchem Laden ihr wart, als ihr diese Dinge eingekauft habt.

Sobald ihr etwas anerkennt und bereit seid, es loszulassen, bewegt es sich. Wenn ihr euch daran klammert, wenn ihr Angst habt oder denkt: »Ich mag diese Begrenzung; sie leistet mir gute Dienste«, dann schränkt ihr euch ein.

Ihr müsst lernen, *eure Emotionen zu lieben*. Solange ihr etwas als schwierig beschreibt, macht ihr es schwierig. Ihr macht das selbst, niemand anderer. Ihr widersetzt euch und verurteilt die entstehenden Veränderungen. Ihr fühlt, dass ihr nicht wisst, was geschieht, und ihr möchtet die Kontrolle haben. Kontrolle ist etwas sehr Bequemes und Praktisches. Sie muss nur am richtigen Ort zur richtigen Zeit angewendet werden; etwa wie Superkleber. Superkleber am falschen Ort bringt nichts Gutes. Habt ihr jemals eure Hände oder Lippen damit verklebt? Ihr müsst lernen, Kontrolle so auszuüben, wie ihr Superkleber verwendet. Wenn ihr mit Superkleber Mist baut, klebt ihr fest und könnt gar nichts mehr machen. Mit der Kontrolle ist es ebenso: Ihr sitzt fest und klebt euch an etwas, woran ihr gar nicht kleben müsst. Ihr müsst euch sehr genau überlegen, was ihr kontrollieren wollt und was nicht. Das alte menschliche Muster, das bestehende Paradigma besagt: »Man muss die Dinge unter Kontrolle haben.«

Ihr als Mitglieder der Lichtfamilie erwacht gerade. *Ihr braucht eure Emotionen.* Ihr müsst ein Freund eurer Emotionen werden, denn durch eure Gefühle könnt ihr die Leiter zum multidimensionalen Selbst und zum System der zwölf Chakren erklimmen und erkunden, was ihr entdeckt. Durch Gefühle könnt ihr sagen, was wirklich geschieht. Der logische Verstand wird sich heraushalten, *wenn* der Körper nicht an das Gefühl angeschlossen ist.

Das Gefühl registriert eine Frequenzveränderung.

Der logische Verstand tut das nicht.

Ihr erfahrt ein Erwachen durch Frequenzveränderung. Ihr werdet geführt, viele Bereiche eures Lebens zu verändern und vieles aufzugeben. Widersetzt euch den Veränderungen nicht und fühlt nicht, dass ihr die Kontrolle verloren habt, weil ihr nicht wisst, was kommt, und weil es so aussieht, als behinderten die Gefühle euch. Eure Emotionen wollen euch nur etwas zeigen; das ist euch nicht recht, weil ihr glaubt, dass eure Emotionen stören oder euch in Verlegenheit bringen werden.

Werdet schlau!

Das nächste Mal, wenn ihr in eine dieser emotionalen Situationen kommt, sagt euch sofort: »Okay, ich weiß jetzt, was vor sich geht; diesmal falle ich nicht darauf rein. Ich weiß, es gibt hier etwas für mich zu lernen und etwas für mich zu ändern. Ich glaube, dass ich geführt werde und dass ich einem Plan folge, und so werde ich herausfinden, was hier für mich dabei rausschaut, indem ich nicht urteile und einfach mit dem Fluss gehe. Ich verlange, dass alle meine Veränderungen in Freude, Sicherheit und Harmonie ablaufen. Das ist mein Entschluss. Alles, was ich in meiner Entwicklung beabsichtige, ist davon abgedeckt: Ich erfahre Freude, Sicherheit und Harmonie. Daher werde ich mit dieser Energie gehen und sehen, was sich für mich verändert und was ich aufgeben muss.«

Wenn eure Erinnerungen nicht intakt sind und ihr kein Vertrauen in euch kultiviert habt, verschließt ihr euch, denn ihr versteht nicht, was geschieht, wenn ihr für die Veränderung vorbereitet werdet. Es ist unerlässlich, dass die Menschen lernen, ihrem

Gefühlszentrum zu vertrauen und damit zu arbeiten. Wenn »emotionaler Kram von früher« euer Gefühlszentrum aktiviert und euch unbequem ist, stellt euch den unerwünschten Gefühlen. Das ist euer Wesenskern. Diese Gefühle sind eure Kronjuwelen, eure Schätze und Edelsteine, von denen ihr etwas über eure Identität lernen könnt. Sie sind euer Sprungbrett, und ihr seid nie mit ihnen fertig. Ihr könnt sie nicht wegschieben und sagen: »Igitt, ich mag den Menschen nicht, der ich damals war.« Doch ihr könnt den Menschen verändern, der die Wirklichkeit so wahrnahm. Indem ihr euch weiter bewusst werdet und ein größeres Verständnis eures Selbst erhaltet, könnt ihr auf jene Wesenheit an jenem Ort zurückblicken und eine völlig neue Erkenntnis dessen haben, wer ihr damals wart. Dies ist ein kontinuierlicher Prozess. Ihr werdet beginnen, ihn auch bei euren Mitmenschen zu sehen.

Respektiert eure Freunde, wenn sie *durch* ihren »alten Kram« gehen; aber mischt euch nicht ein. Wenn es euch hilft, tut es, aber helft anderen nicht dabei, ihre Dramen zu verlängern. Es ist an der Zeit, *durch* diesen »Kram« zu gehen und nicht eine ganzjährige Broadway-Show daraus zu machen. Wir schlagen vor, dass ihr eure Geschichten ein, zwei, vielleicht auch drei Mal erzählt, das reicht. Ihr braucht nicht jedem alles zu erzählen, denn jeder muss sich mit seinem eigenen Kram herumschlagen. Versteht ihr? Wenn ihr andauernd darüber sprecht, entgeht euch das Wesentliche, denn ihr *redet*, statt zu *tun* und zu *sehen*, was ihr euch selbst damit mitteilen wollt. Wenn ihr jedem ständig erzählt, was mit euch geschieht, so wollt ihr einfach Aufmerksamkeit kriegen, und das braucht ihr nicht.

Ereignisse finden laufend statt, und ihr werdet nie wirklich damit fertig, denn sie sind euer »Kram«. Wenn jetzt etwas für euch schmerzhaft ist, so garantieren wir euch, dass ihr später in einer ähnlichen Situation ein nie gekanntes Mitgefühl haben werdet. Ihr werdet die Situation aus einer völlig anderen Perspektive sehen.

Was gerade hochkommt, sind Dinge, die euch ursprünglich daran gehindert haben, die Wirklichkeit wahrzunehmen. Ihr erlebt jetzt die Bereiche eures Emotionalkörpers, in denen das Fernstraßennetz unterbrochen war und die Information nicht fließen konnte. Deshalb habt ihr den Schmerz auch in den physischen Körper verlegt. Wir empfehlen euch allen, körperorientierte Therapie zu machen. Bei der Körperarbeit wird Energie von außerhalb des Kosmos in euren Körper gebracht und mit euren anderen Körpern – dem mentalen, physischen, emotionalen und spirituellen – verbunden und in das Energiegitter eingefügt. Wenn das Energiegitter passt und ihr euer Zellgedächtnis nicht blockiert und die Energie in euren Körper eintreten lasst, strömt die Energie durch eure Chakren und gibt ihre Daten dem Körper ein. Wenn ihr Angst habt, wenn ihr euch verschließt, wenn ihr jemand anderem die Schuld gebt oder etwas nicht sehen wollt und verleugnet, kommt ihr nicht weiter. Strömt dann Licht in euren Körper, so passt es trotzdem nicht in das Gitternetz. Ihr seid dann in einem chaotischen Zustand, und alle rücken von euch ab, weil ihr Chaos ausstrahlt. Chaos ist okay, solange ihr euch nicht dauernd darin aufhaltet.

Wenn ihr Emotion verleugnet, fordert ihr große Erdbeben in eurer Psyche geradezu heraus. Lasst ihr hingegen hier einen Tornado und dort einen Hurrikan zu oder hie und da einen kleinen Vulkanausbruch, so gebt ihr euren Emotionen die Freiheit, sich Ausdruck zu verschaffen, und sie werden nicht die Tendenz haben, in eurer persönlichen Umwelt nicht Amok zu laufen.

Gefühl verbindet euch mit eurem Menschsein; Gefühle verbinden euch mit euren Emotionen. Emotionen verbinden euch in diesem Bereich des Daseins mit eurem spirituellen Körper. Damit wollen wir sagen, dass Emotionen oder Gefühle der Schlüssel zum Lebendigsein in dieser Wirklichkeit sind. Viele Wirklichkeiten existieren ohne Emotionen, aber in dieser Wirklichkeit sind sie euer größtes Geschenk. Wenn ihr euer emotionales Selbst in diesem Leben verleugnet, dann seid euch am besten gleich klar darüber, dass ihr aufgegeben habt. Wenn ihr mit eurem emotionalen Selbst nichts zu tun haben wollt, werdet ihr es in dem Spiel, von dem wir sprechen, nie zu etwas bringen. Ihr werdet dann einfach wie jemand aus der Masse sein, der fernsieht und sich immer wieder als Opfer fühlt.

Fühlt ihr Schmerz in eurem Emotionalkörper, so fragt euch, warum der Schmerz wohl da ist, welchen Zweck er hat und warum ihr euch entschieden habt, Schmerz durch eure Emotionen zu erzeugen. Warum habt ihr euch nicht entschieden, Freude zu erschaffen? *Ihr habt immer die Wahl.* Wir müssen euch daran erinnern.

15

Die Initiation der Erde

Diese schöne Erde ist eine so *große* und edle Kostbarkeit, dass sie Wesen aus dem fernen Weltraum anzieht, die kommen, um ihre Schönheit zu bewundern. Wir möchten, dass ihr diese Schönheit auch in euch selbst fühlt und sie in eurem Inneren schwingen lasst. Wenn ihr dieser Schönheit erlaubt, euch zu erreichen, wird sie euch tiefgreifend bewegen, und ihr werdet als Spezies zu fordern beginnen, dass die Verschönerung der Erde für alle Menschen vorrangig wird. Wir möchten diesen Gedanken in euch aussäen, damit eure Verantwortung für die Erde geweckt wird, und haben dies gerade eben getan. Wir haben in euch die Verantwortung für euch selbst geweckt. Ihr befindet euch auf dem Weg, das Beste zu werden, was ihr sein könnt; wir gratulieren euch. Nun, was werdet ihr für die Erde tun, und *wie* werdet ihr es tun?

Wir haben euch gelehrt, in der Geistigen Welt jederzeit das Beste für euch anzuordnen. Da die Erde euer Zuhause ist, wie werdet ihr diese Energie auf die Erde ausweiten und diesen Planeten mit dem, was ihr inzwischen wisst, beeinflussen?

Wie viele von euch sind über ihr Grundstück gegangen, haben es als heiligen Ort betrachtet und die Erde wissen lassen, wie sehr sie es schätzen? Eine solche Kommunikation wird euch mit der schönen Erde verbinden. *Werdet tätig.* Schaut euch euren Müll an, schaut, was ihr wegwerft, ohne euch dessen bewusst zu sein. Es ist das genaue Spiegelbild dessen, was wir von euch verlangt haben. Schaut eure Gedanken an und den Müll, der eure Psyche verstopft. Alles, was wir euch gelehrt haben, könnt ihr auf die Erde ausdehnen. Wo ihr auch seid, kommuniziert mit der Erde und lasst den Planeten wissen, dass ihr erwacht. Stellt euch vor, ihr seid ein Lichtfaden; wo immer ihr auch geht, fahrt, fliegt oder euch aufhaltet, ihr habt euren Lichtfaden dabei. Wenn immer mehr Fäden um den Planeten geflochten werden, wird es schließlich eine fantastische kosmische Lichtwelle geben.

Ihr befindet euch in einer Welt, die gerade eine Phase der Verlangsamung erlebt, bevor auf ihr ein neues Zeitalter anbricht. Ihr könnt diese Verlangsamung nutzen, indem ihr euch bewusst mehr um die Erde kümmert. Das jetzt vorherrschende Bewusstsein auf der Erde, besonders in den Vereinigten Staaten, besagt, dass es ein Statussymbol ist, den gepflegtesten Rasen zu haben. Um den gepflegtesten Rasen zu haben, verwendet ihr möglichst viele Schädlingsbekämpfungsmittel und Kunstdünger, bis der Rasen aussieht wie ein Teppich im Wohnzimmer. Woher kommt dieses Wertesystem und welchen Sinn hat es? Der Sinn dieses Wertesystems liegt darin, dass jemand Geld mit einem Produkt gemacht hat, eine Werbekampagne startete, die das Produkt legitimierte, und jemand es gekauft hat.

Kommuniziert mit der Erde, hört auf sie, und lernt von diesem schönen Planeten, wie ihr in Harmonie leben könnt. Das ist ein langsamer Prozess, und ihr werdet nicht über Nacht lernen. Hört die Erde sagen: »Sag mal, möchtest du, dass jemand Pestizide auf deine Haut schüttet?« Das geschieht nämlich, wenn ihr sie auf die Erde gießt. Die Erde ist ein fühlendes Wesen oder genauer eine Ansammlung von Wesen. Die fühlenden Wesen, die die Erde bilden, gelangten in das Bewusstseinskollektiv aus dem Wunsch nach der Erfahrung, das Zuhause für ein Bewusstsein zu schaffen, und aus Liebe zur Einheit dieses Bewusstseins. Das ist genauso, wie ihr das Zuhause für all die Bakterien und all das seid, was auf eurer Haut und in eurem Körper lebt. Ihr arbeitet mit ihnen. Die Erde versteht, dass sie, um ihren Kindern eine gute Mutter sein zu können, zulassen muss, dass jeder seine Lektionen selbst lernt. Eure Lektionen bestehen darin, Verantwortung zu lernen. Wenn ihr etwas wollt, bringt das mit sich, dass ihr gewisse Dinge tun und gewisse Verpflichtungen übernehmen müsst, damit ihr euer Ziel erreicht. Die Erde lehrt die Menschen Verantwortung, indem sie euch erlaubt, ihre Oberfläche und ihr Inneres zu zerrütten.

Wenn die Erde in Gefahr ist und die Menschheit es übertrieben hat, wird die Erde das Notwendige tun, um die Menschen den richtigen Umgang mit ihrem Zuhause zu lehren, damit ihr als die Bewohner eine größere Lektion lernt. In göttlicher Liebe zur Menschheit und in göttlicher Annahme ihrer Rolle als Lehrerin wird sie euch ihre Geheimnisse und ihre Macht lehren, damit ihr versteht, wie man in Zusammenarbeit mit der Erde und in Liebe zu ihr wandelt, und nicht in Missachtung.

Dies führt unvermeidlich zu der überwältigenden Wahrscheinlichkeit, dass die Erde einige große Veränderungen vornimmt, damit sie das Bewusstsein der Menschen erreicht und ihnen klarmacht, was sie falsch machen. Wenn zwanzig Millionen Menschen an einem Nachmittag durch Veränderungen der Erdoberfläche verschwinden, werden die anderen vielleicht aufwachen. *Vielleicht.*

Ihr habt die Vorhersagen über Umwälzungen der Erde immer wieder gehört. Einige von euch haben sie skeptisch aufgenommen. Ihr glaubt nicht, dass euch das zustoßen wird, auch wenn ihr es vielleicht für möglich haltet, dass es jemand anderem geschieht, vielleicht am anderen Ende der Welt, und ihr dann in den Medien davon erfahrt. Was ist aber, wenn eine Erschütterung vor eurer Haustür oder in der nächsten Stadt stattfindet? Was ist, wenn die großen Städte in den Vereinigten Staaten zusammenbrechen? Wie, glaubt ihr, werdet ihr euch fühlen, wenn ihr eines Tages aufwacht und feststellt, dass von New York City bis Washington, D.C., ein Riss durch die Erde geht? Wäre das genug, euch ein bisschen aufzurütteln? Genug, um euer Leben neu zu strukturieren und ihm einen neuen Wert zu geben?

Ihr werdet euch der Vorgänge jetzt bewusster, weil eure sozialen Medien diese Themen groß herausbringen. Die Umweltveränderungen finden aber schon geraume Zeit statt. Bereits seit Jahrzehnten ist von ihnen die Rede, nur glaubten die Menschen, dass sich die Probleme von selbst lösen würden. Außerdem sind die wenigsten Menschen daran interessiert, etwas über Verantwortung zu lernen. Diese Einstellung wird sich rächen; die meisten Menschen werden sich dumm stellen und glauben, dass die Herrschenden schon etwas dagegen unternehmen. Aber die Herrschenden freuen sich über die fehlende Bereitschaft der Menschen, Verantwortung zu übernehmen, und geben ihnen die Schuld an den Umweltveränderungen. Das wird sich so sehr zuspitzen, dass in manchen Ländern Autos verboten werden.

Aber die Erde reagiert darauf. Wenn sich die Frequenzen verändern, verändert sich alles. Wenn sich die Frequenzen verändern, ist es so, als zögest du aus deinem Haus aus: Die gesamte Umgehung ändert sich. Diese Veränderungen zielen darauf ab, jedermanns Leben zu erhöhen. Sie sollen jeden zu mehr Leichtigkeit und größerem Verständnis bringen. Sie sind darauf angelegt, die Menschen von dem Paradigma zu befreien, das eure Welt als fest und beschränkt definiert.

∞

Wenn die Menschen der Lebensqualität die größte Bedeutung in ihrem Leben beimessen, indem sie die Lebensqualität der Erde achten, dann wird es auf diesem Planeten nur wenige Umwälzungen geben. Die meisten Menschen, vor allem in der westlichen Welt, sorgen sich jedoch um eine ganz andere Lebensqualität:

Wie viele elektronische Geräte sie besitzen, wie viele Kleider sie im Schrank haben und wie viele Autos in der Garage stehen. Sie denken überhaupt nicht an die Auswirkungen, die die Erzeugung dieser Materialien auf das fühlende Wesen hat, das eure Mutter ist.

Wenn sich die Menschen nicht verändern – wenn sie den Wertewandel nicht vollziehen und erkennen, dass sie ohne die Erde nicht hier sein könnten –, dann wird die Erde aus Liebe zu ihrer eigenen Initiation und ihrem Streben nach einer höheren Frequenz eine Reinigung vornehmen, die sie wieder ins Gleichgewicht bringen wird. Es besteht die Möglichkeit, dass viele Menschen im Laufe eines Nachmittags den Planeten verlassen. Vielleicht werden dann die anderen angesichts der Vorgänge aufwachen. Es hat viele Ereignisse gegeben, die euch anregen, ermutigen und zu der Erkenntnis bringen sollen, dass es eine globale Veränderung geben muss. Es gibt Bewegungen an der Basis, die phänomenal wachsen werden. Was mit der Erde geschieht, hängt von der Bereitschaft eines jeden Einzelnen zur Veränderung ab.

Worin liegt nun *eure* Verantwortung? Wieweit seid ihr bereit, euch zu verändern? Die Zeit ist reif, nicht nur darüber zu sprechen, sondern es zu *tun*. Wenn ihr euch bereit erklärt, euer eigenes Leben zu ändern, bietet ihr automatisch dem gesamten Planeten die Möglichkeit zur Veränderung.

Die Erde strebt nach ihrer Ganzheit. Der Planet fühlt sich gegenwärtig seiner Vollständigkeit beraubt, ungeachtet und ungeliebt. Die Erde liebt euch und gibt euch einen Platz zum Handeln; sie ist ein lebender Organismus. Die Erde ist dabei, ihre Einheit wiederherzustellen und euch verstehen zu lassen, wie wichtig es ist, euch selbst zu lieben, indem ihr die Erde liebt. Liebt euch selbst und liebt die Erde, denn das ist das gleiche.

Umwälzungen der Erde könnten eine wichtige Rolle beim Zusammenbruch des Systems spielen. Sie werden den Kollaps der Versicherungsgesellschaften auslösen, wodurch viele andere Systeme zusammenbrechen werden. Viele Banken verkaufen ihre Darlehen an Versicherungen, und diese haben sehr intensiv in dubiose Wertpapiere investiert. Einige größere Katastrophen, gemeinsam mit Krieg und Schattenwirtschaft – wie lange glaubt ihr, dass sie dann noch weitermachen können? Auf dem Papier kann niemand damit Schritt halten. Es werden noch immer Schecks zwischen Banken hin und her geschoben, damit alles gerade über Wasser bleibt. Daher werden sehr wahrscheinlich Umwälzungen der Erde auf irgendeine Weise benutzt werden, um den Zusammenbruch auszulösen. Sie werden auch eine Vereinigung und einen Triumph des menschlichen Geistes bringen, denn Männer und Frauen werden sich aufmachen, anderen Männern und Frauen zu helfen, wenn die Katastrophen auftreten. Das verbindet die Menschen.

Es gibt Technologien, die diesen Ort sehr schnell reinigen könnten, wenn das der Plan wäre. Aber da die menschliche Spezies zurzeit keine Verantwortung für die Erde übernimmt, hätte das keinen Sinn. Die gegenwärtige Spezies muss lernen, ihr Nest zu achten. Ihr alle müsst lernen, euren Körper zu achten, denn ohne Körper wärt ihr nicht hier, und auch ohne die Erde wärt ihr nicht hier. Euer Körper und euer Planet sind eure beiden größten Geschenke und das Wertvollste, das ihr besitzt. Im Idealfall würdet ihr die Erde und euer körperliches Sein heiligen, achten und schätzen. Das würde seinen Niederschlag in eurem Heim, eurem Besitz, dem Land, mit dem ihr verbunden seid, und auch dem Land eures Körpers finden.

Die Erde ist zäher, als ihr glaubt. Sie ist hier, um euch zu ernähren und zu erhalten. Auch die Tiere sind hier, um mit euch zusammenzuarbeiten. Wenn alles mit Liebe geschieht, steht die Kraft des Schöpfers dahinter. Mit tätiger Liebe gäbe es keine Verletzung, keinen Schaden. Wenn ihr einen Rat braucht, um Entscheidungen über euer Verhalten zu treffen, dann fragt euch: »Handle ich in meiner höchsten Vollkommenheit? Wirke ich in Liebe? Ist Liebe meine Absicht für die Erde, die Tiere, all die Menschen, denen ich begegne, und all die Dinge, die ich tue?«

Alles auf der Erde kann benutzt werden, wenn die Erde dabei geliebt und geachtet wird. Es ist vielleicht schwer vorstellbar: Ein Trupp Ölarbeiter, der sich anschickt, die Bohrerspitze anzusetzen, hält sich an den Händen und bittet um Führung und um die Erlaubnis, in die Erde eindringen zu dürfen. Und doch, wenn dies geschehen würde, würde alles harmonischer ablaufen. Ihr lacht, weil ihr es für verrückt haltet, mit etwas zu reden, das nicht antwortet. Aber wenn die Industrie, die Lehrer und alle Menschen zuerst innehielten und sich der höchsten Einheit und Liebe für alle Beteiligten verschrieben und bäten, dass der Erde und den Menschen kein Schaden geschieht, würde das begeistert aufgenommen werden. Das würde den Plan für eine hohe Zivilisation in Gang setzen. Eine solche Bewusstheit kommt langsam; eine Menge Menschen erhalten gerade diese Art von Information.

Viele Menschen möchten nicht hervortreten und in voller Integrität aufstehen, weil sie fürchten, Ärger zu bekommen. Sie sagen: »Ich will meinen Arbeitsplatz und meine Sicherheit behalten; also was soll's!« Eines der unglaublichsten Dinge, die in einer Gesellschaft geschehen kann, ist, dass jedermanns Sicherheit verloren geht. Der Mut beginnt dann wie ein frischangelegter Garten zu erblühen, denn die Menschen haben nichts mehr zu verlieren. Die Menschen beginnen sich zu erheben.

Habt nie den Eindruck, dass eure Anstrengungen vergebens sind. Benützt eure Geisteskraft, um das, was ihr wollt, klar zu beabsichtigen. Bittet die nichtphysischen Bereiche um Unterstützung und visualisiert das gewünschte Ergebnis. Versteht, dass ihr eure Wirklichkeit selbst erschafft und alle anderen ihre Wirklichkeiten ebenfalls erschaffen. Jeder hat jederzeit die Möglichkeit, aufzuwachen. Wenn ihr etwas angeht, betrachtet es immer aus größerer Perspektive. Wenn genügend Menschen ihre eigene Wirklichkeit erschaffen – *sie bewusst erschaffen* –, werdet ihr einen neuen Planeten hervorbringen. Es wird buchstäblich eine Aufspaltung der Welten stattfinden. Diese Aufspaltung findet gerade statt. In der Zwischenzeit wird die Erde sehr wahrscheinlich einige Male von Kriegen heimgesucht werden. Ihr werdet einige sehr rätselhafte und verwirrende Dramen im Weltraum mit einigen eurer Cousins aus dem All erleben, die ziemlich öffentlich herausfinden müssen, wer sie sind.

Die Erde befindet sich auf einem dimensionalen Kollisionskurs, und viele Wahrscheinlichkeiten und Wirklichkeiten werden sich kreuzen. Einige dieser Wirklichkeiten werden schockierend sein, je nach dem Ausmaß an Schock, das ein Mensch braucht, um sein Bewusstsein in ein anderes Paradigma zu befördern. Schock bedeutet nicht notwendigerweise Zerstörung. Er kann einfach eine Methode sein, eure Weltsicht zu verändern. Immer wenn ihr von etwas schockiert seid, könnt ihr die Wirklichkeit nicht mehr so erfassen wie noch einen Augenblick vorher. Es ist wie ein Schlag in den Bauch, und alles wird anders. Der Welt stehen zahlreiche Schocks bevor, und nicht nur auf nationaler Ebene. Wir sprechen von globalen Überschneidungen der Dimensionen, wodurch es so aussehen wird, als stürzten Wirklichkeiten zusammen, allerdings einzig für jene, die einen solchen Zusammenbruch brauchen.

Das Konzept der Wahrscheinlichkeiten besagt, dass es nicht nur eine einzige Wirklichkeit gibt und dass ihr selbst durch eure Gedanken ständig in andere Wirklichkeiten abzweigt. Es ist nicht so, dass ihr die Welt verändert, sondern ihr verändert, in welcher Welt ihr euch gerade aufhaltet. Dies führt uns zurück zum Gedanken, dass die Welt nicht fest ist. Sie besteht aus Energie, und diese Energie nimmt durch die Gedanken derer, die an der Welt teilnehmen, Form an.

Es gibt wahrscheinliche Erden und wahrscheinliche Erfahrungen, und es hat sie immer gegeben. Es gibt wahrscheinliche Versionen von euch, die ziemlich anders leben als *ihr*, wie ihr euch kennt. Ihr seid Frequenz und Energie. Ihr pulsiert zum Takt eines Energieakkords, der euch ins Dasein singt, und er ist euch so vertraut, dass ihr dauernd auf einen Aspekt eures Daseins fokussiert bleibt. Erfahrung wird aus vielen Perspektiven gesammelt, und ihr lernt jetzt, wie ihr die Frequenz und den Takt verändern könnt, so dass ihr bemerkt, was euch sonst nicht auffällt.

Ihr werdet ständig auf die Wirkung der neurologischen Veränderungen hin beobachtet, die jetzt in eurem Körper stattfinden. Die Neuverkabelung oder Neustrukturierung ist so, als ginge euer Nervensystem von einem zweispurigen in ein zwölfspuriges Autobahnsystem über. Wenn das stattfindet, werdet ihr euch an Ereignisse erinnern, die gleichzeitig mit anderen abgelaufen sind. Am Anfang wird euch das ein wenig aus der Fassung bringen, weil ihr nichts habt, in das ihr es einordnen könnt.

Sagen wir, ihr erinnert euch an ein Weihnachtsfest vor einigen Jahren. Plötzlich taucht die Erinnerung an ein Ereignis auf, an das ihr euch vorher nie erinnert hattet, und es steht neben dem Weihnachtsfest, an das ihr euch *sehr wohl* erinnert, parallel zu ihm. Ihr erkennt dann, dass ihr auf zwei Weihnachtsfesten wart. So etwas wird geschehen, wenn das Nervensystem eine neue Pulsfrequenz bekommt und die Bibliothek des Körpers wieder zusammengesetzt wird. Wenn sich die kodierten Lichtfäden neu formieren und das ihnen zur Verfügung stehende Material senden, muss das Nervensystem fähig sein, es zu behalten und zu übersetzen.

Gerade vollzieht sich eine große Polarisierung der Energien mit vielen Teilnehmern und Beobachtern. Viele, die hierhergekommen sind, um zu beobachten, sind auch gekommen, um zu stören. Sie müssen ihren »Kram« eben erst lernen. Es gibt aber auch Teilnehmer, die fest entschlossen sind, eine durchaus glorreiche Welt zu erschaffen. So, wie wir es sehen, wird es innerhalb der Menschheit auf diesem Planeten zu großen Verschiebungen kommen, wenn sich die wahrscheinlichen Welten zu formen beginnen. Es wird den Anschein haben, als entwickelten sich Chaos und Aufruhr, wenn Nationen gegeneinander Krieg führen und Erdbeben häufiger stattfinden. Es wird den Anschein haben, als fiele alles auseinander und könne nicht mehr zusammengesetzt werden.

Ebenso wie es in eurem Leben manchmal poltert und rüttelt, wenn ihr eure Muster verändert und euch in neue Energien begebt, so schüttelt sich die Erde jetzt frei, und ihr könnt eine Phase der Neuordnung oder Anpassung erwarten. Es wird auch scheinen, als verließen die Fische und die Tiere auf dem Land die Erde. Diese Tiere ziehen hinüber in die Neue Welt, die gerade geformt wird. Sie beenden nicht ihre Existenz, sie schlüpfen einfach in die Neue Welt und warten, dass ihr dort zu ihnen stoßt.

Es ist in gewisser Weise schwierig, dies zu erklären, weil es über die dreidimensionale Erfahrung hinausgeht. Im Prinzip bewegt ihr euch in die vierte Dimension hinein, die manche auch die fünfte nennen. Wenn dies geschieht, formt ihr buchstäblich eine neue Erde. Es kommt euch dann vor, als erwachtet ihr aus einem Traum und fändet euch in einer Welt wieder, die unberührt und wunderschön ist. Euer Himmel ist voll mit Beobachtern, die zuschauen und abwarten, wie ihr euch machen werdet, und die euch für euer Wirken ihre Unterstützung anbieten. Für viele Menschen scheint diese Verschiebung vollkommen unmöglich zu sein.

Aber nicht für euch, die ihr diese Energie als Alchemisten und alte Atlanter in Tempeln studiert habt. Die Ausbildung, die ihr in anderen Zeiten erfahren habt, ist in eurem Wesen kodiert, um euch auf diesen Augenblick vorzubereiten.

Die Menschen, die den Planeten während der Zeit der Umwälzungen verlassen, passen nicht mehr hierher, und sie halten die Harmonie der Erde auf. Wenn die Zeit kommt, in der vielleicht zwanzig Millionen Menschen auf einmal die Erde verlassen, wird es im Bewusstsein der Zurückbleibenden eine gewaltige Verschiebung geben. Wenn eine große Gruppe gleichzeitig hinübergeht, beeinflusst dies stark das Bewusstsein der Zurückbleibenden.

Erweitert euch. Fangt an, euch in anderen Wirklichkeiten aufzuhalten als nur in der des Arbeitens, Essens und Schlafens. Wenn ihr wach werdet, öffnet euren Geist für Möglichkeiten und lasst Ideen zu euch kommen. Ideen kosten nichts; sie sind überall, und sie werden ständig auf den Planeten gesendet.

Wenn die Erde ihre Veränderungen vornimmt, wird nicht jeder das Gleiche erfahren. Diejenigen, die Zerstörung erfahren müssen, werden eine Erdverschiebung oder Rotation mit Zerstörung erfahren, denn sie werden nicht in die neue Frequenz passen. Diejenigen, die vorbereitet sind, eine höhere Schwingung zu halten, werden einen Frequenzwandel erfahren. Daher kann es für den einen das Ende des Lebens, wie er es kennt, und bloße Zerstörung bedeuten, während es der andere als einen ekstatischen Zustand erlebt. Es ist alles möglich. Denkt daran, ihr lebt in einer symbolischen Welt, die das Ergebnis eurer Gedanken ist. Die äußere Welt stellt für euch das dar, was innerlich in euch vorgeht. Wenn also die Welt auseinanderfällt, was bedeutet das? Es stellt den Zerfall oder Zusammenbruch dessen dar, was innen ist, damit das Aufsteigen eines neuen Systems und einer neuen Energie vollzogen werden kann.

Es ist unerlässlich, dass ihr die Veränderungen in der Gesellschaft liebt und schätzt und angesichts dessen nicht in Angst und Schrecken verfallt. Es ist eure Aufgabe, in der Schwingung des Wissens darüber zu sein, dass Geist in jedem Ereignis Gelegenheit findet, seine Arbeit zu tun. Ihr seid eine außergewöhnlich faule Spezies. Ihr gebt eure Macht an jeden ab, der etwas für euch tut, sei es euer Vorgesetzter oder euer Ehepartner. Ihr gebt immer wieder eure Macht ab. Damit ihr euch wieder euch selbst zuwendet, braucht ihr einige Ereignisse, die euch die Verantwortung für euer Leben lehren. Segnet diese Veränderungen, die auf die Erde kommen und vertraut darauf, dass sich in diesen Ereignissen das manifestiert, was ihr mit Klarheit wollt. Ihr werdet auf dem Prüfstand stehen. Ihr werdet sagen: »Bin ich hier Opfer? Geht die Welt um mich herum unter? Oder erhöht sie sich um mich herum, während sich alles andere scheinbar mitten im Zusammenbruch befindet?«

Ein wichtiger grundlegender Glaube für euch ist, dass ihr zur rechten Zeit am rechten Ort das Richtige tut. Die Absicht, zur rechten Zeit am rechten Ort zu sein – mehr als die Absicht, das *Wissen* –, wird euch für die Führung öffnen. Vielleicht, ohne danach gesucht zu haben, wird plötzlich ein Stück Land vor euch sein oder die Möglichkeit, mit jemandem in Kontakt zu kommen. Ihr werdet es erkennen und sagen: »Das ist für mich. Ich nehme es an.«

Glaubt es oder glaubt es nicht, es wird eine Zeit kommen – oder besser gesagt, es *könnte* eine Zeit kommen –, da viele von euch die Tür zu dem Leben, das sie jetzt kennen, hinter sich zumachen. Ihr gebt vielleicht tatsächlich euer Haus auf und geht mit nur ein paar Dingen hinaus. Im Moment erscheint das unmöglich, nicht wahr? Etwas in euch sagt: »Mein Gott, ist die Welt verrückt geworden?

Was sind meine Werte? Was ist jetzt für mich das Wichtigste zum Überleben?« Und Geist wird hereinkommen, euch leiten und sagen, was das Wichtigste für euer Überleben ist. Das kann bedeuten, dass ihr einfach nur ein paar Habseligkeiten mitnehmt. Einige von euch werden in diesem Leben buchstäblich auf der Schwelle ihrer Häuser stehen, hineinschauen, und es wird bedeutungslos ein, denn das Wichtigste werden eure spirituellen Werte und euer Leben sein. Alle materiellen Besitztümer und Ansammlungen von Dingen bedeuten nichts im Lichte dessen, zu wem ihr werdet. Könnt ihr euch die Ereignisse vorstellen, die notwendig sind, um euch so handeln zu lassen? Es werden keine geringen Ereignisse sein.

Denkt an die Bestimmung der Menschheit, sich zu entwickeln. Wir garantieren, dass in zehn Jahren das Leben nicht mehr so sein wird, wie ihr es jetzt kennt. Die Welt, wie ihr sie kennt, die Wirklichkeit, wie ihr sie kennt, die Annehmlichkeiten, Zukunftspläne, Urlaube und alles, was ihr tut, wird es in zehn Jahren in dieser Form nicht mehr gehen. Ihr seid zu eurer eigenen persönlichen Entwicklung hier. Wie diese Entwicklung sich weltweit gestalten wird, wird recht interessant sein. Wir sprechen hier nicht von der Entwicklung einiger Dutzend Menschen; wir sprechen von der Entwicklung der Spezies. Es werden einige Ereignisse notwendig sein, um die Menschen aufzuwecken. Deshalb wird es eure Herausforderung sein, euer Leben mutig zu leben und den Mut zu haben, euer Licht zu leben.

Wir empfehlen, dass ihr alle beabsichtigt, dass die Lehren der amerikanischen Ureinwohner zu euch kommen. Beginnt, sie durch Schwitzhütten, durch Trommeln, Tanz und so weiter zu erkunden. Dies wird vieles in euch erwecken und euch viel über die Erde lehren. Ihr seid auf Rituale kodiert; wenn ihr Rituale durchführt, beginnt sich euer Körper zu erinnern, wer ihr seid und was ihr wisst.

Wie wir es sehen, werden Gemeinschaften immer einflussreicher werden. Sie werden sich auf Landparzellen zwischen fünfzig und einhundert Morgen Größe bilden, vielleicht auch nur fünfundzwanzig Morgen, und sie werden etwa dreißig bis einhundert Menschen beherbergen. Diese Gruppen werden zusammenkommen, weil die Mitglieder auf ein inneres Wissen antworten. Die in diesen künftigen Gemeinschaften angewendeten Technologien werden auf Liebe gründen. Die moderne Technologie ist nichts Schlechtes. Der größte Stolperstein an der gegenwärtigen Technologie auf diesem Planeten ist allerdings, dass sie verwendet wird, um Menschen voneinander zu trennen, sie zu manipulieren und zu kontrollieren, und nicht, um ihre Weiterentwicklung zu ermöglichen. Technologie mit Liebe ist die Lösung. Vielen Menschen wird eine Menge technologische Information gegeben werden, die scheinbar aus dem Nichts kommt. Vielleicht wird euch Information für eine Erfindung gegeben werden, ohne dass ihr wisst, was ihr eigentlich erfindet. Ihr werdet sie vielleicht an jemand anderen weitergeben müssen, damit sie verwirklicht wird. Die Menschen werden harmonisch zusammenarbeiten, um diese neue Technologie hervorzubringen.

Ein Teil der Evolution des Bewusstseins besteht darin, ein Bewusstsein mit dem anderen zu vereinigen – sich nicht getrennt zu halten. Vielleicht hat jemand eine Idee, ein anderer greift sie auf und manifestiert sie, und wieder ein anderer verkauft sie. Wie wir es sehen, wird es einen enormen Schwarzmarkt für Erfindungen geben. Diese Erfindungen werden nie auf dem herkömmlichen Markt gezeigt werden, denn ihr würdet ausgelöscht, erledigt werden, wenn bekannt werden würde, dass ihr die Fähigkeiten besitzt, so etwas umzusetzen. Diese inoffiziellen Technologien werden zwischen den Gemeinschaften gehandelt werden, denn sie werden alles Mögliche für euch erledigen können.

Es kann für euch eine der lohnendsten Erfahrungen in diesem Leben sein, in Zusammenarbeit mit einer Gruppe von Menschen zu leben, die das Land liebt und die von dem Land – der Erde – eine Antwort erhält. Indem ihr das Land liebt und die Erde wissen lasst, was ihr wollt, wird die Erde euch nähren und für euch Sorge tragen. Das ist der Schlüssel.

16

Ketzer – ihrer Zeit voraus

Die 1960er Jahre des vorigen Jahrhunderts waren für die Menschen eine Zeit der Vorbereitung. Sie brachten euer erstes Erwachen und zeigten euch, dass neue Paradigmen geboren werden konnten. In jenem Jahrzehnt entferntet ihr euch weit von den Werten eurer Elterngeneration. Die 1960er waren voller Ereignisse wie der Friedensbewegung; der Körper wurde angeschaut und akzeptiert, die Sexualität mit vollem Bewusstsein erlebt – und zwar unbekleidet und ohne sich durch Schichten von Kleidung durcharbeiten zu müssen, wie das die vorhergehende Generation noch getan hatte. Ein neues Bewusstsein wurde geboren und der Gedanke von Frieden und Freiheit erweckt.

Das war die Kindergarten-Phase.

Die 1990er Jahre waren dann eine Zeit, in der die spirituelle Bewegung auf den Planeten gebracht wurde – nicht nur in kleine Nischen, sondern auf den gesamten Planeten. Der Planet wachte überall auf. Wenn ihr den Planeten bereistet, wurde euch deutlich, dass ihr in jedem Winkel der Erde Gleichgesinnte habt. Die Gruppe des Lichts, zu der ihr gehört, hat dafür Sorge getragen, überall Stützpunkte zu errichten, denn es gibt Lichtarbeiter überall. Ihr kamt in volle Blüte.

Die Bewegung hin zur Spiritualität ist eine Bewegung weg vom Materialismus. In den letzten Jahren haben sich immer mehr Menschen stark ihrem Körper zugewendet, haben ihn regeneriert, trainiert und schöner gemacht. Das dient als Vorbereitung, damit ihr in den Geist gehen könnt. Dieser Bereich ist der wesentliche und ein sehr aufregender Ort. Er hat mehr Flexibilität: Es gilt Orte zu bereisen und große Abenteuer zu erleben, und es existieren keine Beschränkungen.

Die physische Wirklichkeit hat euch deshalb so frustriert, weil ihr die Geschichten über ihre Begrenzungen samt und sonders geglaubt habt. Ihr tatet das, weil ihr eine entsprechende Vereinbarung getroffen habt. Es gehörte zu eurem Plan, in diese Begrenzungen zu gehen, damit ihr mit denjenigen in Beziehung treten könnt, die keine Ahnung vom Licht und ihre gesamte Existenz in Begrenzungen verbracht haben. Ihr werdet den Planeten elektromagnetisch verändern – ihn sozusagen neu verdrahten –, damit all diese anderen Wesen wieder den Anschluss finden. Ihr könnt das nur tun, wenn ihr sie da abholen könnt, wo sie stehen.

Wenn ihr mit offenen Erinnerungsspeichern hierhergekommen wärt, hättet ihr entweder nicht bleiben wollen, oder ihr würdet die anderen jetzt nicht verstehen. Daher wurdet ihr in eine Gesellschaft getaucht, die ohne Licht war, und ihr habt euer Licht vergessen oder euch nur als Kind vage daran erinnert, damit ihr diese Welt verstehen konntet. Jetzt ist es soweit, diese Welt der Gesellschaft in die von euch vertretene multidimensionale Welt des Lichts und des Geistes zu integrieren, damit die Werte und Ziele auf diesem Planeten sich vollkommen wandeln.

Ketzer sind ihrer Zeit voraus. Die ketzerischen Ideen, die auf den Planeten kommen, stellen sich später immer als brillant heraus. Habt also Mut; es scheint nur so, als würden diese neuen Gedanken gerade lächerlich gemacht. Bedenkt, dass in den nichtphysischen Bereichen große Aktivität herrscht, um euch zu unterstützen; auch wenn jeder von euch seinen eigenen Plan hat, in den hinein er sich entwickelt, seid ihr doch Teil eines globalen Plans und eines globalen Bewusstseins. Ihr bringt diesen globalen Plan ins Rollen und ihr erweckt andere.

Ihr wacht in Wellen auf, während jeder von euch lernt, Information zu tragen und sie auszusenden. Würden alle auf einmal aufwachen, wäre das sehr chaotisch. Das Erwachen muss so geschehen, dass ihr damit umgehen könnt, denn wenn zu viel Licht in eine Einheit kommt, die es nicht verkraften kann, würde eine Sicherung durchbrennen. Wenn die Schaltkreise nicht aufeinander abgestimmt sind, kann der Körper zerstört werden. Ihr werdet das erleben. Ihr werdet sehen, wie sich eine Krankheit über den Planeten ausbreitet, die mit dem Nervensystem und dem Gedächtnis zu tun hat, denn viele Menschen werden mit der Energie nicht umgehen können. Sie werden sich davor fürchten. Sie entdecken vielleicht einen multidimensionalen Teil von sich und glauben, sie seien verrückt. Sie werden davon besessen sein, ihre Verrücktheit vor ihrem Mann, ihrer Frau oder ihren Kindern zu verbergen. Die Menschen werden sich mit dieser Energie in den Wahnsinn hineinsteigern, denn sie werden sie nicht verstehen.

Wir können nicht genug betonen, dass das Nervensystem der Schlüssel ist, eure alten Augen zu öffnen und wieder zu sehen, um euch zu erinnern, wer ihr seid, woher ihr kommt und wohin ihr geht. Das Nervensystem muss den elektrischen Strom in den Körper aufnehmen, die hohe Energie umwandeln und an den Körper anpassen können, damit er sich entwickeln und von dieser hohen Energie, die Bewusstsein ist, Kraft schöpfen kann.

Genau so geht das vor sich.

Es ist, als würdet ihr einem Neugeborenen ein Medikament geben, das es zwingt, sich innerhalb eines Jahres von einem Baby zu einem dreißigjährigen Erwachsenen zu entwickeln. Etwas Ähnliches ist in den letzten Jahren mit euch geschehen. Wenn das Neugeborene innerhalb eines Jahres dreißig würde: Denkt doch nur, was das Kind alles tun müsste und was sein Körper integrieren müsste, um auf diese Weise zu wachsen. Denkt an die Organe, die Körperfunktionen und Hormone.

Da ihr bewusste Lichtträger seid, gibt es in eurem Aurafeld eine bestimmte Öffnung. Es gibt eine Öffnung, von der Lichtsäule verursacht, damit die Wächter herunterkommen und als Torhüter für jene Energiemenge fungieren können, mit der ihr umgehen könnt. Auch wenn euer Intellekt, Verstand und Ego sagen: »Mehr, mehr, mehr«, so wissen die Torhüter, dass ihr nicht verlorengehen dürft, weil ihr Lichtträger seid und euch einer bestimmten Aufgabe verschrieben habt. Es sei denn, ihr seid auf eure persönliche Zerstörung aus und folgt statt dem höchsten Willen eurem eigenen.

Das Nervensystem, das ein Straßennetz im Körper ist, kann sich nur so schnell verändern, wie ihr die in die Zellen fließenden Daten verarbeiten könnt. Viele von euch bereinigen sozusagen noch Entzündungsherde in Wesensteilen, die mit Dunkelheit gefüllt waren. Diese Herde können aus diesem Leben stammen – aus der Kindheit – oder bei einigen von euch auch aus vergangenen Leben. Viele von euch sind schon seit Jahren oder Jahrzehnten auf dieser Reise, während andere neu dazugekommen sind. Nicht jeder wird gleich viel Zeit brauchen. Diejenigen, die sich schon seit langer Zeit abplagen, sind Wegbereiter. Ihr stellt eine Schwingungsfrequenz auf, die die Neuzugänge fühlen können. Ihr, die ihr neu dazugekommen seid, müsst die neue Frequenz nicht suchen und entdecken; die Landkarten sind erstellt, und euer Körper reagiert auf sie.

Ihr braucht einander. Es ist unerlässlich, dass ihr harmonisch zusammenarbeitet. Wenn das nicht geschieht, werdet ihr Atlantis und all die anderen Zerstörungen wiederholen.

Harmonie ist erforderlich.

Es wird jetzt die Zeit kommen, da viele von euch geistig zusammenarbeiten werden, um Frequenzen zu senden und anderen verstehen zu helfen, was vor sich geht. Die Wellen des Erwachens werden sich fortsetzen, und der geistige Kontakt wird auf diesem Planeten eine Lebensweise werden. Das ist der Plan für diesen Planeten, und die schöpferischen kosmischen Strahlen von Urschöpfer tragen ihr

Teil dazu bei. Sie treffen jetzt den Randbereich eures galaktischen Systems – und kommen zuerst hierher.

Deshalb gibt es hier eine große Ansammlung von Energien. Diese Energien möchten hier an der Umwandlung teilnehmen, damit sie vorbereitet sind, wenn sie in ihr eigenes Gebiet der galaktischen und universellen Existenz kommen.

Es findet eine große Umwandlung statt, eine Veränderung oder Transformation, aber was ihr damit macht, liegt natürlich an euch. Wir haben schon gesagt, dass eure Welt sich in zwei Welten spalten wird und dass diejenigen, die mit dem Licht gehen, in der Welt des Lichts sein werden. Diese Spaltung hat bereits begonnen. Die Wesenheiten, die mit den höheren Schwingungsfeldern des Lichts arbeiten möchten, und diejenigen, die mit den niedrigeren Schwingungsfeldern von Angst, Dunkelheit, Chaos, Kontrolle und Verwirrung arbeiten wollen, haben sich bereits zu polarisieren begonnen und entscheiden sich gerade für eine Seite.

Die mit den niedrigeren Schwingungsfeldern werden sagen, dass ihr Hexen oder Teufel seid, weil ihr für etwas steht, das sie nicht verstehen. Ihr steht für Veränderung, und die meisten Menschen fürchten sich vor Veränderung zu Tode. Eines der merkwürdigen Dinge am menschlichen Bewusstsein ist, dass es auf Beständigkeit versessen ist. Ihr seid dem Konzept, dass Stabilität etwas Wünschenswertes ist, voll und ganz aufgesessen. Daher strebt ihr danach; ihr glaubt, ihr wisst nicht, wer ihr seid, wenn ihr keine Beständigkeit und Sicherheit habt. Ihr glaubt, ihr könntet ohne sie nicht existieren, ihr könntet zerstört werden.

∞

Wir sprechen über viele Menschen, die ihr kennt; einige davon sind vielleicht Mitglied eurer Familie. Ihr werdet unglaublich viel Geduld und Mitgefühl für diejenigen aufbringen müssen, die diese Energie fühlen und nicht so auf sie reagieren wollen, dass sie ihnen nützlich ist. Ihr werdet sehr viel geschehen lassen müssen –

vielleicht sogar zulassen müssen, dass andere sich zerstören, damit sie lernen können, den Wert des Lebens zu schätzen.

Obwohl sich die Menschen dessen nicht bewusst sind, wisst ihr doch aus tiefster Seele, dass ihr euch von einer Existenz in eine andere bewegt und Erfahrung sammelt, damit eure Seele Daten verstehen und verarbeiten kann, um euch eine Wirklichkeit sehen zu lassen. Eines Tages werdet ihr die Leben und Existenzen eurer Seele überblicken und die Energie dieser Seele halten können – so wie ihr einen Kristall halten und seine verschiedenen Facetten und sein Funkeln betrachten könnt –, und ihr werdet diese Identität fühlen und erkennen können. Wenn ihr das mit eurer Seele tun könnt, wird sich eure Seele mit anderen Intelligenzformen verbinden können, von denen sie ein Teil ist, die sie aber zurzeit nicht begreift.

Wir erweitern eure Grenzen. Wir möchten, dass ihr vollkommen verwirrt werdet, damit euch das ein Ansporn ist. Ihr werdet dann eure Neugier benützen, um in Bereiche zu gelangen, an die ihr nie gedacht, von deren Existenz ihr nichts gewusst habt. Das ist unsere Absicht – dass ihr eine höhere Ebene betretet, wo ihr eine neue Ordnung der Identität erschaffen könnt, und zwar *mutig, humorvoll und mit Vertrauen.*

Alles ist Frequenz. Wenn ihr wüsstet, wie schnell ihr euch entwickelt, würdet ihr euch vielleicht hinsetzen wollen, euch an den Kopf greifen und sagen: »Ich kann es nicht. Das ist zu viel für mich.« Ihr lasst die Jalousien unten und gebt vor, durchs Leben zu gehen, als ob nichts wäre, während ihr doch dauernd mit allen Arten von Veränderungen näher an die höheren Dimensionen gebracht werdet. Denkt nach und fühlt, was ihr in einem Leben erreichen könnt. Innerhalb der nächsten zehn bis zwanzig Jahre werdet ihr euch von dichten physischen Wesen zu Wesen des Lichts im Zeitalter des Lichts entwickeln. Könnt ihr euch das vorstellen?

Alles, was ihr tut, bringt euch auf göttlich vollkommene Weise an jenen Ort, sogar wenn ihr gerade nur etwas esst. Ab einem bestimmten Punkt werdet ihr die Bedeutung jedes Ereignisses, an dem ihr teilnehmt, und die Vollständigkeit des Ganzen erkennen. Ihr seid wie der Junge in dem Film *Karate Kid*. Er ist sehr ungeduldig, während er Karate lernt. Er findet einen Meister und denkt nicht einmal daran, dass er einen gefunden hat. Er soll Dinge tun, die er als Zeitverschwendung ansieht. Er versteht nicht, dass jeder Teil, den er lernt, zum größeren Ganzen beiträgt.

All die einzelnen Teile kommen zusammen, aber durch die Sicht eures Egos versteht ihr nicht, dass sie ein größeres Ganzes bilden. Ihr werdet eingesetzt und stellt fest, dass ihr alles, was ihr sucht, schon habt. Das sind gute Neuigkeiten.

Seid wachsam und lernt, wie ihr erkennt, wenn euer Wille den göttlichen Willen und den Göttlichen Plan vereinnahmt – wenn ihr die Dinge forciert, weil ihr nicht aus gesundem Menschenverstand heraus handelt. Schaut in den Spiegel. Schaut in eure Augen, denn die Augen sind ein Spiegel für euren ganzen physischen Körper. Sind sie klar? Könnt ihr klar zurückblicken? Ist euer Gesicht faltig und erschöpft oder ruhig? Wie fühlt sich euer Körper an? Könnt ihr in einer ruhigen Stellung verharren? Könnt ihr euren Körper aufrecht halten oder fühlt ihr das Bedürfnis, vornüber zu sinken? Seid ihr zappelig, weil ihr die Energie nicht in eurem Körper halten könnt – tanzt und zappelt euer Körper immer, weil er nicht weiß, was er tun soll? Trommeln eure Finger immer auf etwas herum, oder kaut ihr an euren Nägeln? Es gibt viele Anzeichen, auf die man achten kann. Man sieht, wer Energie nicht integrieren kann.

Sobald ihr diese Energie in euren Körper bringt und sie halten könnt, wird sich euer Körper leicht fühlen. Eure Haut oder vielleicht euer Haar wird Vitalität besitzen. Euer Haar ist ein sehr guter Spiegel eurer Gesundheit. Gesunder Menschenverstand ist natürlich einer eurer besten Freunde. Der gesunde Menschenverstand wird euch zeigen, was richtig ist und was nicht. Manchmal wird euch auffallen, dass die Energie zu stark geworden ist und dass ihr unruhig und nicht zentriert seid. Das wird jedem Einzelnen von euch an einem bestimmten Punkt passieren. Irgendwie werdet ihr fühlen, dass zu viel geschieht: Es werden zu viele Daten zu verarbeiten sein, zu viele Menschen, mit denen man sprechen muss, oder es wird zu viel los sein. Wenn das geschieht, müsst ihr abschalten, wie bei einem Elektrogerät. Stellt euch vor, ihr seid ein Toaster und zieht einfach den Stecker, damit ihr außer Betrieb seid. Was ihr dann mehr als alles andere braucht, ist Ruhe.

Einige von euch werden manchmal eine unglaubliche Menge Schlaf brauchen. Glaubt nicht, dass ihr faul seid, und tadelt euch dafür nicht; nehmt es einfach zur Kenntnis. Es wird Zeiten geben, da manche von euch achtzehn Stunden schlafen wollen. *Tut es*. Es ist notwendig. Ihr habt keine Vorstellung davon, welche Länder ihr bereist und wieviel Arbeit an eurem physischen Körper geschieht, wenn ihr schlaft. In dieser Zeit werdet ihr von dieser Wirklichkeit getrennt und in anderen Wirklichkeiten neu aufgeladen und unterrichtet. Brücken werden geschlagen, und eure Augen werden für andere Wirklichkeiten geöffnet, und ihr werdet anfangen, diese Erinnerungen zu sehen und in euch zu tragen.

Wenn ihr in ein China-Restaurant geht, esst ihr chinesisch; ihr bestellt dort keine Hamburger. Wenn ihr in ein italienisches Restaurant geht, bestellt ihr dort vielleicht Lasagne. Dieses Restaurant namens Erde hat einen physischen Körper, und mit ihm müsst ihr hier handeln – *in einem physischen Körper.*

Wir verwenden sehr viele einfache Begriffe, damit ihr unsere Botschaft versteht. Ganz gleich wie lächerlich unsere Metapher ist, wir wollen einfach, dass ihr versteht. Ihr seid also hier im Restaurant Erde und habt einen Erdenkörper; er ist das, was es hier gibt. Etwas anderes wird hier nicht serviert.

Ihr werdet neue Rezepte in das Restaurant Erde bringen – Rezepte, die regelmäßig ausprobiert und für gut befunden wurden, aber nur in begrenzten Bereichen hier und da.

Denkt daran, dass die Erde vor Äonen abgeschirmt wurde. Die Erde wurde geschaffen, um etwas Bestimmtes zu sein, und kam nach Millionen von Jahren der Existenz vollkommen vom Weg ab. Viele von euch haben sich hier immer wieder inkarniert und wurden wirklich frustriert, denn in jeder Inkarnation hattet ihr die Absicht, etwas zu tun, aber die Hälfte der Zeit vergaßt ihr, was es war.

Einige von euch konnten auf diesem Planeten Meisterschaft erlangen und ihn durch den Prozess des Aufstiegs verlassen. Andere wiederum klagten über die Abgeschiedenheit vom Rest der kosmischen Gemeinschaft und wünschten sich eine Zeit herbei, in der diese Quarantäne beendet sein würde. Sie ist jetzt beendet. Eurer Entwicklung steht nichts mehr im Wege. Durch euch und die Vielzahl derer, die auf und um diesen Planeten sind, wurde die gegenwärtige Zeitperiode geboren.

Es kommt euch auf allen Wegen eures Lebens Unterstützung entgegen, doch können andere die Dinge nicht für euch tun, denn ihr habt das Leben so geplant, dass sich die Spezies selbst motivieren und entwickeln muss, um ermächtigt zu sein. Diejenigen unter euch, die großes Wissen haben, entschieden sich zur Inkarnation in der Spezies, um für alle ein Beispiel zu sein, die es nicht selbst tun können. Ihr erschafft neue Wege des Seins, indem ihr aussendet, wer ihr seid.

Wenn ihr euch zum Channeling versammelt, bittet ihr um eine enorme Menge von Erinnerungshilfen und um enorme Ermutigung auf dem Weg. Einige von euch finden, dass sie es ohne Ermutigung nicht schaffen. Das ist in Ordnung. Deshalb sind wir für euch da, und meistens mit großer Geduld. Wir möchten euch die Gelegenheit geben, eure Identität in Besitz zu nehmen.

Eine der wichtigsten grundlegenden Realitäten auf diesem Planeten, die ihr als Spezies verstehen müsst, und eine der größten Herausforderungen, der ihr gegenübersteht, ist die Frage, was es bedeutet zu sterben. Wir können euch von vielem überzeugen, aber es ist für uns schwer, euch davon zu überzeugen, dass ihr nicht sterben müsst. In dieser Zeit müsst ihr euren Körper nicht physisch auf dem Planeten zurücklassen. Könnt ihr euch vorstellen, dass ihr einfach die Schwingungsrate eures physischen Seins ändern und euren Körper mit euch nehmen werdet, indem ihr eure Molekularstruktur umstellt?

Den Aufstieg zu schaffen und die Reise hier zu vollenden, ist für einen Großteil der Spezies auf diesem Planeten sehr wohl möglich. Einige von euch sind bereits von diesem Planeten aufgestiegen, und ihr seid zurückgekommen, um es wieder zu tun und anderen den Weg zu weisen. Es war eine großartige Reise, durch den Aufstiegsprozess hier wegzugehen. Viele Leben des Übens, eines nach dem anderen, waren erforderlich, um euch zu dieser Hingabe zu bringen. Dazu war es nötig, nicht in der materiellen Gesellschaft und sehr naturverbunden zu leben.

Jetzt sind diejenigen von euch, die es geschafft haben und die damit vertraut sind, zurückgekommen. Es ist euer Ziel, von diesem Planeten aufzusteigen und buchstäblich in die höhere Kosmologie von Mutterschiffen gebracht zu werden. Ihr werdet in die Lichtstädte aufsteigen und fähig sein, euch innerhalb der anderen Wirklichkeiten aufzuhalten, die überall um euch herum sind und die zu sehen ihr euren dreidimensionalen Augen nicht gestattet. Ihr werdet eure Aufgabe auf der Erde vollendet haben, und die Erde wird ihre Umwandlung durchmachen. Sie wird ein wunderschönes Juwel im Universum sein. Ihr werdet vielleicht für ein paar Jahre bleiben und bei der Restrukturierung und dem Wiederaufbau dieser neuen Erde helfen wollen. Aber nach einiger Zeit werdet ihr weitergehen und andere Welten umwandeln wollen.

Denkt daran, dass ihr Rebellen seid und aufregende Zeiten liebt. Also werdet ihr diesen herrlichen Planeten anderen überlassen und eine neue Aufgabe übernehmen. Der Aufstieg ist das Ziel dieses Planeten. Es wird eine Zeit kommen, da dies die einzige Art sein wird, wie die Bewohner dieses Planeten ihn verlassen werden.

Wenn ihr dereinst hier weggeht, werdet ihr an viele andere Orte gelangen. Ihr werdet euch selbst und dem Rest der Spezies zeigen, dass dieser Körper, dieses scheinbar so feste und unkontrollierbare Etwas, in Wahrheit das Ergebnis einer göttlichen Inszenierung ist und dass ihr durch euer Bewusstsein alles mit ihm tun könnt.

Alles.

17

Die Lichtsprache

Sternenwesen und auch Aufgestiegene Meister verwenden ihre eigenen Lehrmittel, die sie auf diesen Planeten gebracht haben. Es sind Artefakte, die nicht aus eurer Dimension stammen, symbolische Formen, die buchstäblich ein Eigenleben besitzen. Sie sind das, was als Lichtsprache bekannt ist. Sie bilden in euch lichtvolle Strukturen, geometrische Formen, die Informationen auslösen. Denjenigen, die mit euch arbeiten, fällt es durch diese Strukturen leichter, Informationen direkt in euer Wesen zu senden. Sie sind ein Weg, zur Beschleunigung eurer Entwicklung Information und Energie zu empfangen. Die große Mehrheit von euch trägt solche lichtvollen Strukturen, Lichtsprache genannt, aber niemand wird damit versehen, wenn er sich nicht dafür entscheidet. Sie sind eine Methode des Lernens, die nicht über Bücher oder den Intellekt abläuft. Sie erfordern, sich dem Glauben zu öffnen, dass es tatsächlich eine Hierarchie gibt, die von Anbeginn an mit der Menschheit gearbeitet hat und unermesslich weit über euer Begreifen hinausgeht.

Diese geistige Hierarchie arbeitet mit Liebe, sie würdigt, wer ihr seid, und weiß aufgrund der im Planeten verschlüsselten Zeitmechanismen, dass das Bewusstsein für den Evolutionssprung mittlerweile bereit ist. Es gibt 144.000 Mitglieder der spirituellen

Hierarchie, die das Gitternetz des Planeten durchdrungen haben, und jeder Meister, der diesen Weg ging, hat sein eigenes Siegel, das einen Teil der Lichtsprache darstellt; 144.000 Energiesiegel werden also letztlich euer Wesen durchdringen – bei jedem, der sich für die Strukturen der Lichtsprache öffnet.

Als Erstes arbeitet ihr mit den zwölf Formen, die der Körper leicht in sich tragen kann. Später, wenn die Umwandlung stattgefunden hat, wird es einen Zufluss aller 144.000 symbolischen Sprachstrukturen in euer Sein geben. Das wird eine Entfaltung mit sich bringen, die in dieser Lebenszeit nicht einmal ansatzweise erklärt werden kann. Diese Umformung eröffnet euch einen ganz neuen Erfahrungsbereich. Jeder Einzelne auf dem Planeten besitzt das Potenzial, durch diese Umwandlung zu gehen. Viele werden den Prozess stoppen, weil sie nicht den Wunsch haben, sich mit dem höheren Bewusstsein in Einklang zu bringen. Wenn ihr euch bewusst seid, wer ihr seid, ist das eine Sache. Wenn ihr euch des göttlichen Bewusstseins, das diesen Planeten befruchtet, bewusst werdet – eines Intellektes, der umfassend und liebend ist und mit euch arbeitet – und wenn ihr dieses Bewusstsein anruft und bittet, ein Teil von ihm zu sein, dann werden euch die geometrischen Formen helfen.

Diese lichtvollen Formen können sehr vielfältig sein, wie zum Beispiel die verbreitete Struktur der Pyramide.

Warum ist die Pyramide so wichtig? Auf diesem Planeten und im gesamten Kosmos wird die Pyramidenstruktur verwendet, um eine große Einheit des Bewusstseins darzustellen. Es ist die Struktur, die in all ihren Facetten am schwierigsten zu erschaffen ist, und doch ist es eine Struktur der Vollkommenheit. Es ist eine Struktur, die Energie von der Erde sammelt und aussendet.

Die Strukturen der Kugel und Spirale werden ebenfalls in euch aktiviert. Die Spirale liegt vielen von euch sehr am Herzen, weil ihr in Kulturen und Gesellschaften gelebt habt, die sie zur Vermittlung ihrer Ideen verwendeten. Auch die Strukturen der parallelen Linien und des Würfels werden euch zur Verfügung gestellt. Und es wird die Struktur der Merkaba geben. Sie repräsentiert die Gestalt des

Menschen in seinem unbegrenzten Zustand – den vollkommen befreiten Menschen. Einige von euch kennen sie als Hilfsmittel für den Aufstieg, als das Fahrzeug namens Merkaba. Es ist die menschliche Struktur ohne jede Beschränkung. Es ist der Mensch, der fliegen kann, was für die meisten von euch undenkbar ist. Diese Struktur kommt zu euch, wenn ihr euch wahrhaft bereit erklärt, zu tun, was vorher unmöglich schien.

Welche geometrische Form in euch seine Wirkung entfaltet, hängt vor allem von eurer Ausrichtung ab. Es hängt auch von eurem Glauben ab, dass diese Strukturen, die buchstäblich Wesenheiten sind, sich bereit erklären, für euch da zu sein, wenn ihr euch bereit erklärt, für sie da zu sein. Wenn ihr beginnt, euch zu entfalten und zuzulassen, dass sich in eurem Leben Wunder manifestieren oder Ereignisse, die als wundersam bezeichnet werden, dann werden sie ihre Wirkung entfalten.

Viele von euch werden mit dem Kreis beginnen, denn der Kreis stellt die Gott-Form, Einheit und Vollkommenheit dar. Einige werden auch die Pyramidenstruktur wählen, da sie viele Leben mit entdeckten und noch immer unentdeckten Pyramiden auf dem gesamten Planeten verbrachten. Ihr glaubt, eure Geografie zu kennen, doch es gibt noch immer viele unentdeckte Dinge, weil sie von einer Wirklichkeit in die andere überwechseln. In tiefen Dschungeln liegen viele Pyramiden verborgen, oft unter Erdhügeln verschüttet. Es gibt noch viele Wunder zu entdecken.

Jene von euch, die bereit sind zu glauben, dass es wahrlich keine Begrenzungen gibt, werden die Merkaba wählen und damit vom Planeten weggehen können, während sie noch immer hier leben. Der Wunsch, dies zu tun, muss in euch vorhanden sein, wenn euch die Merkaba dienen soll. Es reisen schon viele mit ihr; sie wissen, wie sie benutzt wird. Wenn ihr tatsächlich die Merkaba zu euch ruft und bereit seid, ein Gefühl dafür zu bekommen, was das wirklich bedeutet – unbegrenztes Bewusstsein zu sein, das mit dem Körper reist, ohne dass er den Planeten verlässt –, dann wird sie in euch aktiviert. Die Merkaba ist nicht die höchste Struktur, da es keine Hierarchie der Strukturen gibt. Sie wird euch zur Verfügung stehen, wenn es am besten in eure persönliche Entwicklung passt. Wenn es einmal geschehen ist, werden neue Formen in endloser Folge in euer Sein kommen.

Ihr wählt die Form, die in euch aktiv wird, nicht bewusst aus. Ihr wählt jedoch das Leben, das ihr habt, und das öffnet euch für die Strukturen der Lichtsprache. Ihr wählt an jedem Tag aus, was wichtig für euch ist. Das ist euer Zugriff auf diese Formen. Durch die Vielzahl von Energien werdet ihr schließlich alle das Alphabet des Lichts in eurem Wesen tragen, und dieses Lichtalphabet wird euch unterrichten. Wenn ihr von geometrischen Figuren geträumt habt, ist das ein Zeichen dafür, dass die Formen mit euch arbeiten. Oder ihr hattet in der Schule eine Vorliebe für Geometrie. Wenn ihr wissen wollt, was in euch ist, dann achtet darauf, welche Formen im Traum zuerst auftreten oder größer sind als andere. Es gibt viele Formen, die noch nicht einmal Namen haben. Formen, die ihr jetzt kennt und erkennt, werden später neue Formen und Gestalten annehmen, die euer Bewusstsein nicht übersetzen kann.

Die Spirale ist eine der Grundformen der Lichtsprachen-Geometrie. Sie ist eine Brücke, eine Lehre in sich selbst. Ihre Form ist mit Information kodiert, und wenn ihr euch auf der Spirale bewegt, ist sie scheinbar endlos. Dies zeigt euch, dass die Reise in euer Selbst endlos ist, und die Reise außerhalb eures Selbst ebenso. Ihr als Spezies werdet euer Bewusstsein aufspalten und in beide Richtungen gehen können, so dass Bewusstsein verbunden werden kann. Durch die endlose Reise nach innen und die endlose Reise nach außen schließt ihr euch an eine verbundene Spirale an, in der universale Wahrheit liegt. Wir haben gesagt, dass die Zellen in eurem Körper die gesamte Geschichte dieses Universums enthalten. Im Idealfall werdet ihr das Vorhandensein dieser goldenen Bibliothek in euch selbst in diesem Leben erkennen, und ihr werdet lernen, das zu lesen, was in ihr enthalten ist. Die Spirale nach innen zu nehmen ist ein Teil der Reise. Der Trick besteht darin, sowohl nach innen als auch nach außen zu gehen – und zu erkennen, dass es dasselbe ist.

Die Spirale existiert in vielen Dimensionen. Wenn ihr sie visualisiert, werdet ihr fühlen, dass ihr sie schon gekannt habt, doch zuerst kennt ihr nur einen Aspekt von ihr. Wenn ihr mit der Spirale zu wachsen beginnt, werdet ihr erkennen, dass sie so viele Dimensionen hat, dass ihr den Rest der Ewigkeit – um euren Ausdruck zu verwenden – damit verbringen könntet, sie zu erkunden. Sie wächst. Die Spirale ist der Schlüssel, um das anzuzapfen, was in euch ist. Eure DNS hat die Form einer Spirale. Ihr seid von Spiralen umgeben, und die Lichtsprache bewegt sich auf den kodierten Lichtfäden, die auch in Spiralform herunterkommen. Das ist etwas, das erfahren werden kann, und es wird für euch immer wichtiger werden.

Fühlt in eurer Meditation, wie ihr euch von einer Spirale tragen lasst, so, wie ihr es in einem Wirbelsturm tun würdet. Visualisiert, wie ihr eine Spirale näherkommen seht, die wie ein Tornado aussieht. Dann, statt davor wegzulaufen, bleibt stehen und fühlt, wie ihr hineingezogen werdet in diese wirbelnde Spirale. Reitet auf ihr wie auf dem Kamm einer riesigen Brandungswelle, denn sie ist ein Torweg in andere Wirklichkeiten.

In solchen geometrischen Figuren und Formen der Lichtsprache haben sich die gesammelten Erfahrungen von Individuen niedergeschlagen, die auf dem Planeten inkarnierten, den menschlichen Gesetzen trotzten, hohe Fähigkeiten in sich erweckten und sich dann als sprachliche und geometrische Komponenten manifestierten. Früher einmal existierten diese Energien als Männer und Frauen auf dem Planeten. Sie haben sich zu geometrischen Symbolen entwickelt, und sie existieren nun in ihrer Aktivitätssphäre genauso wie ihr in eurem Körper. Diese Wesenheiten existieren in einem Sprachsystem oder in einem geometrischen System.

Es gibt ganze Universen solcher Lichtsysteme, und zurzeit wird euer eigenes Universum von diesen Universen besucht. Es werden Kreise und andere Figuren auf die Getreidefelder eures Planeten aufgebracht, die für euch unerklärbar sind. Dabei handelt es sich um Abdrücke der jeweiligen Frequenz, nicht um einen Prozess oder eine menschliche Handlung. Es gibt Lieder, Geschichten und Sprachen, die mit Sprachsymbolen auf die Erdoberfläche geprägt werden. Diese Symbole kommen, um eine bestimmte Frequenz zu etablieren, und es werden mehr werden.

Nicht mehr lange, und es werden einige von euch Häuser in geometrischen Formen bauen, die nicht einfach nur Quadrate oder Rechtecke sind. Viele der Wohnbauten auf den Plejaden haben keine Formen, wie ihr sie kennt, und man weiß, dass Formen und Winkeln eine bestimmte Energie innewohnt. In der Astrologie weiß man auch, dass bestimmte Winkel Kraft besitzen und dass bei bestimmten Winkeln bestimmte Dinge geschehen. Ebenso ist es mit Formen. Bei der Großen Pyramide geht es überall um die Verwendung von Winkeln und Formen. Energie sammelt sich in Winkeln, Figuren und Formen, und ihr könnt lernen, diese Formen zu erschaffen und in ihnen und in ihrer Nähe zu leben. Auf diese Weise werden Energien gebildet und übertragen. Ihr werdet auch entdecken, dass bestimmte Winkel bestimmte Kräfte besitzen und dass einige Winkel sehr unangenehm für euch sind. Es ist manchmal besser, mitten in einem Raum zu schlafen als in einem Bett, das in einen Winkel von 90 Grad hineingequetscht wurde, denn der 90-Grad-Winkel erzeugt eine Energieblockade. In der Mitte des Raumes fließt die Energie um euch herum.

In der dreidimensionalen Realität werden gerade viele Toröffnungen geschaffen, um Entwicklung auf die Erde zu bringen. Der Planet war einmal abgeschirmt und unter Quarantäne gestellt, denn es gab Kräfte, die hier miteinander kämpften. Es hat unglaubliche Kriege auf diesem Planeten gegeben, und einige sehr unfruchtbare Gebiete zeugen noch von den Kämpfen. Das war die Zeit von Chaos und Verwirrung, als Schöpfergötter gegen Schöpfergötter kämpften. Während der letzten Kriegswelle vor 10.000 bis 12.000 Jahren wurde die Erde abgeriegelt, denn diejenigen Wesen, die mit Licht arbeiteten, verloren den Kampf. Jetzt ist er wieder frei zugänglich. Licht gewinnt eben nicht immer. Licht ist nicht immer der Sieger, so, wie ihr euch einen Sieger vorstellt, denn Licht muss lernen, alle Teile von sich zu integrieren. Urschöpfer ist in allem, und Licht und

Dunkel sind Teile von Urschöpfer. Daher muss das Licht auch seinen dunklen Anteil in sich integrieren.

Die Zeit hat die Ereignisse in Szene gesetzt und zusammengeführt. Seit den letzten Kriegen sollten eine Anzahl von Zyklen vergehen und anschließend die Toröffnungen zum Planeten wieder geschaffen werden, damit Licht eindringen kann. In dieser Phase befinden wir uns jetzt. Licht wird inszeniert, um wieder auf den Planeten zu gelangen, und dieses wundervolle Licht nimmt täglich zu. Damit die Energie sich durch euer Bewusstsein durcharbeiten kann, muss sie auf dem Planeten Fuß fassen. Intelligenz dringt in Form von Wellen ein und erzeugt geometrische Figuren auf der Erde. Es ist nicht so, dass ein Raumschiff herunterkommt, nachts Kornkreise erzeugt und dann wieder abhebt. Obwohl einige Kreise von Landungen verursacht wurden, kann Intelligenz jede von ihr gewünschte Form annehmen, und sehr oft kommt Intelligenz in Gestalt einer energetischen Welle. Es wird eine Zeit kommen, da tatsächlich eine Welle des Lichts über die Erde hinwegfegen wird.

Intelligenz geht über das gesprochene und das geschriebene Wort hinaus, denn es handelt sich dabei um eine Frequenz, die manchmal in geometrischen Formen auftritt. Der griechische Philosoph Pythagoras hatte ein gewisses Verständnis davon, aber seine Geometrie, etwa der Hypotenusensatz, wurde von seinen Mitmenschen nicht verstanden. Geometrie ist entwickelte Intelligenz, eine Ansammlung von Erfahrung, die riesige Mengen von Information mitteilen kann. Tatsächlich werden die Kornkreise auf dem gesamten Planeten durch Ultraschall erzeugt, um diese Sprachfiguren auszuführen. Am Anfang sind viele dieser Figuren Kreise. Sie entwickeln sich dann sich zu Dreiecken, Linien und vielem anderen.

Am häufigsten sind Kornkreise in England und auf dem europäischen Kontinent vertreten. Es gibt sie aber auch in der früheren Sowjetunion und in Südamerika. Sie kommen sogar in den Vereinigten Staaten vor, obwohl manche Leute ihre Existenz sehr effektiv verleugnen. Diese geometrischen Figuren sind wie Hieroglyphen. Die Hieroglyphen und in Stein gemeißelten Piktogramme auf dem Planeten wurden von einer ähnlichen Intelligenz hervorgebracht. Mit anderen Worten: Wenn man die Hieroglyphen so liest, wie sie aufgrund des Steins von Rosette entziffert wurden, teilen sie etwas Bestimmtes mit. Wenn man sich hingegen an die geheime Sprache der Priester erinnern könnte, würden die Hieroglyphen eine ganz andere Geschichte erzählen. Und wenn man die Sprache der Schöpfergötter verstünde, würden sie wieder etwas vollkommen anderes vermitteln.

Die auf die Erde gebrachten Kreise und Figuren sollen euch helfen, eure Frequenz zu halten und mit ihr umzugehen, und sie sollen euch Mut machen, euer Licht zu leben. Sie machen auf sehr subtile Weise Informationsfrequenz verfügbar, die bisher noch niemand erklären kann. Diese Figuren sind alle miteinander verbunden, und würden sie alle gleichzeitig in das Feld irgendeines Bauern geschrieben werden, so würde sofort etwas mit ihnen geschehen. Sie treten entfernt voneinander auf verschiedenen Kontinenten auf und legen auf diese Weise ein Frequenzband um den Planeten, das dabei hilft, das Gitternetz der Erde zu aktivieren. Sie werden dazu beitragen, dass ihr euch mit eurem Wissen nicht mehr so sonderbar vorkommt und die auftretenden Frequenzveränderungen als angenehmer empfindet.

Dies ist nur ein kleiner Teil dessen, was Kornkreise bewirken. Viele sind von sogenannten Aufgestiegenen Meistern gestaltet und konstruiert. Es steckt aber auch ein Scherz dahinter. Einige Wesen haben, wenn sie sehr weit fortgeschritten sind, einen enormen Sinn für Humor entwickelt. Sie sehen alles mit Humor.

Wie gesagt sind geometrische Formen und Figuren Träger von Intelligenz. Sie sind Frequenzwellen, die moduliert und verändert werden können. Die auf die Erde kommenden Formen sind wie Energietore oder Energieglyphen. Sie sind intelligente Muster und werden gerade aufgestellt, um sich schließlich zu verbinden und ein intelligentes Gitternetz um den Planeten zu bilden.

Dieses Gitternetz wird eine Frequenz besitzen, die die Menschheit zu ihrer Entwicklung nutzen kann und bereits nutzt.

Zurzeit ist noch nicht die gesamte Sprache der Energien auf dem Planeten. Die Glyphen kommen als Ergebnis einer bestimmten Bewusstseinsentwicklung auf die Erde. Sie arbeiten mit Orten der Kraft, die Energiewirbel sind und sie anziehen. In den Milliarden Jahren, in denen sich die Erde schon in ihrer Umlaufbahn befindet, sind diese Zentren verdeckt und begraben gewesen. Einige sind in einen Zustand der Latenz verfallen, und viele werden seit einiger Zeit wiedererweckt, seit die um den Planeten gelegte Abschirmung aufgebrochen wurde.

Die Kornkreise sind ein äußerer Ausdruck von Bewusstsein. Sie kommen in eure Wirklichkeit, um euch zu zeigen, dass der rationale Verstand nicht alle Daten kontrollieren kann, so sehr er das auch möchte. Diese Ereignisse treten auf, um sich mit der Bewusstseinskodierung aller menschlicher Wesen zu überschneiden. Wann immer die Wirklichkeit nicht erklärt werden kann, wird eine bestimmte Nische innerhalb des Bewusstseins geöffnet. Die Kornkreise übersteigen den logischen Verstand völlig. Daher zwingen sie die herkömmliche Sicht zur Erweiterung, da sie im üblichen Rahmen gar nicht möglich sind. Sie sind ein Auslöser. Sie zwingen die Wirklichkeit, über ihre eigenen Begrenzungen hinauszugehen.

Es gibt eine ganze Reihe von Gründen für das Auftreten der Kornkreise. Grundsätzlich existieren sie, um die Wirklichkeit in Bewegung zu bringen – um euch eher zum Fühlen als zum Denken zu bringen. Die meisten, die diese Kreise erforschen, versuchen eher durch *Denken* als durch *Fühlen* aus ihnen schlau zu werden. In Großbritannien treten Kornkreise auf wie ein Hautausschlag, weil die Briten allgemein ein sehr logisch orientiertes Bewusstsein haben. Die Britischen Inseln sind jedoch auch von megalithischen Spiralen und Steinformen beeinflusst, die die intuitiven Fähigkeiten der Bewohner intensiv geprägt haben.

Dieses Phänomen besitzt keine Logik. Es zwingt eine logisch orientierte Gesellschaft, etwas anzuerkennen, das keinen Sinn ergibt, und dies geschieht auf sehr spielerische und offensichtliche Weise, ohne dass jemandes Sicht der Wirklichkeit bedroht wird. Wenn überall Raumschiffe landeten, wären die Menschen sehr beunruhigt. Wenn sich aber Korn in konzentrischen Kreisen hinlegt und dabei nicht einmal bricht oder abstirbt, so regt das niemanden weiter auf. Versteht ihr, wie Energien mit euch spielen? Es ist notwendig, bestimmte Dinge zu tun, damit ihr es erkennt und versteht, ohne dass eure Schaltkreise überlastet werden.

Diese Sprache wird als eine Geschichte auf den Planeten gebracht – als eine Informationsglyphe, die eine Frequenz besitzt, um euch beim Halten eurer eigenen Frequenz zu unterstützen. Wenn ihr aufwacht, ist es für andere leicht, euch zu verstehen und zu erkennen. Ihr werdet die ganze Zeit über beobachtet, denn es gibt Einrichtungen, die die Entwicklung und den Standort von Bewusstsein überwachen. Wenn das Bewusstsein einmal einen bestimmten Stand erreicht hat, wird von außen Unterstützung geleistet, um andere Bereiche jener Frequenz zu etablieren.

Um euch ein Beispiel aus eurem Leben zu geben: Angenommen, ihr eröffnet ein Restaurant, und es ist ein voller Erfolg. Ihr führt es, haltet es in Schwung und verkauft wirklich gutes Essen. Dann kommt jemand vorbei und sagt: »Wollen Sie nicht eine Restaurantkette daraus machen? Wenn Sie uns die Konzession geben, bringen wir Sie überall hin.« Diese geometrischen Formen helfen euch, die Frequenz über den gesamten Planeten zu verteilen und sie aufrechtzuerhalten. Sie heben euch auf eine neue Ebene.

18

Sinfonien des Bewusstseins

Licht informiert euch. Es erhebt euch, denn wenn ihr informiert seid, fühlt ihr euch mächtiger. Wenn ihr nicht informiert seid, fühlt ihr euch machtlos.

Klang ist eine weitere Art, Information zu transportieren, denn er ist Teil des Lichts. Euch mag es so scheinen, als wären Klang und Licht zwei verschiedene Dinge, denn von eurem Standpunkt aus nehmt ihr Licht mit den Augen und Töne mit den Ohren wahr. Weil ihr getrennte Wahrnehmungsorgane eures Körpers verwendet, habt ihr außerdem den Eindruck, als wären auch Licht und Klang getrennt. Tatsächlich stehen sie aber stark miteinander in Verbindung. Sie sind gleichsam ineinander verzahnt, weil beide Information enthalten und weitergeben.

In vielen Bauten auf diesem Planeten, besonders an alten heiligen Stätten, ist Information in Stein gespeichert. Ebenso ist in euren Knochen Information gespeichert. Wenn ihr Klang durch euch strömen lasst, öffnet er einen Zugang und erlaubt der Information, in euren Körper zu fließen. Er dringt auch in den Boden, beeinflusst die Schwingungen der Erde und lässt so eine Neuordnung der molekularen Ausrichtung von Information geschehen. Diejenigen von euch, die Klang bei Körperarbeit an anderen verwenden, erzeugen eine Neuordnung der Molekularstruktur und eine Öffnung, durch die Information fließen kann. Diese Art von Arbeit wird immer tiefgehender werden.

Wenn in Tibet ein Meister, der die Realität transzendieren konnte, starb, so wurde der natürliche Zerfall zugelassen und sein Körper aufbewahrt, denn das Skelett reagierte sensibel auf Frequenzen. *Information ist in Knochen und Steinen gespeichert.* In manchen Klöstern Tibets, wo die historische Kontinuität der Mönche Abertausende Jahre lückenlos zurückverfolgt werden kann, hat man die Schädel verschiedener Meister gefunden. Es gibt dort sehr geheime Räume, die voll mit Schädeln sind. Wenn man an diese Orte geht, kann man durch Klang Zugang zu den Intelligenzfaktoren der Menschen erhalten, die einst jene Schädel trugen.

Versteht ihr jetzt, warum Schädel aus Kristall geschaffen wurden? Kristalline Strukturen sind wie holografische Computer: Sie können an die entsprechend entwickelten oder darauf eingestimmten Menschen eine enorme Informationsmenge weitergeben. Sie sind wie Schädel gestaltet, um als Code für das Verständnis eures eigenen Schädels zu wirken und auch, damit ihr versteht, dass die Knochen in eurem Körper überaus wertvoll sind.

Klang ist ein Werkzeug der Umwandlung. Die Hüter der Frequenz, und zu solchen solltet ihr werden, lernen, wie sie ihre Frequenz durch Klang modulieren können. Klang kann jede Substanz durchdringen, kann Moleküle bewegen und Wirklichkeiten neu ordnen. Im alten Ägypten war das Ankh, das Symbol des Lebens, eigentlich ein Frequenzmodulator. Es wurde von jenen verwendet, die Meister im Halten von Frequenzen waren und mit diesen Frequenzen sehr viel bewirken konnten. Das Ankh ähnelt einer Stimmgabel und kann Klang lenken. Dazu wurde es vor langer Zeit verwendet. Bevor ihr Klang so erfahren könnt wie die alten Ägypter, werdet ihr eure Makellosigkeit unter Beweis stellen müssen. Ihr werdet eine Initiation oder Prüfung durchlaufen müssen, wodurch festgestellt wird, ob man euch diese Macht anvertrauen kann. Der Planet ist nicht so reif, dass eine derartige Energie einfach jedermann gegeben werden kann. Wenn ihr diese Arbeit schon durchführen könntet, wärt ihr eures Lebens nicht sicher, denn es würde zu viele geben, die eure Gabe missbrauchen wollten. Ihr werdet die Fähigkeit erhalten, sobald ihr reif dafür seid.

Ihr könnt schon einmal anfangen, mit Klang zu arbeiten, indem ihr zulasst, dass er auf eurem Körper »spielt«. Zentriert euch, klärt euren Geist und lasst Töne durch euch kommen. Die alten Mysterienschulen arbeiteten auf diese Weise mit Klang, und es ist eine sehr machtvolle Technik, wenn sie in der Gruppe praktiziert wird. Ihr werdet über eure gemeinsamen Klänge oder Sinfonien des Bewusstseins erstaunt sein, wenn sie sich gleichsam von selbst spielen. Wenn ihr gemeinsam Töne erzeugt, wird euch gezeigt werden, was ihr bewirken könnt, ohne dass ihr auch nur wusstet, dass ihr es könnt. Ihr werdet lernen, wie ihr diese Energie verwenden und kultivieren könnt, um euer eigenes Ankh herzustellen.

Wenn ihr einem Kind Knetmasse kauft, weiß es zunächst auch nicht, was sich daraus formen lässt, also macht ihr ihm kleine Kugeln oder Würste, so dass es die Möglichkeiten sieht, die die Knetmasse bietet. Nachdem das Kind dann einige Zeit damit gespielt hat, entdeckt es seinen eigenen Sinn für Kreativität in der Form.

Die schöpferische Form von Klang wird euch erst als Möglichkeit gezeigt. Ihr werdet durch die Verwendung des Klangs geleitet. Schließlich werdet ihr von selbst einiges entdecken, was Klang bewirken kann. Dann werdet ihr mehr wagen und lernen, was Klang alles erschaffen kann. Die Energien werden deshalb so eingeführt, um sicherzustellen, dass sie nicht missbraucht werden und ihr euch nicht überanstrengt oder aus Enthusiasmus übertreibt.

Nachdem ihr mit dem Klang einige Zeit gearbeitet habt, werdet ihr damit sehr weit kommen. Es ist, wie wenn man einem Kind ein sehr wirkungsvolles Werkzeug gibt. Ohne entsprechende Bewusstheit könntet ihr Dinge tun und nicht begreifen, welche Nebenwirkungen sie haben. Denkt nur, was Klang in Stadien oder Konzertsälen auslöst. Das Anfeuern oder Ausbuhen durch die Menge baut eine ganz bestimmte Atmosphäre auf. Wenn ihr in Gruppen gemeinsam Klänge erzeugt, dann schafft ihr eure Atmosphäre selbst. Ihr erlaubt bestimmten Energien, auf dem Instrument eures Körpers zu spielen. Ihr lasst vorgefasste Ideen los und erlaubt unterschiedlichen Melodien und Energien, eure physischen Körper als Mittel zu verwenden, um sich auf diesem Planeten zu manifestieren. Tatsächlich erfahrt ihr dadurch die Lebenskraft der Energien, denen ihr erlaubt, sich durch euer eigenes Selbst auszudrücken. Ihr werdet zu Kanälen. So, wie unser Channel uns erlaubt, durch seinen Körper in eure Wirklichkeit zu kommen, erlaubt ihr einer Schwingung, in ihrer ganzen Herrlichkeit durch eure Körper und durch eure Mithilfe auf den Planeten zu kommen. Ihr gebärt etwas. Ihr erschafft eine Gelegenheit, und eine Energie ergreift sie.

Weil Emotionen Gefühle mit sich bringen und euch mit ihnen verbinden, könnt ihr durch sie unterschiedliche Bewusstseinszustände erkennen. Der logische Verstand lässt das nicht zu, da er an seiner eigenen Identität festhält. Er ist in der Begrenzung des Ego gefangen und möchte andere Bereiche nicht anerkennen. Gefühl erkennt jedoch andere Bereiche an, denn Gefühl erkennt den Unterschied. Ihr könnt die Zeichen mit Hilfe der Energie lesen, die ihr Gefühl nennt. Tatsächlich ist es eine Schwingung. Klang erzeugt emotionale Zustände. Wenn ihr Klangharmonien erschafft, erinnert das euren Körper an etwas. Es erinnert euren Körper an Licht, an tiefe kosmische Liebe und an andere Welten. Euren Körper überkommt Freude und manchmal übermächtige Traurigkeit. Er sucht und findet eine Frequenz, nach der er sich schon lange sehnt und an die ihn der Klang erinnert hat. Wenn ihr zulasst, dass der Klang auf eurem Körper spielt, so entdeckt ihr eine langgesuchte Frequenz. Diese Frequenz steht in Verbindung mit der Entwicklung der DNS-Helices in eurem Körper. Klang ist ein Fahrzeug oder ein Pfad, der euch mit den Chakren außerhalb eures Körpers verbindet, denn ihr habt keine Möglichkeit, diese durch euren logischen Verstand zu erreichen. Ihr müsst alle Frequenzen und Chakren durch Gefühl erreichen, und Klang wird euch mit Gefühl verbinden, wodurch ihr fähig werdet, die Information zu verstehen.

Wenn Klang bildlich dargestellt werden könnte, was durch das Wunder der Kymatik möglich ist, würdet ihr ihn verzaubert betrachten. Es gibt so viele Wirklichkeiten, in denen Klang sich sehr wohl bildlich darstellt. Ihr fühlt die Bewegung und die Sprache des Klangs, wenn ihr euren Körper wiegt oder eure Hände bewegt. Ihr erfahrt den Reichtum dieser Kommunikationsform und spürt, wie multidimensional alles ist, indem ihr fühlt, wie Klang sich selbst ausdrückt. Er hat seine eigene Sprache und seine eigene Form.

Klang hat eine bestimmte Frequenz, und der Körper erkennt diese Frequenz. Der Körper ist so eingestellt, dass er auf die Annehmbarkeit der Frequenz reagiert. Die großen Meister der Musik wie Beethoven und Mozart waren darauf kodiert, eine stabile Information einzubringen, denn sie empfingen Klangharmonien zu einer Zeit, als große Dunkelheit den Planeten überschattete. Um ein gewisses Erinnerungsvermögen im Geist der Menschheit wachzuhalten, wurden Frequenzen in den hörbaren Bereich transponiert und in das Bewusstsein dieser Meister eingespielt.

Euer Verständnis von Klang wird sich weiterentwickeln. Menschliche Wesen können jetzt schon, indem sie tönen, zu Instrumenten des Klangs werden. Menschen werden zu Flöten, Klavieren, Harfen, Oboen und Tubas. Sie lassen zu, dass Energien ihre physischen Körper verwenden, um eine Vielzahl von Klängen zu erzeugen, deren Bandbreite sie nicht zu steuern und zu kontrollieren versuchen. Der Geist spielt, und die Menschen hören einfach die Sinfonie, die sie und andere aufführen. Das geht sehr tief.

Diese Harmonien können auf erstaunliche Weise benutzt werden, denn Harmonie kann vieles entwickeln. Mit am Wichtigsten bei der Anwendung dieser Harmonien ist, dass man sehr still sein muss, wenn sie beendet sind. Die Harmonien verändern etwas; sie öffnen die Tür. Bestimmte Klangkombinationen, durch den menschlichen Körper gespielt, setzen Informationen und Frequenzen der Intelligenz frei. Längere Stille nach den Harmonien ermöglicht den Menschen, ihre Körper als Geräte zum Empfangen und Absorbieren der Frequenzen einzusetzen; auch kann man sich dann durch Atmen in einen ekstatischen Zustand versetzen.

Wenn ihr mit anderen tönt, habt ihr Zugang zum Geist der Gruppe, was vorher nicht der Fall war. Es ist ein gigantischer Bewusstseinssprung. *Das Schlüsselwort ist Harmonie.* Wenn der gesamte Planet eine solche Harmonie im Denken erschaffen kann, wird er sich sehr schnell verändern. Dafür arbeitet ihr.

Ihr werdet eine Frequenz aussenden, und dieser Klang wird sich ausbreiten. Er wird in der Menschheit eine unbändige Sehnsucht nach Rückkehr zur Harmonie auslösen – einer Rückkehr zur Kraft des Gruppengeistes und zur Stärke des Einzelnen.

Was ihr mit Klang beabsichtigt, ist von äußerster Wichtigkeit. Wenn ihr euch über eure Absichten nicht klar seid, kann sich der Klang aufschaukeln und weit über seine ursprüngliche Intensität hinaus anwachsen. Er verdoppelt und vervierfacht sich durch seine eigene Kraft, ohne euer weiteres Zutun. Es ist für euch sehr wichtig, euch klar darüber zu sein, was ihr mit dem Klang vorhabt. Das ist ein Punkt. Der zweite ist, dass Klang Energie lostreten kann. Er kann eine stehende Welle erzeugen, in der sich die Frequenzen summieren. Diese Energie kann dann auf oder gegen alles gerichtet werden. Ihr habt von jenen gehört, die um die Stadt Jericho marschierten. Sie marschierten tagelang um Jericho herum und erzeugten eine stehende Welle. Diese Welle baute schließlich so viel Energie auf, dass die Stadtmauern in sich zusammenfielen.

Wenn Naturvölker tanzen, rasseln, sich schütteln und in Kreisen bewegen, wird die Energie dieser Welle aufgebaut. Wenn ihr in einem Kreis oder im Umkreis einer Lichtsäule Klang erzeugt, dann erschafft ihr eine Säule, die viel mehr bewirken kann, als ihr jemals wusstet. Sie kann Explosionen erzeugen und viele Wirklichkeiten zerstören oder auch erschaffen. Bei kriegerischen Stämmen wurde der Kriegstanz von jenen ausgeführt, die in den Kampf zogen. Die gemeinsame und absichtliche Anrufung bestand darin, die nichtphysischen Kräfte um Begleitung zu bitten. Die Krieger verwendeten diese Art von Klang, um ihre Feinde zu bekämpfen, indem sie Energie durch eine Toröffnung fließen und dadurch eine stehende Säule bilden ließen. Wenn ihr etwas hört, das wie Kriegsgeschrei klingt, dann denkt ihr an die unangenehmen Dinge, für die diese Klänge benutzt wurden, weil sie sehr mächtig sind. Sie berühren andere auf unangenehme Weise, denn sie erinnern an die Verantwortung, die mit dem Klang einhergeht. Einige von euch sind bei Klängen wie versteinert; ihr seid vom Klang eurer eigenen Stimme versteinert, die laut und deutlich sagt, was ihr wollt. Ihr habt eine zellulare Erinnerung daran, was Klang bewirken kann, und seine Möglichkeiten wirken auf manche eher niederschmetternd. Klang kann euch mit Orten verbinden, an die euch euer Intellekt nicht bringen kann. Euer Intellekt möchte Kategorien aufstellen, aber man kann Klang nicht kategorisieren; er muss einfach erfahren werden.

Missbrauch geschieht durch Absicht. Ihr könnt die Macht des Klanges entdecken und ihn dann zur Manipulation anderer missbrauchen. Was empfindet ihr, wenn ihr in einer Stadt lebt und Sirenen hört? Angst. Das ist Missbrauch von Klang, und es verändert eure Frequenzen. Es ist eine sehr primitive Art des Klangs und eine sehr primitive Art des Missbrauchs. Diejenigen, die den Klang erzeugen, kennen seine Auswirkungen auf die menschliche Psyche. Er ist schrill und nervenaufreibend und hält euch davon ab, eure Aufmerksamkeit auf etwas anderes zu lenken. Diese Frequenz ist wie ein Riegel; sie hypnotisiert euch und hält euer Bewusstsein und eure Intelligenz gefangen. Es scheint, als könnte sich eure Intelligenz auf keinen anderen Ort konzentrieren. Es ist fast, wie im Gefängnis zu sein, denn der Klang sperrt euer Bewusstsein ein, so dass es von einer Schwingungsrate abhängig wird und nichts anderes mehr verlangt. Es wird unterjocht. Denkt auch an eure Fernseher oder den Klang, der aus Computern und Spielekonsolen dringt.

Es macht immer ärgerlich, die verschiedenen Formen der Frequenzkontrolle zu betrachten und zu sehen, welch mächtige Verbündete, wie zum Beispiel Klang, verwendet werden, um euch zu kontrollieren und zu steuern. Bei vielen Menschen erzeugt es große

Unruhe und Zorn, über geheime Vorrichtungen zur Manipulation des Bewusstseins zu erfahren. Wir teilen euch diese Dinge aus vielen Gründen mit. Letztlich geht es uns darum, euch zu mehr Stärke und Eigenständigkeit zu bringen. Ihr müsst erkennen, dass ihr in keiner Situation machtlos seid und dass euer Geist euer kreativstes Werkzeug ist. Euer Geist und eure Gedanken gestalten eure Erfahrung, ganz gleich, welche Art von Technologie verwendet wird.

Diejenigen, die in ihrer eigenen Wirklichkeit mit untadeliger Führung, Bereitschaft zu Harmonie und zu Licht handeln, verbinden sich mit ihren dimensionalen Partnern, die das Gleiche tun. Ihr bildet Brücken aus Licht und habt kodierte Lichtfäden als Säulen und offene Toröffnungen. Diejenigen, die mit dem Verständnis belohnt werden, dass sie berufen sind, Klang als Teil ihrer Arbeit zu verwenden, und die diesen Aufruf erkennen und ihm folgen, werden sich sehr rasch entwickeln. Die sich so rasch entwickeln, werden eines Tages aufgerufen sein, viele Menschen zu vertreten, Weltversammlungen des Bewusstseins zu vertreten und die vorhandene Frequenz mit ihrem Klang zu verändern.

19

Die innere Flamme entfachen

Der Planet strebt nach einer inneren Balance im Selbst. Da das Selbst die Zusammenfassung von allem ist, hält eine Harmonie all eure außerirdischen, multidimensionalen, männlichen und weiblichen Selbste im Gleichgewicht.

Ihr seid unglaublich vollständige Wesen, was ihr jetzt zu erkennen beginnt. Erlaubt euch zu erblühen und in diese Vollkommenheit zu gelangen. Niemand hindert euch daran, außer ihr selbst. Wenn ihr die Vervollkommnung zulasst, erwarten euch Aussichten, die weit über eure Vorstellungskraft hinausgehen. Ihr entdeckt gerade, dass ihr euren Emotionalkörper ebenso braucht wie eure Weiblichkeit und eure Männlichkeit. Ihr braucht all eure Gaben, damit ihr überlebt und versteht, was sich auf dem Planeten entfaltet. Bitte erkennt den Ernst der Zeit, in der ihr gerade lebt. So wie wir mit jedem von euch Zeit verbringen, so werdet ihr geprüft werden und dann, wenn die Zeit reif ist, eingesetzt, um andere zu unterrichten.

Durch Gefühl könnt ihr noch viel mehr entdecken, denn ihr strebt danach, etwas aufzulösen und in euch ganz zu machen. Um euch zu zeigen, wie unvollkommen ihr seid, habt ihr den Zustand einer gewaltigen Trennung geschaffen, die außerhalb von euch zu liegen scheint. Es sieht aus, als hätte euer Drama etwas mit einem mächtigen Mann gegen eine mächtige Frau zu tun. Wer von den beiden wird das Opfer sein? Wer hat recht und wer unrecht? Was sagt dieses innere Drama eigentlich aus? Was ist dieser äußere Spiegel, der eure inneren Vorgänge reflektiert?

Wenn euch Multidimensionalität zugänglich wird, müsst ihr das Männliche und das Weibliche verschmelzen. Ihr werdet nicht bei der Trennung oder dem Kampf zwischen Männern und Frauen aufhören, der seit Abertausenden von Jahren tobt. Wer hat diese Trennung zwischen Männern und Frauen geschaffen? Die Schöpfergötter haben dieses Paradigma für euch errichtet und diese Frequenzen von anderen Gesichtspunkten aus in Gang gesetzt. Die Trennungsgeschichte dient ihren Zielen, weil sie verheerende Wirkungen hat.

Die männlichen Schwingungen kamen erst in jüngerer Zeit an die Macht, vor ungefähr fünftausend Jahren. Um langsam zu erkennen, wer sie waren, sagten sie sich total und vollständig von allem los, was vorher an der Macht gewesen war: der matriarchalen Bewegung und den Frauen. Die Frauen wirken traditionell durch die Bereiche der Intuition und des Gefühls. Die Männer sind zwar auch sehr oft Träger von Intuition und Gefühl gewesen, aber in dieser jüngsten Trennung nahmen sie keine Gefühle mit. Es fand eine riesige Spaltung statt, und Männer und Frauen auf dem Planeten gerieten in einen großen Konflikt. Warum das geschah? Es wurde arrangiert. Und zwar von den Schöpfergöttern, die den Planeten übernahmen und über eure Realität herfielen – sie hielten sich dadurch am Leben, dass sie sich von eurem emotionalen Aufruhr ernährten.

Dieser Planet ist bereits allen möglichen Arten von Plänen und Aktivitäten unterworfen gewesen, die inszeniert wurden, um immer größere emotionale Unruhe zu erzeugen. Je mehr Menschen in diese Aktivitäten verwickelt sind, desto größer sind die Möglichkeiten für emotionalen Aufruhr. Die Schöpfergötter stifteten diese Aktivitäten an und wiegelten euch gegeneinander auf. Um dieses Paradigma zu sprengen, was jetzt euer aller Auftrag ist, müsst ihr viele der trennenden Strukturen verändern. Wie die Trennung auch beschaffen sein mag – zwischen Mann und Frau, Schwarz und Weiß, Osten und Westen –, ihr müsst sie verändern.

Ihr kamt absichtlich auf diesen Planeten, um euch als Mitglieder der Lichtfamilie in archetypische Situationen zu begeben. Wie gesagt, tut ihr dies, damit ihr die Masse verstehen könnt und Energie für sie umwandelt, indem ihr sie in euch selbst umwandeln könnt. Wenn ihr einmal eine Heilung oder Verbindung erreicht, dann heilt ihr nicht nur euch selbst, sondern auch die Spezies und die Massenpsyche.

Löst euch von eurem persönlichen Drama und erkennt, dass alles symbolisch ist. Seht euch selbst als eine weibliche Wesenheit auf der Suche nach Identität und erkennt, wie eine männliche Identität euch ständig entgegenzuwirken scheint. Ihr müsst herausfinden, wie ihr diese Identitäten in euch zusammenbringen könnt. Wenn diese Vereinigung in euch stattfindet, wird sie automatisch außerhalb von euch weitergehen. Ein Teil eurer Reise auf diesem Planeten besteht darin, die männliche Herrschaft über das Weibliche zu heilen. Ihr braucht nicht alles, was ihr tut, persönlich zu nehmen oder es als persönliche Last zu tragen, als beträfe es einzig und allein euch. Es ist nicht nur bei euch so; es ist universell.

Jeder von euch trägt Energien in sich, die in eurer kollektiven Erfahrung aufzulösen sind. Als Mitglieder der Lichtfamilie hat jeder von euch seine durch Reinkarnation gewonnenen Stärken in Bereichen, die er am meisten verkörpert und die er als anregend empfindet. Deshalb seid ihr alle verschieden. Als Mitglieder der Lichtfamilie müsst ihr ausschwärmen, um dahinterzukommen, was es heißt, Mensch zu sein. Ihr müsst das volle Spektrum an Erfahrungen abdecken, damit ihr von einer zellularen Ebene aus begreifen könnt, wie viel umgewandelt werden muss, wie tief das Gefühl von Machtlosigkeit geht und wie sehr die Energie der Göttin dem Bewusstsein der Spezies verlorengegangen ist.

Denkt daran, dass ihr Geschöpfe seid, die durch Frequenz in ihrer Entwicklung gehemmt wurden, und dass es eure Aufgabe ist, die Menschen dorthin zu bringen, wo sie die menschliche Entwicklung bewusst beschleunigen können. Wenn man in seiner Entwicklung durch Frequenz- und DNS-Manipulation gestoppt wird, gibt es nur eine Art von Frequenz, die ausgesendet werden kann, und dadurch kommt es zu einem Kampf mit dem Selbst, was alles scheinbar noch getrennter macht. Wenn ihr vollkommener werdet, trennt ihr die Dinge nicht mehr so stark: Ihr seht dann, dass alles Teil der Erfahrung ist. Manchmal verliert ihr euch so sehr in der Erfahrung, ein Mensch zu sein, dass ihr vergesst, warum ihr hier seid.

Als Mitglieder der Lichtfamilie seid ihr hergekommen, um euch zur Unterstützung eurer Spezies zu transformieren. Sobald ihr euch mehr von den Dramen löst, werdet ihr euch nicht mehr so sehr in sie verstrickt fühlen und nicht mehr als ihre Opfer empfinden. Ihr werdet verstehen, dass ihr es mit einem Energiekollektiv zu tun habt. Wenn ihr das also kollektiv in euch erkennt, könnt ihr eine neue Schwingung aussenden, mit der Frauen und Männer harmonieren können.

Jedes Mal, wenn ihr fühlt, dass ihr Fortschritte gemacht habt, habt ihr es auch. Denkt nicht gering über die Schritte, die ihr zurücklegt. Ihr setzt euch selbst herab, wenn ihr euer Verhalten betrachtet und euch oder andere schlecht macht. Schaut lieber, wie ihr von allem profitieren könnt.

Der herrschende Konflikt findet eigentlich zwischen dem Männlichen und Weiblichen in euch statt. Ihr habt noch keine Möglichkeit gefunden, wie ihr euren männlichen und weiblichen Teil miteinander verschmelzen könnt, und es gibt Millionen anderer mit dem gleichen Konflikt. Seid gütig und großzügig zu euch selbst. Wenn ihr eine Zusammenarbeit zwischen den männlichen und weiblichen Anteilen in euch aufbauen könnt, so werdet ihr auch zur Kooperation auf dem Planeten fähig werden und zur Zusammenarbeit mit den Wesen, die aus dem Weltraum kommen und die alle ein Teil von euch sind.

Ihr alle müsst euer eigener Herr werden. Wenn ihr euch verändert, braucht ihr einen Ort um euch, an dem ihr wirken könnt, ohne jemandem verpflichtet zu sein. Gleichzeitig könnt ihr nicht an jemanden Forderungen stellen, ohne ihm das gleiche Recht zuzugestehen. Ihr definiert auf viele Arten das gesamte Konzept von Beziehung und Zusammenarbeit neu. Beziehung ist Zusammenarbeit. Sie ist einvernehmliche Zusammenarbeit der Frequenz oder ein Verschmelzen der Frequenzmodulation. Viele eurer alten Arten, miteinander umzugehen, irritieren euch jetzt sehr, denn ihr seid dabei, eine Frequenz der Freiheit zu entdecken. Euer Auftrag ist es, diese Freiheitsfrequenz auf den Planeten zu ziehen. Natürlich werdet ihr sie zuerst in euer eigenes Leben, eure Familie und eure Beziehungen hineinziehen. Im besten Fall werdet ihr lernen, frei zu sein und doch in eine große Zahl von Verhältnissen, Beziehungen und Kontakten des Lebens eingebunden zu sein.

Leider versteht man auf diesem Planeten unter Beziehung auch Besitz. Wenn ein Mann und eine Frau heiraten, obliegt es traditionellerweise dem Brautvater, die Frau wegzugeben. Eine männliche Figur muss sie überreichen. Es gibt unglaubliche Erwartungen über das Verhalten des anderen innerhalb von Beziehungen. Werdet euch klar darüber, was ihr unter Beziehung versteht; dies wird euch langfristig vieles erleichtern. Ebenso, wie eure Eltern euch nicht besitzen können, gibt es auch in einer Paarbeziehung kein Eigentum. Ihr steht miteinander in Beziehung, wenn ihr Energien hin und her schickt. Idealerweise ist das mit Gesprächen verbunden.

Die männlichen Schwingungen geben ebenso wie die weiblichen ihre Macht ab. Sie geben sie an eine Regierung ab, die sagt: »Geh und riskiere dein Leben. Stehe deinen Mann und schieß für uns. Wenn dein Körper dabei zu Hackfleisch wird, werden wir dich in einem Krankenhaus versorgen und dir ein bisschen Geld geben. Also, worauf wartest du noch!«; und die Männer gehorchen einfach. Die Kette von Gehorsam und Entmachtung ist dann komplett.

Aber jetzt seid ihr dabei, eure Gefühlszentren zu öffnen. Männer haben meistens größere Blockaden in ihrem Gefühlszentrum als Frauen. Die Energie steckt bei den Männern fest, denn sie hat sich vom ersten ins zweite Chakra bewegt und ist dann steckengeblieben. Das Gefühlszentrum der männlichen Schwingung ist nicht aktiviert.

Dies ist Teil des Experiments, das schon die letzten vier- bis fünftausend Jahre läuft. Die weibliche Energie, die fühlt, die Leben auf den Planeten bringt und Schöpferkraft repräsentiert, nahm eine untergeordnete Position ein, damit die männliche Schwingung Gelegenheit hatte, ohne Gefühl die Welt zu lenken.

Wir möchten, dass ihr den großen Zusammenhang seht. Wir betrachten hier Bewegungen des Bewusstseins. Das Weibliche, Träger des Magischen und Intuitiven, gab dies freiwillig auf – weiblich meint dabei nicht nur körperlich weibliche Wesen, sondern weibliches *Bewusstsein*. Viele Naturvölker, die mit der Erde lebten und über das Leben Bescheid wussten, waren sehr weiblich. Denkt daran, dass das Weibliche buchstäblich Leben auf den Planeten bringt, denn das Leben kommt aus dem weiblichen Körper. Das Weibliche trägt daher Gefühle, denn man kann nicht Leben auf den Planeten bringen und nicht fühlen – außer man macht bei der patriarchalen Bewegung mit, die Drogen erzeugt, um Gefühle abzustumpfen. Wenn man das Leben nicht fühlen kann, schätzt man es nicht. Wenn du das Leben fühlst und an der Erschaffung und Niederkunft des Lebens teilnimmst, schätzt du das Leben viel mehr, denn du weißt etwas darüber.

In den letzten fünftausend Jahren hat sich das Patriarchat vom Geburtsprozess entfernt, damit es seine Experimente mit Krieg und fortwährender Vernichtung von Menschen durchführen konnte. Die Energie im Männlichen wurde absichtlich blockiert. Wie schon erwähnt, ist die männliche Energie ziemlich festgefahren. Wir zeigen nicht mit dem Finger auf jemanden. Wir sagen jedoch allgemein, dass die Energie der männlichen Spezies auf dem Planeten sehr auf das zweite Chakra, also das Genitale, fixiert ist. Frauen, eure Blockade liegt in eurem Kehlkopf, denn ihr habt vor vier- bis fünftausend Jahren zugestimmt, über die Magie und die Intuition zu schweigen, die ihr als ein Teil der »Zwillingsflamme« repräsentiert. Die Zwillingsflamme ist das Männliche und das Weibliche, das in einem Körper existiert, ganz gleich, ob ihr körperlich Mann oder Frau seid.

Die patriarchale Gesellschaft wird vom männlichen Aspekt des Selbst geführt, das ihr alle seid. Ihr habt mit Bewusstsein experimentiert und euch darüber unterrichtet, was am besten funktioniert, als Vorbereitung auf diese Zeit, da die Flammen gemeinsam in eurem Körper entfacht würden. Jetzt wird die Zwillingsflamme nicht als Partner außerhalb des Selbst gesucht, sondern als Vervollständigung des männlichen und weiblichen Selbst verstanden und als Ergebnis all dessen, was das Selbst getan hat.

Nachdem ihr das Männliche und Weibliche in euch vervollständigt und eure eigene Zwillingsflamme aktiviert habt, werdet ihr, wenn ihr einen Partner sucht, jemand Vollkommenen suchen und nicht jemanden, der einfach die Lücke füllt, die ihr euch nicht eingestanden oder die ihr nicht selbst gefüllt habt.

In diesen Zeiten der Veränderung werden die Frauen ihren Kehlkopf öffnen müssen und sich selbst die Erlaubnis geben, zu sprechen. Jetzt ist es an der Zeit. Und ihr Männer, eure Herausforderung im Verstehen von Frauen und anderen Männern liegt im Fühlen und darin, Gefühle in der Sexualität zuzulassen. Sicher, viele Männer haben gerade Schwierigkeiten mit Frauen. Die Frauen machen die Männer verrückt. Es ist wahr. Der männlichen Schwingung – und auch der weiblichen, die im männlichen Aspekt ihres Selbst handelt – schlagen wir vor, sich beim Sex ins Gefühl zu bewegen. Bewegt euch eher in die Emotionalität von allem als nur in die Sexualität und Stimulierung des Körpers. Es gibt eine emotionale Stimulierung, die emotionale Bereitschaft und emotionales Vertrauen braucht. Elektromagnetisch gesehen wird diese emotionale Stimulierung eine Frequenz in euch öffnen. Die Frequenz, die Sexualität repräsentiert, erinnert euch an eure Göttlichkeit.

Das Männliche verschloss sein Gefühlszentrum, um die Herrschaft über diesen Planeten zu erfahren. Es konnte Krieg führen, töten und den Planeten dominieren, weil sein Gefühlszentrum verschlossen war. Das Weibliche war einverstanden, das Sprechzentrum zu schließen, damit das Männliche Gelegenheit hatte, die Verantwortung für dieses System zu erfahren.

All dies erreicht jetzt einen Punkt des Stillstands. Das Weibliche begann in den 1960er Jahren, den Kehlkopf zu öffnen, als die Möglichkeit zu sprechen in Mode kam. Das Problem besteht darin, dass viele Frauen, als sie ihr Sprechzentrum öffneten, schließlich ihr Gefühlszentrum verschlossen. Sie wurden langsam wie Männer. Ein Gleichgewicht ist notwendig. Jetzt entdeckt die Frau das Bedürfnis, das weibliche Prinzip in sich zu erwecken. Sie befindet sich in einem weiblichen Körper und hat die Verwendung der männlichen Schwingung in sich gemeistert. Sie ist in die Welt hinausgegangen, und sie fühlt sich stark. Sie kann ohne Schleier vor dem Gesicht auf die Straße gehen, und sie kann sich entscheiden, ob sie heiraten möchte oder nicht. Sie gehört sich selbst. In diesem Land ist sie für ihre eigenen Entscheidungen selbst verantwortlich. Sie beginnt, weicher zu werden und den Teil in sich zu erwecken, der sie nährt und der ihr Leben bringt. Indem sie in sich ihren männlichen und weiblichen Teil vereint und zulässt, die entwickelte DNS zu erfahren, sendet sie diese Frequenz aus. Diese Frequenz wird auf dem Planeten vorherrschend werden.

Es ist unbedingt erforderlich, dass Männer ihr Gefühlszentrum öffnen. Das ist der nächste Schritt, den sie gehen müssen, um ein Gleichgewicht mit dem Weiblichen zu schaffen. Das wird bei den Männern sehr schnell gehen. Es wird kein Jahrzehnte dauernder Prozess sein, denn sie erleben gerade in ihrer Gesamtheit einen Zustand der Verwirrung. Die Männer erkennen, dass sie nicht mögen, was geschieht, und sie stellen das Bestehende in Frage.

An einem bestimmten Punkt werden diese Frequenzen vorherrschend werden. Dann führt zum Beispiel jemand in einem Labor Tierversuche durch, und plötzlich wird sein Gefühlszentrum radikal geöffnet. Der Mensch fühlt den Schmerz, den das Tier empfindet, und das eigene Tun wird verabscheuungswürdig. Er dreht sich um, verlässt das Labor und kehrt nie wieder zurück, weil er so erschüttert ist. Dies steht der männlichen Schwingung bevor.

Wir haben gesagt, dass sich die männliche Schwingung in sehr kurzer Zeit umwandeln wird. Wir werden euch nicht sagen warum oder auf welche Weise, weil einige von euch es zu schrecklich finden werden. Auf jeden Fall wird ein einseitiges Ansteigen des Bewusstseins in der Bevölkerung stattfinden. An einem bestimmten Punkt, wenn Männer heftig damit ringen, ihre Gefühle zu beherrschen, wird das Gefühlszentrum aktiviert werden. Das wird entweder sehr behutsam erfolgen oder explosionsartig.

Gleichzeitig werden die Frauen von der Öffnung des Herzchakras betroffen sein. Sie werden davon durchdrungen und umfangen werden, so dass sie Mitgefühl haben, wenn sie ihre Männer fühlen sehen. Wir sprechen von Massenereignissen, zu denen die Menschen durch Lichtwellen angeregt werden.

Die weibliche Energie, die fühlt und Leben mit Leben verbindet, wird jetzt in jedem erweckt. Die Frauen müssen ihre Vorstellungen von Weiblichkeit und Kraft neu bestimmen. Sie müssen herausfinden, wie es ist, als Frau stark zu sein, ebenso wie Männer entdecken müssen, wie es ist, als Mann verletzlich zu sein. Was ist der liebenswerte Aspekt des Mannes, wenn er verletzlich ist? Was ist der liebenswerte Aspekt der Frau, wenn sie stark ist – wenn sie eine weibliche Version der Stärke ist und nicht eine männliche?

Frauen haben um ihre Energiefelder herum einen harten Panzer getragen; sie haben sich selbst geschützt. Jetzt werden sie wahre emotionale Stärke entwickeln. Dieser äußere Panzer wird sich auflösen, und der Lichtkörper wird vom Herzen ausstrahlen. Göttinnen und Götter sind mit dieser Energie einverstanden und arbeiten damit. Es ist beschlossen, dass sich das Drama auf diese Weise entfaltet.

Die alten Geschichten wurden vergraben und verschüttet; Geschichten über die Magie des Weiblichen, des Schöpferischen, des Gebärenden, das das Mysterium des Blutes bewahrt – die Lebenskraft – und diese Lebenskraft zurück in die Erde bringen kann. Wo sind die Geschichten über die Göttin – die Liebende, Fühlende und Nährende? Das männliche Geschlecht hatte früher auch Göttinnen-Energie in sich und fühlte das Bedürfnis nach der Göttin.

Um den Planeten während der letzten paar tausend Jahre besser kontrollieren zu können, wurden euch von Außerirdischen eure

Mythen gegeben. Sie haben alle eure religiösen Institutionen begründet. Wir haben gesagt, dass ihr ein Experiment seid. Zeitweise war das Experiment erhebend und liebevoll, aber in letzter Zeit ist es damit steil bergab gegangen. Ihr als Mitglieder der Lichtfamilie seid gekommen, um diesen Planeten zurückzuerobern und das Licht zurückzuholen, damit dieser Unsinn von Trennung und Krieg nie wieder geglaubt werden muss. Männer und Frauen sollen einander ergänzen und nicht bekämpfen.

Macht euch noch einmal bewusst, dass Gefühl Emotion ist. Emotion ist der Schlüssel, um von diesem Planeten wegzukommen; sie ist der Schlüssel zum Verständnis des multidimensionalen Selbst, zu seiner Heilung und Einswerdung. Sie ist ebenfalls der Schlüssel zur liebevollen Aktivierung der Erde als Lebendige Bibliothek, wodurch ein wertvoller Bereich der Existenz vor der Vernichtung bewahrt wird. Mit Männern und der patriarchalen Gesellschaft als Aufseher dieses Planeten und mit den Frauen im Untergrund – nicht einmal im Hintergrund – war Trennung für die letzten Jahrtausende *das* Thema, und Emotion wurde beiseite geschoben, stand in einem schlechten Ruf und wurde schief angesehen.

Ihr seid Automaten gewesen und habt Rollen gespielt, die euch zugeteilt wurden, um euch getrennt zu halten.

Ihr habt kein Pantheon von mächtigen Schöpferinnen. Ihr habt nichts, das als Muster eines positiven Bildes der machtvollen Weiblichkeit dienen kann. Daher streben Männer nach Männlichkeit, und Frauen streben nach Ermächtigung durch eine männliche Schwingung, denn ihr habt kein klares Bild der mächtigen Frau. *Ihr müsst es erschaffen.* Beginnt, den Energiereichtum in der weiblichen Version des Selbst zu erkennen, die Intuition, Empfänglichkeit, Kreativität, Mitgefühl und das Nährende bedeutet.

Ihr entdeckt gerade, welchen Reichtum an Identität eine Essenz, die lange Zeit missachtet wurde, bietet. Wenn du eine Frau bist, bist du natürlich eine lebende Form dieser Essenz.

Die Männer müssen ihre Form der Göttin in sich entdecken, wo die Göttin auf den Gott in ihnen trifft.

Aus dem gleichen Grund wird die Sicht des Männlichen verzerrt. Ihr habt kein Beispiel eines mächtigen *fühlenden* Mannes. Die Gesellschaft hat fühlende Männer als »Weichlinge« betrachtet und ihnen mangelnde Männlichkeit unterstellt.

Doch die Männer beginnen jetzt, ihre Emotionen zu betrachten, und sagen: »Oh, ich *fühle* das«, und sie wissen, dass sie noch immer Männer sind. So erschaffen sowohl Männer als auch Frauen Vorbilder für starke, integrierte Versionen von Männlichkeit und Weiblichkeit. Diese Vorbilder sind im Kommen, und sie kommen rasch. Die Zeit der Trennung ist vorbei.

Wie bereits gesagt, sucht ihr nicht *außerhalb* von euch nach dem Partner der Zwillingsflamme. Ihr sucht die Integration des männlichen und weiblichen Wesenskerns in euch. Sie bilden ein Ganzes. Ganzheitliche Menschen streben danach, sich mit anderen ganzheitlichen Menschen in Beziehungen zu verbinden, die sich auf Vertrauen, Verlangen und Entscheidungsfreiheit gründen. Die Beziehungen beruhen nicht auf »Ich brauche dich in meinem Leben, damit du mich ergänzt und bestätigst«.

Ihr werdet in euch selbst vollkommen und handelt gemeinsam mit jemandem, der auch in sich selbst vollkommen ist und ein völlig neues Feld für Erkundungen eröffnet.

Wenn ihr diese Zwillingsflamme in euch vermählt, so erkennt ihr den intuitiven, lebensbringenden und sensitiven Teil, die Göttin in euch, an und auch den Teil von euch, der mächtig, rational und intellektuell ist. Ein Teil ist sehr stark auf der Erdenebene und der andere sehr stark auf der spirituellen Ebene. Wenn ihr diese Energien in euch vereint, wird es unerlässlich sein, dass ihr jemanden mit den gleichen Eigenschaften findet. Ihr werdet nicht mit jemandem zusammenpassen, der nicht integriert und ganz ist.

Ihr werdet automatisch ganzheitliche Menschen anziehen, und es wird mühelos gehen. Ihr werdet euch aus Verlangen und Erkennen miteinander verbinden und nicht aus Bedürftigkeit heraus. Ihr werdet etwas erreichen, das ihr niemals vorher in einer Beziehung für möglich gehalten habt, und ihr werdet der Beziehung eine ganz neue Persönlichkeit, neue Grenzen und eine neue Definition geben. Ihr werdet eure eigenen Vorbilder für diese neue Art der Beziehung werden. Viele von euch werden finden, dass die Institution der Ehe sinnlos ist. Sie wird nicht mehr zu dem passen, was ihr wisst oder wie ihr leben wollt.

Da sich alle von euch auf dem Weg zur Integration der Polaritäten in euch selbst befinden, werden immer wieder schwierige Themen auftauchen. Heißt die schwierigen Zeiten willkommen, denn sie können euer größter Lehrmeister sein. Konzentriert euch weiterhin auf euer eigenes Wachstum, euren eigenen Weg, euer eigenes Selbst und nicht auf das, was andere hin.

Ruft das Männliche und das Weibliche in euch an und stellt einen Dialog zwischen ihnen her, so dass sie partnerschaftlich und harmonisch miteinander arbeiten können. Gebt euch selbst viel Liebe und Ermutigung. Vereinbart einen Termin mit euch selbst und sagt: »Ich liebe dich, Selbst. Du bist ein wunderbares Selbst. Du bist einsame Spitze, das beste Selbst überhaupt.«

Wenn ihr euch die Würde eurer eigenen Liebe verleiht, als wärt ihr ein König, der die Huldigungen des Volkes empfängt, dann verändert sich alles. Kraft und Integration werden euer, denn ihr glaubt an euch und liebt euch. Wenn ihr an euch glaubt und euch liebt, beginnt alles so zu laufen, wie ihr es wollt.

Das Schwierigste für die meisten von euch ist, zu glauben, dass sie Liebe verdienen. Niemand anderer muss euch lieben. Ihr seid nicht hier, um herumzulaufen und Liebe von anderen zu sammeln, damit ihr glaubt, dass ihr sie verdient. Ihr seid hier, um eine sehr schwierige Aufgabe in einem System zu meistern, das dunkel ist und sehr wenig Anregung oder Information über die wahre Geschichte gibt. Ihr seid hier, um das Unmögliche zu tun. Indem ihr euch verpflichtet, euch selbst zu lieben und diese Verpflichtung zur ersten Handlung des Tages macht, ergibt sich alles weitere.

Ihr werdet ganz und vollkommen. Dann seid ihr bereit für eine tiefe Beziehung mit jemandem, der ebenfalls vollkommen ist, und diese Beziehung kann euch in unerforschte Reiche führen.

20

Sex und Göttlichkeit

Als die Bücher eurer Bibliothek aus den Regalen geworfen und durcheinandergebracht wurden und als die DNS fragmentiert wurde, so dass nur noch zwei Stränge mit sehr wenigen Daten und sehr wenig Speicherplatz übrigblieben, wurde im physischen Körper die Sexualität unversehrt gelassen. Sie wurde als eine Form der Fortpflanzung beibehalten – als eine Methode, durch die eure Spezies mit ihrem eigenen Wesenskern in Verbindung bleiben und sich weiterhin ins Leben bringen konnte. Aber sehr tief im Mechanismus der Sexualität verborgen liegt eine für den Menschen nach wie vor erreichbare Frequenz, die von vielen gleichermaßen begehrt wie missverstanden wird. Ihr nennt sie Orgasmus.

Der Orgasmus ist seinem ursprünglichen Zweck entfremdet worden. Euer Körper hat den kosmischen Orgasmus vergessen, zu dem er fähig ist, weil die Gesellschaft euch Tausende Jahre lang gelehrt hat, dass Sexualität schlecht sei. Man sagte euch das, damit ihr kontrolliert werden konntet und um euch davon abzuhalten, die Freiheit zu suchen, die durch Sexualität erreichbar ist.

Sexualität verbindet euch mit einer Frequenz der Ekstase, die euch wieder an eure göttliche Quelle und Information anschließt. Sexualität hat auf diesem Planeten einen schlechten Ruf, und dieser schlechte Ruf ist in eurem zellularen Gedächtnis gespeichert. Er stammt nicht nur aus diesem Leben, sondern kommt von Jahrtausenden der Unterdrückung und des Missbrauchs. Es ist notwendig, dass ihr Sexualität von der Negativität reinigt, die sie in diesem Leben umgibt, und dass ihr erfahrt und untersucht, wie ihr die Sexualenergie und den sexuellen Ausdruck in euren multidimensionalen Selbsten verwendet.

Die Geschlechtsteile des Körpers sind Wege zur Erzeugung von Lust und Frequenzen, die den Körper heilen und anregen und ihn zu seinem höheren spirituellen Selbst führen können. Sexualität wird auf diesem Planeten so sehr missverstanden, dass dabei, wenn zwei Menschen sie leben, sehr selten die Absicht besteht, sie mit Spiritualität zu verbinden. Sexualität ruft eine Spiritualität hervor, die sich selbst erschafft und frei verfügbar ist.

Sie wird jedoch bei euch nur selten als Brücke verwendet, um zu höheren Bewusstseinsebenen zu gelangen.

Wir haben mit einer Reihe von Menschen gesprochen, die sich ihres Lichts bewusst sind. Seit sie den richtigen Partner in einer monogamen Beziehung gefunden haben, konnten sie zu sehr hohen Seinszuständen gelangen. Monogamie ist für die meisten von euch aufgrund eures Schwingungszustandes gut geeignet. Wenn ihr viele Partner habt, neigt ihr dazu, nicht ganz ehrlich zu sein und zu verbergen, wer ihr seid: Ihr verzettelt euch hier und dort. Es ist am besten, bei einem Menschen zu bleiben, aber das heißt nicht, dass es für alle Zeit derselbe sein muss. Seid offen, ehrlich und kommunikativ mit dem Menschen, mit dem ihr zusammen seid, und geht mit ihm so weit, wie ihr könnt. Wenn es euer Leben lang andauert, ist das wunderbar. Wenn ihr aber an einen Punkt gelangt, an dem ihr nicht mehr kommunizieren und einander dienen könnt und ihr fühlt, dass die Beziehung nicht mehr weiterkommt, beendet sie und findet einen anderen Partner, der eurer Schwingung entspricht.

Wenn ihr mit nur einem Menschen eng zusammenarbeitet, entwickelt ihr Vertrauen. Die meisten von euch haben Schwierigkeiten, sich selbst zu vertrauen, weil sie kein Vorbild für Vertrauen haben. Ihr könnt Vertrauen in einer Beziehung lernen, denn eine Beziehung ist wie ein Spiegel und zeigt euch, was ihr von eurem eigenen Standpunkt aus nicht sehen könnt. Ihr seht euch von außen, wenn ihr in der Sexualität und tiefen Intimität offen kommuniziert und sie nicht als Ablenkung verwendet. Aber viele von euch haben Sexualität als Zerstreuung verwendet und als Mittel, Intimität mehr zu vermeiden als zu entwickeln.

Ihr fühlt die Energie in euch aufsteigen, schaut euch tief in die Augen und fühlt euch heiß und erregt. Dann, statt euch intim und spirituell zu erforschen, schließt ihr eure Gefühlszentren, legt euren Panzer an und habt seichten genitalen Sex, weil es euch zu gefährlich und zu intensiv erscheint, den tieferen Weg einer vollkommenen körperlichen und spirituellen Verbindung zu gehen.

Versteht uns nicht falsch: Manchmal ist heißer Sex großartig und wunderbar. Wir sagen nur, dass es mehr gibt. Es gibt sehr viel mehr, und niemand hält euch davon fern, außer ihr selbst und eure Angst, Begrenzungen und Mauern fallenzulassen.

Viele eurer Ängste beruhen auf dem, was ihr für euch erschaffen habt und was ihr mit anderen in eurem Sexualleben gemacht habt. Eure sexuelle Geschichte betrifft auch jeden anderen Teil eurer Seele, und alle wunden Punkte eurer Seele werden laut und deutlich durch euren ganzen Körper ausgedrückt. Ihr wollt das manchmal nicht sehen, weil es zu schmerzhaft ist, und ihr verurteilt es, weil ihr glaubt, es sei schlecht. Hört auf zu verurteilen und stellt euch neutral zu dem, was ihr getan habt – ganz gleich, was ihr entdeckt, und ganz gleich, wie verwerflich ihr es findet, ganz gleich, wie schwierig es euch erscheint, und ganz gleich, wie viele Verletzungen es vielleicht hinterlassen hat. Versteht, dass der Sinn des Ganzen darin lag, Daten zu sammeln und euer Selbst zu verstehen.

Sexualität ist eine Frequenz. Sie ist das, was ihr behalten habt, auch wenn eure Geschichte, eure Erinnerungen und eure Identität entfernt und verstreut wurden. Die einzige Möglichkeit, die euch noch gelassen wurde, um herauszufinden, wer ihr seid, ist die sexuelle Erfahrung. Natürlich hat man euch das nie beigebracht.

Wir werden hier nun massiv mit den Kirchen ins Gericht gehen. Diejenigen unter euch, die immer noch Vertrauen in die Kirche haben, mögen dies entschuldigen. Die Kirchen traten als Organisationen in die Welt – als Unternehmen, um Religion und spirituelle Entwicklung zu kontrollieren, um Arbeitsplätze, eine Hierarchie und einen Club zu schaffen. Nur sehr wenige Kirchen kamen mit der Absicht, den Menschen Information zu bringen. Kaum jemand sieht Religion als etwas an, das einen informiert hält, nicht wahr? Jede Religion, die Information bringt, ist eine Religion, die in der Schwingung der Wahrheit arbeitet.

Spirituelle Bereiche sind Orte der Existenz, von denen der menschliche Körper ausgeschlossen ist. Weil Sexualität für die Menschen eine Möglichkeit war, ihre Erinnerung zurückzugewinnen, sich mit ihrem spirituellen Selbst und dem spirituellen Schöpfer zu verbinden oder einen Weg zu dem spirituellen Bereich zu finden, der euch verschlossen ist, kamen die Kirchen daher und manipulierten euch. Sie propagierten die Sexualität als reines Mittel zur Fortpflanzung. Sie brachten euch lange Zeit bei, dass ihr nur deswegen Sexualität hättet, um kleine Menschen zu produzieren.

Sexualität wurde als etwas sehr Schlechtes hingestellt. Den Frauen sagte man, dass sie Sexualität erdulden müssten, um den Männern zu dienen, und dass sie keine Kontrolle über den Geburtsvorgang hätten. Die Frauen glaubten dies; daher glaubt ihr im Allgemeinen bis heute, dass ihr über diesen Teil eures Körpers keine Kontrolle habt. Es muss euch Frauen bewusst werden, dass nur ihr entscheidet, ob ihr ein Kind bekommt oder nicht. Das ist nicht so kompliziert, wie man euch gesagt hat. Entscheidung und Absicht bringen die Erfahrung zu euch. Ihr könnt steuern, ob ihr ein Baby habt oder nicht. Wenn die Frau in den letzten paar tausend Jahren diese Fähigkeit gehabt hätte und ihr sexuelles Selbst ohne die Angst vor einer Schwangerschaft hätte erkunden können, hätten vielleicht Männer und Frauen entdeckt, dass sie viel freier sind, als man ihnen gesagt hat.

Die Entdeckung der höchsten Frequenz der Sexualität kommt aus der Liebeserfahrung. Es hat nichts damit zu tun, ob eine Beziehung homosexuell oder heterosexuell ist. Es hat damit zu tun, dass zwei menschliche Wesen einander auf eine Art Freude bereiten, die Bewusstseinsfrequenzen öffnet. Ihr habt viele Vorstellungen darüber einfach übernommen, was innerhalb des sexuellen Ausdrucks richtig und was unangemessen ist.

Liebe ist die Essenz, die in allen Beziehungen erschaffen werden soll. Wenn ihr jemanden liebt und achtet, ist eure materielle Gestalt unwichtig. Was zählt, ist die Liebesschwingung und wie diese Liebe erkundet wird. Im besten Fall ist damit die Integration der männlichen und weiblichen Anteile verbunden, die zusammen die Zwillingsflamme ausmachen.

Idealerweise wird Sexualität durch Gefühle erkundet. Das dritte und das vierte Chakra verbinden euch mit dem emotionalen und dem mitfühlenden Selbst, die euch wiederum mit dem spirituellen Selbst verbinden. Das spirituelle Selbst ist der Teil von euch, der multidimensional ist – durch den ihr in vielen Formen gleichzeitig existiert. Es ist euer Auftrag, eure Bereitschaft und eure Bestimmung, euch all dieser Wirklichkeiten in der Identität, in der ihr euch befindet, bewusst zu werden. Wenn ihr euch all dieser Wirklichkeiten bewusst seid, könnt ihr euch auf die verschiedenen Frequenzen einstimmen, euch erinnern, wer ihr seid, und die Schwingungsrate dieses Planeten ändern.

Wir sprechen sehr gerne über Sexualität, weil sie auf diesem Planeten so geheimnisvoll ist. Mysterienschulen haben einen Teil des Wissens über den möglichen Gebrauch von Sexualität im Geheimen bewahrt. Ihr seid elektromagnetische Geschöpfe, und wenn ihr mit einem anderen menschlichen Wesen körperlich zusammenkommt, verbindet ihr eure Frequenzen. Wenn eure Frequenzen aufeinander abgestimmt sind und durch eine Liebesfrequenz verstärkt werden, können unglaubliche Dinge geschehen.

Vor Tausenden von Jahren, als die Gesellschaft in manchen Regionen des Planeten eine eher matriarchale Sicht hatte, strömte die Energie der Göttin durch bestimmte Individuen. Die Frau verstand ihre Kraft, ihre Intuition, ihr Gefühlszentrum, ihre Verbindung und ihren Wunsch, Leben zu erschaffen. Sie verstand auch, *dass sie kein Kind empfangen musste, wenn sie nicht die Absicht dazu hatte.*

Damit die patriarchale Gesellschaft zum Ausgangspunkt zurückkehren und die Erde auf diesen Bewusstseinswandel vorbereiten konnte, musste die weibliche Energie in den Hintergrund treten. Deshalb wurden weibliche Macht, Energie und Sexualverständnis unterdrückt. In jüngerer Zeit – den letzten zweitausend Jahren – wurden die Frauen zu dem Irrglauben geführt, sie hätten keine Kontrolle über das Kinderkriegen. So kam es, dass Sexualität als schlecht und abstoßend angesehen wurde und dass Sex nur innerhalb der Ehe praktiziert werden durfte und so weiter.

All dies ist Teil einer großen Marketingkampagne.

Einige der heutigen Marketingkampagnen mit dem Ziel, sogar noch größere Angst vor Sexualität und allem, was sie mit sich bringt, zu erzeugen, sind die neuen Krankheiten: AIDS, SARS, Affenpocken und all die anderen. Ihr hört im Fernsehen davon und lest in der konzerngesteuerten Presse über diese Dinge und bekommt Angst vor eurem eigenen Ausdruck, Angst vor eurer eigenen Intuition und Angst vor eurer eigenen Freude. Versteht ihr?

Bevor die DNS umstrukturiert wurde, führte der Weg, auf dem viele Menschen die höheren Bereiche erschlossen, die Leitern ihres Selbst erklommen und außerplanetarische Frequenzen erreichten, über elektromagnetische Bindung durch Liebe. Sie schossen sich damit fast wie mit einer Rakete in andere Wirklichkeitssysteme. Das ist eines der bestgehüteten Geheimnisse auf dem Planeten.

Viele, mit denen wir gesprochen haben, hatten absolut tiefgreifende Erfahrungen in ihrer Sexualität. Wir möchten noch einmal betonen, dass wir keine Unterscheidungen oder Urteile darüber treffen, mit wem ihr euch in einer Beziehung verbindet. Wir raten euch, es selbst auch nicht zu tun. Das ist eine alte Programmierung. Es spielt keine Rolle, ob euer Partner anderen Geschlechts ist oder nicht. Wir sprechen über zwei Menschen, die zusammenkommen, indem sie sich physisch so verbinden, wie es für sie angemessen ist, um Liebe zu erschaffen, weil sie Liebe teilen. Wenn Ganzheit und Liebe bei der Verbindung menschlicher Körper fehlen, denken die Menschen nicht gut über ihre Erfahrung. Dies kann alle möglichen schädlichen Auswirkungen auf den physischen Körper haben.

Man ließ euch die Frequenz der orgasmischen Erfahrung in der Sexualität, damit ihr euch an eure höhere Identität erinnern könnt. Wenn diese Energie oder Geschichte eures Selbst sichtbar wird und ihr entdeckt, wer ihr seid, werdet ihr viele Körper eurer persönlichen multidimensionalen Identität in eurer physischen Form vereinen. Um die volle Auswirkung des Gitternetzes eurer Identität zu empfangen, lasst die zwölf Helices sich in euren Körper einpassen und erlaubt den kodierten Lichtfäden, sich neu anzuordnen. Dieser Vorgang hat mit dem Mentalkörper zu tun, der mit dem physischen Körper verbunden ist. Den Emotionalkörper, der mit dem spirituellen Körper verbunden ist, möchte jeder gern überspringen. Ihr sagt euch: »Ich möchte mich entfalten. Ich möchte schnelle Fortschritte machen, aber ich möchte dabei nicht durch das Gefühlszentrum gehen.«

Mit euren multidimensionalen Selbsten seid ihr durch eure Gefühle verbunden, und in euren Gefühlen steckt ihr auch mit Vorliebe fest. Akzeptiert, dass euer »emotionaler Kram« nicht grundlos hochkommt. Viele von euch würden ihn am liebsten begraben oder in den Müll werfen, als sei er etwas Hässliches und hätte nichts mit euch zu tun. Dieser »Kram« ist der Schattenteil eurer Identität, mit dem ihr euch nicht auseinandersetzen wollt oder den ihr nicht akzeptiert. Manchmal, wenn etwas Derartiges hochkommt, bewertet ihr es und sagt: »Ich hasse diesen Teil von mir. Ich möchte das abstellen, es unter den Teppich kehren und vergessen. Ich habe es satt.« Ratet mal! Euer »Kram« – eure unerledigten Themen – sind die Schätze eures Lebens. Durch sie lernt ihr.

Ihr habt eingewilligt, euch zu verändern, Licht in euren Körper zu ziehen und die Lichtfamilie auf diesem Planeten ins Leben zu rufen. Da Licht Information ist, müsst ihr euch mit allem beschäftigen, was ihr bisher vor euch verborgen habt. Die Sexualität ist der wichtigste Punkt, denn sie ist das geheime Selbst – das Selbst, vor dem ihr euch versteckt. Die Gesellschaft hat euch gesagt: »Dies ist gut, und das ist schlecht. Dies sollt ihr tun, jenes lassen.« Wer hat euch diese Gesetze gegeben? Wer hat euch überhaupt irgendwelche Gesetze gegeben?

Ihr steckt fest, weil ihr die Symbole der Sprache, die ihr mit euch selbst sprecht, nicht versteht. Daher kreist ihr immer wieder um eure Probleme. Viele von euch lieben ihre Geschichten, denn sie verschaffen ihnen Aufmerksamkeit. Wenn ihr keine Geschichte hättet, wer würde dann mit euch sprechen? Beobachtet euren Körper und seht, was er das Selbst lehren kann. Im besten Fall werdet ihr die Wunde heilen und zu mehr Wohlbehagen und Freude finden, wenn ihr lernt, vollkommener in eurem Körper zu wohnen und euch mit eurer Sexualität zu identifizieren.

Die Sexualität ist ein Schlüssel. Sie ist ein Eingang in die höheren Bewusstseinsbereiche. Während ihr euch neu definiert und die kodierten Lichtfäden euch eine neue Definition dessen liefern, was ihr seid, werdet ihr auch verändern, wer ihr sexuell seid. Der Sexualität muss sich jeder von euch stellen, und wir können aus Erfahrung sagen, dass ihr zurzeit vor diesem Bereich am meisten Angst habt. Wir garantieren, dass es später angstvollere Bereiche geben wird.

Wenn ihr auf eine bestimmte Vorstellung von Liebe fixiert seid und sie nicht verwirklichen könnt, dann besteht euer Problem darin, dass ihr außerhalb von euch selbst nach Liebe sucht. Ihr sucht nach jemand anderem, der eurem Leben Sinn geben und euch euren Wert bestätigen soll. Wenn ihr diesen Menschen nicht habt, werdet ihr zornig oder fühlt euch wertlos. Das ist ein Muster, mit dem ihr aufgewachsen seid und das euch eure Eltern und eure Gesellschaft beigebracht haben. Wir haben immer wieder gesagt, dass das Wichtigste, was ihr tun könnt, darin besteht, euch selbst zu lieben und die Erde zu achten. Aber ihr vergesst das ständig und sucht nach einer neuen Beziehung, die euch ganz und vollkommen machen soll. Ihr fühlt, dass ihr ohne eine Beziehung noch nicht einmal ein richtiger Staatsbürger seid. Dann kommt die Einsamkeit. Ihr müsst lernen, allein zu sein. Einsamkeit existiert nur im Kopf. Ihr seid nie, niemals, allein. Ihr habt eine Vielzahl von Wesenheiten um euch herum. Wenn ihr aufhörtet, euch selbst leid zu tun, dann würdet ihr merken, dass ihr ständig mit so vielen Daten bombardiert werdet, dass ihr vielleicht allein sein möchtet, damit ihr euch an all den Botschaften erfreuen könnt.

Wenn ihr euch selbst liebt und aufhört, immer nur daran zu denken, dass ihr jemand anderen braucht, der euch liebt, dann seid ihr fähig anzunehmen, was euch geboten wird. Es ist unbedingt notwendig, dass ihr euch selbst schätzt, so dass ihr euch nicht mit einer unechten Liebe zufriedengebt. Wenn ihr euch entscheidet, auf einen Partner zuzugehen, und nicht das bekommt, was ihr wollt, dann jammert, nörgelt oder schmollt nicht, um den Menschen zu ändern, damit er euren Wünschen entspricht. Wenn ihr eine Zielvorstellung für euch festlegt und sie nicht verwirklicht, dann verändert einfach eure Wirklichkeit und geht allein weiter, bis ihr jemanden trefft, der euren Vorstellungen entspricht. In all dieser Zeit bleibt in der Schwingung der Liebe zum Selbst, achtet das Selbst und versteht, dass es auf eurer Reise um *Selbstentdeckung* in Beziehungen zu anderen geht. Es geht nicht einfach um Ehemann und Ehefrau. Bei dieser Reise geht es darum, euren physischen Körper und die Einzigartigkeit des Selbst zu achten, während ihr das Leben von vielen berührt. Erlaubt euch immer, mit dem Selbst zu arbeiten, und lasst das Selbst sich entwickeln.

Ihr habt alle Angst davor, mit euch selbst intim zu sein – mit dem Selbst allein zu sein. Habt ihr Intimität entwickelt, Stille, Selbstliebe und Sammlung eurer Energie, dann werdet ihr diesen Aspekt zu eurem Maßstab für Intimität mit jemand anderem machen wollen.

Sexualität kann zurzeit sehr verwirrend sein, denn ihr hebt eure Frequenzen an und lernt sie besser kennen. Wenn Körper zusammenkommen, schon bei einer bloßen Umarmung, wird Frequenz ausgetauscht. Wenn ihr eine sexuelle Erfahrung macht, kommt es im Körper zu einer Ausschüttung von Hormonen. Die Hormone erwecken bestimmte Energien in den Zellen, und es findet eine Übertragung der Essenz eines Menschen auf den anderen statt. Deshalb könnt ihr manchmal nach einer sexuellen Erfahrung die Energie des anderen nicht abschütteln. Auch wenn ihr nicht bei diesem Menschen sein wollt, bleibt doch die sexuelle Erfahrung bei euch, denn ihr hattet einen elektromagnetischen Austausch miteinander.

Ihr überwindet die allgemeine Frequenzkontrolle und lernt, wie ihr eure Frequenz auf ein Niveau der beständigen Information, der Selbstliebe und Selbstvertrautheit heben könnt.

Daher kann es sehr verwirrend und manchmal erschreckend sein, diesen verletzlichen Menschen, der etwas über sich selbst lernt, also euch selbst, mit jemand anderem zusammenzulegen und zu verschmelzen. Je bewusster ihr werdet, desto mehr übernehmt ihr die Verantwortung dafür, wie ihr euren Körper benutzt, wo ihr ihn hinbringt, womit ihr ihn in Verbindung bringt und natürlich, mit wem ihr euch sexuell austauscht.

Wenn im Moment Sexualität euer Wachstum am besten fördern würde, dann würdet ihr automatisch diese Erfahrung für euch herstellen, denn ihr wärt bereit dafür. Oft tritt eine Phase der sexuellen Ruhe ein, während sich das Selbst entwickelt. Innerhalb der sexuellen Frequenz tauscht ihr euch untereinander aus. Wenn ihr euch also verbindet und euch chemisch mit einem Menschen austauscht, der nicht wie ihr ist, so ladet ihr euch auch seinen Müll auf, denn der Energieaustausch ist sehr tiefgehend.

Manchmal werdet ihr von dieser Art Austausch weggeführt werden. Ihr denkt vielleicht: »Du meine Güte, was ist los? Werde ich alt? Trockne ich aus? Was geht hier vor?«

Das ist alles nicht der Fall. Ihr lernt, die Energie, die euch sonst sexuell stimulieren würde, einzusetzen, ohne sie einem anderen Menschen zu geben. Statt chaotisch und verrückt zu werden, erkundet ihr diese Energie vielleicht dadurch, dass ihr die Kunst der Masturbation praktiziert, in dem Wissen, dass es vollkommen in Ordnung ist, das zu tun. Oder ihr wollt vielleicht einfach eure sexuelle Erregung fühlen und dann entscheiden, was ihr damit anfangt. Ihr könnt sagen: »Also, ich werde jetzt nicht darauf reagieren. Mal sehen, wohin diese Energie geht.« Lasst die Energie durch euren Körper aufsteigen und verwendet sie in anderen Bereichen.

∞

Ihr werdet an einen Punkt gelangen, an dem ihr euch bewundern, stärken und lieben müsst, als hieltet ihr euch selbst wie ein Neugeborenes in den Armen und wüsstet, dass ihr das Beste für euch tun werdet. Viele von euch lenken sich ab. Begebt euch in einen Zustand der Ruhe und Stille, in dem ihr Antworten finden könnt. Ihr könnt keine Antworten finden, wenn ihr den ganzen Tag am Handy hängt und andere nach Antworten fragt. Wenn ihr das versucht, zeigt ihr nur, dass ihr außerhalb von euch selbst sucht. Wenn ihr lernt, nach innen zu gehen, wird das Selbst sprechen. Gewöhnlich könnt ihr es nicht hören, denn ihr seid in Verhaltensmustern gefangen, von denen ihr wisst, dass ihr sie ändern müsst; ihr wollt sie aber nicht ändern, weil ihr nicht wisst, wer ihr danach sein werdet.

In aller Offenheit, ihr fürchtet euch vor euch selbst. Das ist sehr häufig. Ihr habt Angst, nicht vollkommen zu sein, und ihr möchtet doch so gern vollkommen sein. Daher sagt ihr: »Ich bin vollkommen. Ich bin souverän. Ich brauche jemand anderen. Ich fühle mich zu jemandem hingezogen. Oh nein, ich kann nicht hinsehen. Ich fürchte mich zu sehr davor. Ich brauche niemanden. Ich brauche doch jemanden.« Ihr geht vor und zurück.

Lernt, euren Verstand zu beruhigen. Lernt, Herr über eure Energie zu werden. Was heißt das? Es heißt, dass ihr euch immer und überall beobachtet – die Position eures Körpers, wie ihr eure Hände gebraucht, ob ihr euch andauernd wiederholt, ob ihr sprecht oder still seid. Lernt, euch zuzuschauen, ohne zu urteilen. Lernt festzustellen, wie ihr gerne sein möchtet, verglichen mit dem, wie ihr seid. Lernt, euren Verstand ruhigzustellen.

Frequenz wird von euch zu einem anderen Menschen getragen, ganz besonders, wenn eine Liebesbindung besteht. Eine Liebesbindung heißt nicht, dass ihr für immer aneinander kleben müsst. Es bedeutet einfach, dass ihr so lange in Beziehung steht, wie ihr es für richtig haltet, dass ihr einander achtet, Energien austauscht und die Energien wie durch einen Stromkreis fließen lasst.

Wenn ihr einander nicht liebt und keine Bindung herrscht, gibt es auch keinen Austausch; der Stromkreis schließt sich nicht. Das heißt nicht, dass ihr nicht guten Sex haben könnt; es heißt einfach nur, dass der Stromkreis nicht geschlossen ist.

Wenn dieser elektrische Strom immer stärker wird, kommt es zu stärkeren orgasmischen Erfahrungen, die der Körper empfangen kann, weil das Nervensystem dann in der Lage ist, mit den höheren ekstatischen Frequenzen umzugehen. Das Nervensystem wird bestimmen, wie ihr euch ausdrückt und wie ihr euch fühlt. Wenn ihr ein schwach entwickeltes Nervensystem habt, wird eure sexuelle Erfahrung sehr beschränkt sein, denn das Nervensystem leitet den elektrischen Strom. Die orgasmische Erfahrung bringt eine Heilung und Neuausrichtung des physischen Körpers mit sich.

Es wird irgendwann so sein, dass ihr jemandem, der nicht mit der gleichen Spannung wie ihr arbeitet, nicht nahe sein könnt. Ihr werdet einfach nicht zusammenpassen. Es wäre, als müsste jemand mit Schuhgröße 40 einen 30er Schuh anziehen. Es wird nicht gehen oder unangenehm sein. Ihr werdet nicht zusammenpassen, denn ihr werdet schwingungsmäßig nicht verschmelzen können.

Ihr werdet schließlich die Bedeutung von Schwingung als Nahrung verstehen, wenn ihr beginnt, euch sexuell zu verbinden. Sexuelle Verbindung ist nur *eine* Art, mit Menschen zu verschmelzen, die mit der gleichen oder einer kompatiblen Spannung arbeiten. Eure Wirklichkeit ist für uns sehr interessant, weil sich so viele Vergleiche aus eurem Alltag anbieten. Wenn ihr ins Ausland fahrt, passen eure Elektrogeräte nicht zum dortigen Netz. Also braucht ihr einen Adapter. Es wäre mühsam, sich ständig an eine Schwingung adaptieren zu müssen, wenn man eine intime sexuelle Beziehung eingeht. Es wäre zu anstrengend. Ihr würdet eure gesamte Energie verbrauchen, um die Anpassung vorzunehmen. Dann würdet ihr euch verleugnen und euch verbieten, weiterzugehen, denn ihr würdet euer Niveau senken.

Die 1960er Jahre waren der Beginn der sexuellen Erkundung. In ganz kurzer Zeit veränderte sich euer Weltbild. Die Energie, die damals auf den Planeten kam, ebenso wie die experimentelle Einnahme bewusstseinsverändernder Substanzen, entfremdete euch von der vorherigen Generation. Die Grenzen veränderten sich sofort. Ihr wurdet von einer Generation losgelöst, die an Krieg glaubte und nicht fühlte – einer Generation, deren sexueller Ausdruck im Dunkeln stattfand, vielleicht noch mit vielen Kleidern an. Ihr habt das Weltbild auf viele verschiedene Arten gesprengt, habt neue Trends und neue Lebensweisen geschaffen. Es war wunderbar. »Super!«, sagtet ihr. »Freier Sex und freie Liebe und nackte Körper!«

Nun ist die Zeit reif für eine vollkommen neue Revolution, durch die ihr schwingungsmäßig an einen Menschen gebunden werdet. Ihr werdet nicht mehr durch Sexualität abgelenkt sein und nicht mehr vorgeben, dass ihr ohne Verklemmungen seid – dass ihr sexuell befreit seid, weil ihr diese oder jene Stellung einnehmen könnt und dies sagen und jenes tun könnt. Das sind einfach sexuelle Turnübungen. Wir möchten, dass ihr euch der Gymnastik der Seele zuwendet – der Schwingung. Die Tiefe, die entsteht, wenn zwei Menschen auf diese Weise zusammenkommen, ist das, wonach ihr euch alle sehnt. Wenn ihr euch davor fürchtet, dann deshalb, weil ihr keinen Rahmen und kein Vorbild dafür habt. Also müsst ihr eines hervorbringen. Ihr müsst darauf vertrauen, dass die Energie im kosmischen Plan sofort eine neue Bewegung erzeugen wird, die eurem Wunsch nach diesem nächsten Schritt der Selbsterkenntnis entspricht.

Das bedeutet: Ihr werdet euch sehr klar an eure sexuellen Ausdrucksweisen in verschiedenen Leben erinnern – in denen ihr Männer als auch Frauen wart und die Sexualität in all ihren Aspekten erforscht habt. Es erfordert Mut, dies zu tun. Wenn es ein Gebiet gibt, auf dem ihr wahrlich streng über euch urteilt und hart mit euch ins Gericht geht, dann ist das die Sexualität. Ihr habt eine vorgefasste Meinung darüber, was sexuell richtig ist und was nicht. Daher sind viele von euch vielleicht schockiert, wenn sie sich zu erinnern beginnen, was sie mit ihrer Sexualität schon alles angefangen haben.

Versteht, dass die Sexualität auf diesem Planeten immer die Verbindung des Körpers mit seinen höheren Frequenzen war. Obwohl viele Daten im Körper durcheinandergebracht und zerstreut wurden, blieb doch dieses Potenzial, Leben zu erschaffen, damit ihr im Grunde eures Seins und tief in euch drinnen vollkommen verstehen könnt, wer ihr in Wahrheit seid. Die sexuelle Schwingung ist eure Verbindung mit eurer kosmischen Identität gewesen, aber dieses Konzept wurde völlig missverstanden und vergessen. Wir sagen einfach, dass es eine größere Geschichte gibt und dass sie aufregender ist, als irgendjemand jemals zu glauben wagte.

Es gab jene, die nicht wollten, dass ihr mit diesen Frequenzen im Einklang seid, denn sie hätten euch in Bereiche der Freiheit bringen können, in denen ihr angefangen hättet, die Dinge zu begreifen. Die Sexualität wurde euch als eine Frequenz gelassen, mit der ihr durch das Nervensystem reisen könnt und mit deren Hilfe ihr euch durch das Hinaustreten aus dem Körper mit dem höheren Geist verbinden könnt. Wenn man euch gesagt hätte, dass das der Weg hinaus ist, wer hätte euch kontrollieren oder manipulieren können?

Die Bevölkerung muss die negativen Assoziationen und Beurteilungen ausräumen, die seit Äonen eure sexuelle Erfahrung gefärbt haben. Ihr müsst mit dem Sex Frieden schließen, um die Frequenzen und die Identität zu integrieren. Diese Dinge wurden manipuliert, und sie wurden begrenzt, so dass die Wahrheit über die Sexualität von euch ferngehalten wurde. Es wurde euch gesagt, dass ihr euch damit fortpflanzen und Orgasmen haben könnt, aber man hat euch nicht gesagt, dass ihr damit Frequenzen öffnen könnt.

Ihr könnt die Sexualität verwenden, um euch zu erinnern, wer ihr seid, und um die Frequenz eures Körpers zu verändern.

In den nächsten Jahren wird euer sexueller Ausdruck eine ganz neue Dimension erreichen. Ihr werdet euch entwickeln und wachsen, vorausgesetzt, ihr habt einen Partner, der bereit ist, den gleichen Weg zu gehen und ebenso offen zu sein. Wenn ihr hingegen mit jemandem zusammen seid, der das Spiel des Vermeidens oder Verleugnens spielen möchte, werdet ihr nicht dorthin gelangen.

21

Leben in drei Dimensionen

Von unserem Standpunkt aus verfügt ihr alle über Wissen, und ihr braucht nur die Erinnerungen, die in eurem Sein gespeichert sind, zu aktivieren. Wir haben aber bemerkt, dass einige von euch noch nicht so weit sind. Sie ächzen und stöhnen und sagen: »Wir brauchen dann und wann Hilfe und Unterstützung.« Also schlagen wir euch einen Weg vor, den ihr mit Sicherheit gehen könnt – ein Rezept, das wirkt.

Es ist ziemlich einfach. Es liegt an euch, jetzt im Augenblick und jeden Tag, konsequent und klar festzulegen, was ihr erfahren möchtet. Vielleicht fällt das, was ihr wollt, in die Kategorie des Unmöglichen, verglichen mit der Begrenztheit und Eingeschränktheit von jemand anderem. Entdeckt mit einem Gefühl von Dankbarkeit und Güte in euch, was euch glücklich machen wird. Wodurch fühlt ihr euch leicht, verbunden und lebendig? Was wünscht ihr euch, das gleichzeitig Frieden auf den Planeten bringt, während ihr von eurem eigenen Sein Besitz ergreift?

Was immer dies auch sein mag, beginnt, es zu wollen. Ruft es zu euch, indem ihr sagt: »Es ist meine Absicht, einen harmonischen

Lebensstil zu erfahren. Es ist meine Absicht, Gesundheit zu erfahren und Energie, die mich zu schöpferischen Abenteuern führt. Es ist meine Absicht, dass ich gut versorgt bin, dass mir Unterkunft, Nahrung und alles, was ich zum Erfahren des Lebens brauche, in großer Fülle gegeben wird und dass ich diese große Fülle weitergebe und mit anderen teile.« Dies sind keine Gedanken, die man euch zu denken gelehrt hat.

Nehmt euch jeden Tag zwei bis drei Mal Zeit, um euch darüber klar zu werden, was ihr wollt. Öffnet jeden Tag die Energiezentren in und über eurem Körper, indem ihr die Lichtfrequenz ruft. Wir nennen das die Lichtsäule. Stellt euch einen Lichtstrahl vor, der in eure zwölf Chakren kommt, von denen sieben innerhalb und fünf außerhalb eures Körpers liegen. Diese Chakren sind Informationszentren oder Wirbel, die sich, einmal aktiviert, zu drehen beginnen. Wenn sie sich drehen, erzeugen sie eine Bewegung in eurem Körper, wodurch die kodierten Lichtfäden dazu aktiviert werden, zusammenzuarbeiten, sich neu zu bündeln und die zwölf sich entwickelnden DNS-Helices im Körper zu bilden.

Für jeden, der in völligem Gleichgewicht mit seinem physischen Wesen sein möchte, ist es sehr wichtig, regelmäßig irgendein Programm für tiefes Atmen zu praktizieren, das den Körper mit Sauerstoff anreichert. Eine weitere Aktivität, die wir jenen empfehlen möchten, die eine starke Beschleunigung ihrer Energie wünschen, ist das Drehen auf der Stelle. Dreht euch im Uhrzeigersinn, schaut euren Daumen an und zählt die Drehungen mit. Wir empfehlen euch, euch mindestens einmal pro Tag 33 Mal zu drehen. Ihr könnt euch sehr langsam auf 33 Drehungen steigern. Wenn ihr es schafft, euch auf drei Mal täglich 33 Drehungen zu steigern, so dass ihr euch 99 Mal dreht – nun, wir werden sehen, wie lange ihr dann auf dem Planeten bleibt, zumindest in dieser Dimension. Nach dem Drehen, ganz gleich wie oft ihr euch gedreht habt, bringt eure Handflächen auf Brusthöhe zusammen. Presst sie zusammen, haltet eure Augen geöffnet und bringt euch ins Gleichgewicht, indem ihr eure Füße in Schulterbreite auseinanderstellt, so dass ihr euch verankert fühlt und gleichzeitig noch das Drehen spürt. Dies beschleunigt die Drehung des Chakrenystems in eurem Körper beträchtlich, was wiederum die Geschwindigkeit, mit der ihr Daten interpretieren und erhalten könnt, außerordentlich erhöht.

Die Methoden sind also: Absicht formulieren, Atmen, Lichtsäule und Drehen. Wir werden noch ein Postskriptum anfügen. Da ihr elektronische Wesen seid, die ihre Frequenz sehr rasch ändern, empfehlen wir euch, möglichst viel Wasser zu trinken: frisches Wasser, gefiltertes Wasser oder Quellwasser. Wasser fungiert als ein elektrischer Leiter. Es hält euer System offen und fließend.

Es gibt noch vieles andere, was ihr tun könnt. Lernt, veränderte Bewusstseinszustände zu erfahren und euch dabei nicht außer Kontrolle zu fühlen. Kultiviert diese Zustände und geht in sie, um Informationen zu sammeln, um Wahrscheinlichkeiten zu verändern, um euch auf den Zeitkorridor zu begeben und euer eigenes Leben zu ändern. Dann kommt aus dem Zustand wieder heraus mit dem Wissen, wie ihr ihn willentlich benutzen könnt. Wenn ihr das lernt, wird der Fortschritt absolut phänomenal sein. Wenn es viele Bewusstseine auf dem Planeten gibt, die diese Technik beherrschen, so ändert sich das ganze Netz, welches das menschliche Bewusstsein organisiert und überwacht, von selbst. Es kann mehr Energie auf den Planeten gelangen, weil es Menschen gibt, die sie beherbergen können.

Jeder kann lernen, diese Energie aufzunehmen und zu achten, denn sie muss untergebracht werden. Es ist wie bei einer Ölquelle. Wozu sind Ölquellen nutze, wenn sie nicht angezapft werden und nur überall vor sich hin sprudeln? Zu gar nichts; sie erzeugen lediglich Dreck. Wenn ihr jedoch die Energiegeschenke der Erde wie Öl, Erdgas, Wasser oder Wind mit eurem Willen zusammenführt, schafft ihr einen Sinn oder einen Weg, um die Energie zu lenken. Dann entsteht Fülle für diejenigen von euch, die diese natürlichen Ressourcen fördern. Der wichtigste Aspekt bei diesem gesamten Prozess des Lenkens und Unterbringens von Energie besteht darin, zuallererst die Erde und ihre Erfahrung wertzuschätzen. Euch werden gerade enorme natürliche Vorräte gegeben, und ihr dürft sie anzapfen und nutzen. Dadurch seid ihr alle reich beschenkt, beschenkt an Energie und Meisterschaft.

Viele von euch möchten die höheren Bereiche erklimmen und dort bleiben und vergessen dabei, dass sie hier auf der Erde eine Aufgabe haben. Ihr müsst lernen, euch zu erden. Viele von euch erkennen nicht die Notwendigkeit, geerdet zu sein. Ihr werdet bald herausfinden, dass ihr Schwierigkeiten mit eurem Nervensystem bekommen könnt, wenn ihr immer vorwärts schreitet und nicht geerdet seid – wenn ihr nichts habt, was euch verbindet und die Welten beisammen hält. Wenn sich die Frequenz verändert und mehr Licht in den Körper gelangt, beginnt das System viel mehr Daten zu empfangen. Manchmal langweilt ihr euch sehr mit dem Leben in eurer Welt. Ihr möchtet einfach nur noch Daten empfangen und die sogenannte irdische Welt vergessen. Wenn ihr nicht geerdet seid, werdet ihr die Information nicht aufnehmen und anwenden können. Sie könnte euer System einfach überladen, oder ihr könntet das Empfangene nicht übersetzen, nicht ausgeglichen bleiben.

Ihr müsst viele Welten auf einmal ins Gleichgewicht bringen. Wie macht ihr das? Durch Absicht, durch Übung und durch Entschluss. Erdung erlaubt euch, Welten miteinander zu verschmelzen und Zugang zu vielen Welten zu bekommen. Sie erlaubt euch, Energiewellen zu spüren und diese Energiewellen dann an den Ort und die Zeit zu lenken, wo ihr sie braucht – um übermenschlich zu werden.

Eine gute Art, sich zu erden, ist es, hinauszugehen und sich auf den Boden zu setzen. Geht also hinaus und haltet euch in der Natur auf. Stellt oder setzt euch eine Weile neben einen Baum. Stellt euren Stuhl in die Sonne und lest ein Buch, während die Sonne auf euch scheint. Oder geht schwimmen, oder haltet eure Füße ins Wasser. Nutzt die Elemente. Sie machen die Erde aus, also könnt ihr sie fühlen.

Wenn ihr euch entwickelt und eure gesamte Spezies der Verschmelzung der Dimensionen näherkommt, muss euer Nervensystem fähig sein, all diese Informationen zu übersetzen, die euer Weltbild ändern werden. Das hat bereits begonnen. Während der letzten Jahre ist von der Information, die ihr vielleicht schon seit Langem kennt, viel mehr an die Öffentlichkeit gelangt. Viel mehr Menschen, die sich früher nicht für Außerirdische oder für persönliches Wachstum interessiert haben, zeigen jetzt Interesse daran oder sind sich solcher Themen wenigstens bewusst. Sie bemerken, dass eine Bewegung wächst und sich auf der ganzen Welt etwas ändert.

Zurzeit findet ein Konflikt von Energien statt, den man entweder als Scharmützel oder als große Schlacht bezeichnen kann. Die Schlacht ist erheblich größer, als ihr euch vorstellen könnt, und sie entscheidet darüber, wessen Frequenz auf diesem Planeten vorherrschen wird und wer eure Frequenz besitzen, manipulieren und ausbilden wird. Wer seid ihr als Frequenz in menschlicher Verkleidung, und was genau ist eure Aufgabe in dieser Zeit? Es ist unbedingt notwendig, dass ihr wisst, wer ihr seid und was ihr tut, wenn ihr es tut. Während ihr interdimensional und multidimensional werdet und sich die Frequenzen ändern und die Energien beschleunigen, macht euer Körper eine drastische Veränderung durch, mit der das Nervensystem als Beförderer von Information fertig werden muss.

Ihr müsst lernen, mit vielen Wirklichkeiten gleichzeitig umzugehen. Ihr müsst lernen zu erkennen, dass ihr das tut, und ihr müsst lernen, dass ihr einen Ort habt – die Erde –, auf den ihr die Information übertragen könnt. Ihr wärt nicht hier, wenn es für euch nicht wichtig wäre, Information und Energie in der Erde zu verankern. Wann immer ihr euch also elektrisiert oder energetisiert fühlt, erkennt, dass ihr euch in einem veränderten Zustand befindet. Erkennt auch, wie viele Versionen veränderter Zustände es gibt und dass ihr selbst lernen müsst, zu einem Kanal zu werden, einer großen Pipeline vergleichbar, durch die Energie strömt.

Wenn ihr wisst, dass ihr euch in einem veränderten Zustand befindet und euch Information, Heilungsenergie und Begeisterung oder Erhebung gegeben werden, fungiert als Pipeline. Schleust die Energie durch euch hindurch und akzeptiert und erkennt, dass ihr euch in einem multidimensionalen Modus befindet. Nehmt es zur Kenntnis, aber analysiert es nicht. Lasst die Energie einfach durch euch hindurch in die Erde fließen, und später wird es mehr Sinn ergeben.

Ihr könnt euren Emotionalkörper entdecken, indem ihr beschließt, zu glauben, dass man Emotionen vertrauen kann. Erklärt, dass ihr glaubt, dass Emotionen gut sind, dass sie ungefährlich sind, dass sie euch weiterbringen können, dass sie nützlich sind und dass sie einen nicht behindern oder in die Irre führen.

Jedes Mal, wenn Emotionen in euch frei werden, schaut, was sie für euch tun können. Wenn ihr Streit mit einem Kind habt, es euch anschreit und ihr euch nachher schlecht fühlt und weint, schaut euch eure Emotion an. Was tut die Emotion für euch? Immer, wenn ihr emotional seid, habt ihr Zugang zu Informationen aus vielen Wirklichkeiten. Findet diese Frequenz und haltet sie.

Es wird allgemein angenommen, dass Emotionen unkontrollierbar sind. Das sind sie nicht. Ihr könnt Emotionen kontrollieren, und ihr müsst diese Kontrolle nicht aufgeben. Emotion kann zu einer Frequenz in euch werden, durch die ihr die Tiefe und den Kern eures Wesens fühlen könnt. Und doch kann euch jemand ansehen und keine Ahnung haben, dass etwas in euch vorgeht. Dies bedeutet nicht, dass ihr abblockt; es heißt, dass ihr einen Weg gefunden habt, eine Emotion zu fühlen, ohne sie als gut oder schlecht zu bewerten, und zu erkennen, dass ihr sie gerade fühlt. Schaut, was ihr mit einer Emotion anfangen könnt. Wohin bringt sie euch? Was ist der nächste Schritt? Löst euch von dem Ereignis, das die Emotion verursacht hat. Das wird einigen von euch helfen.

Körperarbeit soll eine Befreiung auslösen. Ihr habt das Gewebe und die Muskeln eures Körpers als Panzer für euer Skelett verwendet. Dieses Gewebe hat sich verfestigt und lässt das, was in der Skelettform enthalten ist, nicht an die Oberfläche.

Ihr möchtet Zugang zur Information in den Knochen, denn in den Knochen befindet sich die Geschichte, während die Blockaden im Gewebe sitzen. Ihr müsst all diese Schichten durchdringen, um zur Wahrheit in eurem Körper zu gelangen.

Eure »Blaupause«, der Plan für das, was ihr hier auf diesem Planeten bewerkstelligen wollt, wird angeregt, wenn ihr in ihre Nähe kommt. Das ist wie das Spiel, das ihr als Kinder gespielt habt: Ihr versteckt etwas, und wenn jemand in die Nähe kommt, ruft ihr: »Wärmer!« Euer Körper wird ganz aufgeregt, während eure Blaupause langsam die Führung übernimmt und ihr euch aus eurem logischen Verstand heraus und in die Erfahrung hinein begebt. Das geschieht deshalb, weil ihr euch auf eure Bestimmung hin ausrichtet. Euer Körper, nicht euer Verstand, nimmt die Information auf. Wenn ihr euren Emotionen freien Lauf lasst, werdet ihr viel befriedigendere Erfahrungen machen, als wenn ihr eure Emotionen verurteilt, weil ihr nicht versteht, was ihr durchmacht, und versucht, sie zu kontrollieren.

Ihr braucht eure Emotionen. Wir können das nicht genug betonen. Einige von euch sind stolz auf die Tatsache, keine Emotionen zu haben. Dies wird nicht mehr sehr lange funktionieren, denn ihr werdet herausfinden, dass das, worauf ihr stolz seid, zu eurem Untergang führen wird.

Ihr fühlt vielleicht, dass ihr die Beziehung zu euren Eltern durchgearbeitet habt. Es ist zutreffender zu sagen, dass ihr so viel Einsicht gehabt habt, wie zur gegebenen Zeit möglich war. Wenn ihr bestimmte Arten von körperorientierter Therapie oder Kristallarbeit erlebt oder euch zu höheren Ebenen hinbewegt, so erhaltet ihr ein umfassenderes Bild.

Information ist in Stein geschrieben und gespeichert. Information ist auch in Knochen geschrieben und gespeichert. Deshalb ist es so wichtig für euch, mit der Skelettstruktur zu arbeiten, denn sie beherbergt viele eurer Erfahrungen in diesem Leben. Lasst die Dinge herauskommen und bestraft euch nicht, weil ihr dachtet, ihr hättet mit bestimmten Ereignissen abgeschlossen. Sagt euch: »Das ist wunderbar! Hier gibt es noch mehr. Ich liebe es!« Verwendet die Erfahrung, als ob ihr eine Goldmine entdeckt – als ob ihr entdecktet, dass ihr ein neugeborener, reicher Mensch seid.

Für alles, was ihr durchmacht, habt *ihr* euch entschieden. Ihr wisst nicht, wie viel ihr beiseite räumt. Ihr öffnet Bewusstseinswege für den Planeten, nicht nur für euch selbst. Das Gute ist, dass das, was ihr jetzt klärt, der leichtere Teil ist. Einiges von dem abgefahrenen, bizarren Zeug wird später kommen, wenn ihr schon so abgebrüht sein werdet, dass es für euch keinen Unterschied mehr machen wird. Alles geschieht zu seiner Zeit.

Die derzeitige Umwandlung ist die Entwicklung oder das Einklinken interner in externe Daten. Die stattfindende Reinigung ist der Zugang zu allen Emotionalkörpern, die zu verwenden ihr euch gefürchtet habt. Ihr müsst Zugang zu eurem Emotionalkörper haben, um euren spirituellen Körper zu verstehen. Wie bereits gesagt, geht der mentale mit dem physischen Körper und der emotionale mit dem spirituellen Körper Hand in Hand.

Weil der spirituelle Körper nichtphysisch ist, ihr aber im Körperlichen eingesperrt seid, müsst ihr den gesamten nichtphysischen Bereich durch eure Emotionen betreten.

Die Menschen lieben ihre Dramen oft so sehr, dass sie sich in der Arbeit des Verarbeitens verlieren können. Verarbeiten kann zu einer Lebensweise werden. Das ist nicht sinnvoll. Es ist nicht cool, immer zu verarbeiten und anderen zu sagen: »Stör mich nicht, ich verarbeite. Ich stecke tief im Prozess. Ich komm da einfach nicht durch.« Ja, eure persönlichen Dramen müssen untersucht werden. Ja, eure persönlichen Dramen sind ein reichliches Festmahl für euch. Aber esst auf und lebt weiter und beschert euch ein weiteres Bankett. Hört auf, euch an die Juwelen eurer Vergangenheit zu klammern und euch so sehr vor der Lösung eines dieser Themen zu fürchten, weil ihr glaubt, dass danach nie wieder etwas Aufregendes in eurem Leben passieren wird. Es ist gut, das Aufarbeiten in Maßen zu betreiben.

Der menschliche Körper entwickelt und verändert sich ständig. Ihr glaubt vielleicht, dass ihr eine bestimmte Nahrungskombination braucht, denn das wurde euch so gelehrt. Am besten vergesst ihr jedoch, was ihr darüber gelernt habt. Ihr werdet auf euren Körper hören und euch von ihm sagen lassen, was er möchte. Wir schätzen, dass viele von euch in den letzten Jahren ihre Ernährung verändert haben. Ihr fühlt euch nicht mehr wohl mit dem, was ihr früher zu euch genommen habt, denn die Schwingung bestimmter Lebensmittel ist so intensiv, dass sie mit euch unvereinbar ist.

Wie ihr wisst, werden in der Fleischindustrie die Rinder, Schweine und Hühner nicht mit gesundem Futter ernährt. Sie leben in kleinen Abteilen, und viele von ihnen sehen nie das Tageslicht. Viele lassen ihre Exkremente auf ihre Artgenossen fallen, denn sie leben übereinandergeschichtet in kleinen Metallboxen. So werden sie aufgezogen. Sie werden mit Steroiden und Antibiotika gefüttert – alles andere als gesundes Futter. Sie werden nicht mit Liebe großgezogen. Wenn sie ins Schlachthaus kommen, werden sie auch nicht mit Liebe getötet. Und in der Folge nehmt ihr, wenn ihr das Fleisch esst, diese Schwingung in euch auf.

Denkt daran, dass alles als Schwingung existiert. Die Tiere wurden als eure Begleiter auf den Planeten gebracht, um auf dem Land zu leben und euch, falls nötig, zu ernähren und zu schützen. Dies sollte mit Liebe geschehen. Wenn ihr auf einem Bauernhof lebt und eure eigenen Hühner und Schweine aufzieht, wenn ihr ihnen gesundes Futter gebt und ihr sie zu gegebener Zeit mit Mitgefühl, Dankbarkeit und Liebe schlachtet, ist das in Ordnung. Ihr gebt den Tieren Lebensqualität, und sie sind bereit, sich in Liebe euch hinzugeben für eure Lebensqualität. Das ist das Ideal. Das war auf diesem Planeten lange Realität. Jetzt ist es bei Weitem nicht mehr so. Seid euch der Schwingung von allem bewusst.

Lasst euren Körper sagen, was er sagen möchte. Seid bereit und willens, euch zu verändern, denn euer Körper wird sich von bestimmten Lebensmitteln abwenden, wenn er versucht, seine Schwingung zu erhöhen und einen Lichtkörper aufzubauen. Erklärt für euch die Absicht, eure Ernährung entsprechend zu verändern, und dann beabsichtigt, dass alles Weitere zu euch kommt.

Wir betonen immer wieder, dass ihr mehr als nur physische Wesen seid. Ihr existiert in vielen Wirklichkeiten, und ihr habt viele Führer. Daher muss jeder von euch in seinen Absichten viel klarer werden. Was wollt ihr? Stellt fest: »Ich möchte mich entwickeln. Ich möchte meine Ernährung verändern. Ich wünsche, eine größere Intuition zu haben.« Seid euch über eure Absichten im Klaren. Die Wörter *ich beabsichtige* haben enorme Kraft.

Wahre Gesundheit würde aus zwölf völlig umgewandelten und entwickelten DNS-Helices im Körper bestehen, die die volle Gehirnkapazität aktivieren würden. Es wird eine Weile dauern, bis die zwölf Helices vollkommen aktiviert sind, doch sie können beginnen, sich anzuschließen. Einige von euch haben sie als angeschlossen, aber noch nicht aktiviert erfahren. Wenn sie aktiviert sind, arbeitet das gesamte Gehirn, und ihr seid Genies. Ihr wisst alles, seid telepathisch und könnt alles tun, denn ihr beherbergt die Lebendige Bibliothek. Ihr besitzt den Bibliotheksausweis, der euch Zutritt zu jeder auf diesem Planeten gespeicherten Information gewährt.

Wenn ihr irgend etwas anstreben könntet, so würden wir euch bitten, untadelige Hüter der Frequenz zu werden. Bewahrt in euch Wissen und Information höchster Ordnung, einer Ordnung von unbegrenztem Sein. Macht diese Frequenz allen um euch herum zugänglich, indem ihr sie einfach lebt, indem ihr auf euren Straßen geht, in euren Geschäften einkauft und euch abends einfach auf euren Kissen ausruht und wisst, wer ihr seid.

Es wird eine Zeit kommen, da ihr nicht mehr außerhalb von euch nach Informationen suchen müsst. Zurzeit kommen wir und andere zu euch, um euch in Gang zu bringen, euch zusammenzusuchen und zu versammeln und euch in Gruppen anzuordnen, damit ihr euch gegenseitig spiegeln und elektromagnetisch aufladen könnt. Wenn wir mit euch arbeiten, erzeugen wir Lichtfunken, die Öffnungen schaffen. Wenn diese Öffnungen in euch auftreten, schwingt ihr auf einer so hohen Frequenz, dass ihr jeden um euch beeinflusst. Immer, wenn etwas in einem von euch »klick« macht, sendet ihr eine Erkennungsfrequenz aus, und andere Menschen fangen sie auf. So wächst der Gruppengeist. Es geschieht, ohne dass ihr es verstandesmäßig begreift, ein bestimmtes Bild habt oder es erkennt, denn es läuft elektromagnetisch im Körper ab. Ihr erschafft ein Ansteigen der Energie, je nachdem, wieviel ihr verkraften könnt.

Jeder Mensch muss die Multidimensionalität selbst in sich auslösen. Ein Teil des Selbst trifft eine Entscheidung und sagt: »Gut, ich wünsche, in diese multidimensionale Erfahrung zu gehen. Was will ich tun?« Der Wunsch muss zuerst da sein. Der Wunsch ist eine Erkenntnis, die euch in den Augenblick bringt. Dann müsst ihr entscheiden, was ihr mit diesem Wunsch macht. Ihr könntet ihn morgen schon vergessen. Um diesen Wunsch zu strukturieren und zu zeigen, dass ihr es wirklich ernst meint, nehmt an Ereignissen, Veranstaltungen, Ritualen und Zeremonien teil, die eure Ernsthaftigkeit unter Beweis stellen. Dann könnt ihr daran gehen, euer Leben so zu gestalten, dass ihr das Signal dieses Entschlusses aussendet. Das kann wie ein lebendes und wandelndes Gebet sein. Die Kirche lehrt die Menschen zu beten und einen gewissen Herrn um Dinge oder um Vergebung zu bitten. Wir schlagen das lebendige Gebet vor, einen Prozess, durch den jeder Augenblick des Tages Bedeutung erhält und euch aufgrund eurer Handlungsweise und Konzentration zu dem führt, wofür ihr betet.

Lebendiges Gebet schließt eine sehr bewusste Absicht über die Objekte in eurer Umgebung ein: einen Altar und heilige Dinge zu besitzen und nichts in eurer Wirklichkeit zu haben, das keine Bedeutung für euch hat. Wir wissen, dass die Vorstellung, nichts ohne Sinn in eurer Wirklichkeit zu haben, bei einigen von euch ein Erdbeben auslöst. Aber wie viele von euch nehmen Dinge in ihrem Leben hin, die sie nicht wollen; ob das nun der Mantel ist, den sie schon seit fünfzehn Jahren tragen und der bereits einige Mottenlöcher aufweist, oder der Partner, den sie schon fünfunddreißig Jahre mit sich herumschleppen und der schon mehr als nur ein paar Mottenlöcher hat. Es ist eine Herausforderung, alles in eurem Leben loszuwerden, das keine Bedeutung für euch hat; doch es ist unbedingt notwendig.

Einen Altar aufzustellen ist ein guter Rahmen für die Aktivierung eines Rituals. Das Ritual erweckt das zellulare Gedächtnis und erinnert euch an uralte Lehren, die in euch gespeichert sind. Es bringt diese Lehren in euer aktives Gedächtnis. Das Ritual stellt euch ins Jetzt und bringt euch von einem sich ausdehnenden Jetzt ins nächste, indem es persönlich bedeutenden Aspekten von Mutter Erde Reverenz erweist. Ihr erschafft persönliche Bedeutung für euch selbst. Alles entsteht, weil jemand sich dazu entschlossen hat, es mit Energie zu versehen. Alles kann energetisiert werden. Es läuft auf die Kraft des einzelnen Geistes hinaus, den Willen zu aktivieren und ihn zur Neugliederung der Wirklichkeit einzusetzen.

Zurzeit gibt es niemanden auf der Erdenebene, der nicht den Impuls zur Entwicklung verspürt. Niemand ohne diesen Impuls wäre hierhergekommen. Alle für diese Zeit geöffneten Toröffnungen und aufgestellten Pläne waren auf selbstmotivierte, selbstbeschleunigende, schnelle Entwicklung angelegt.

Das vorliegende Buch fungiert hierzu als ein Prozessgeber und Auslöser. Die Schlüssel sind in diesem Buch verborgen. Wir ermutigen euch, nach den Impulsen zu handeln, die euch ins Ohr flüstern: »Du bist Teil dieser Lichtfamilie, und die Erde ist eine Lebendige Bibliothek.« Wir werden euch führen und beistehen, indem wir sagen, dass es viele Belohnungen gibt. Auch wenn wir nicht garantieren, dass die Herausforderungen jemals aufhören, gibt es doch eine Haltung der Meisterschaft, die ihr erreichen werdet.

Lernt, die Symbole zu deuten und den Impulsen bis zu ihrer höchsten Vollendung zu folgen. Multidimensional zu sein bedeutet, die Kanäle zu öffnen, die euch gegeben sind, und die Skalen auf die verschiedenen Frequenzen einzustellen und dann die Übertragungen und den Aufstieg des Wissens zu erfahren.

Es gibt im gegenwärtigen Wortschatz nicht genug Ausdrucksmöglichkeiten, um die Gefühle des nichtphysischen Bereichs zu vermitteln. Der Geist, von dem wir sprechen, umfasst unzählig viele Ideen. Er bezieht sich grundsätzlich auf das, was nicht physisch ist und nicht im Blickfeld der dreidimensionalen Betrachtung. Es ist so, als tätet ihr einen Sprung. Ihr könnt es mit dem Trampolinspringen vergleichen: Ihr hüpft immer höher, bis zu einem gigantischen Satz – und danach berührt ihr das Trampolin nie wieder. Ihr springt und springt und erreicht dann das Gold, das euch in den Bereich des Geistes schickt. Das soll nicht heißen, dass ihr verloren geht oder euch auflöst oder dass eure Moleküle verstreut werden. Es ist einfach der Sprung, den alle alten Schamanen auf der Erde praktizierten und als Möglichkeit aufrechterhielten – ein Weg, intelligente Formen zu verbinden und der sich entwickelnden menschlichen Spezies zu helfen.

Für uns ist Multidimensionalität eine Lebensweise. Wir erkennen, dass ein Teil unserer Herausforderung als Lehrer darin besteht, unsere Lebensart in sich entwickelnde Systeme zu übertragen. Um dies klar zu sagen: Das ist ein Prozess, auf den auch ihr zusteuert – außer ihr verabschiedet euch vom Planeten –, doch wie ihr ihn erfahrt, liegt an euch. Wir wollen, dass ihr an den Rand einer Klippe gehen, über den Rand hinaustreten und in der Luft stehen könnt. Wir wollen, dass ihr da draußen seid. Wir möchten, dass ihr den Ketzer in euch erkennt: den Teil, der weiß und der diese Wirklichkeit weit aufbrechen und ein ganz neues Paradigma des Bewusstseins aufstellen wird. Dies wird nicht ein einzelner Weltherrscher tun; die Massen werden es tun, denn die Massen sind dazu jetzt bereit.

Zurzeit befinden sich die Wächter des Lichts zu Millionen auf dem Planeten. Ihr braucht euch nur zu entwickeln. Eure Arbeit ist im Moment sehr intensiv mit dem Selbst verbunden, dem körperlichen Vehikel, das ihr gegenwärtig besitzt. Es ist das Selbst, das euch erlaubt, dieses Spiel zu spielen. Liebt es, achtet und schätzt es, sorgt gut dafür, sprecht gut darüber und beabsichtigt, dass es mit optimaler Kapazität funktioniert. Das ist alles, was ihr tun müsst, um offen für eine Verbindung mit eurer Lichtfamilie zu sein. Dann seid bereit, herauszufinden, wen das Licht kennengelernt hat, wen das Licht euch vorstellen wird und wer tatsächlich *Licht ist.*

Liebe ist das, was ihr erfahrt, wenn ihr über Licht hinausgeht. Ihr braucht Licht, also Information, um diese Liebe zu erreichen. Ohne die Frequenz der Information wird die Frequenz der Liebe missverstanden. Wenn die Liebesfrequenz vor der Lichtfrequenz kommt, glaubt ihr, dass die Liebe außerhalb von euch liegt, und ihr versteht nicht, *dass ihr Liebe seid*. Dann macht ihr das, was die Menschen auf diesem Planeten seit Äonen getan haben: Ihr verehrt und vergöttert alles und glaubt, dass Liebe *dort draußen* ist und nicht *hier drinnen*. Deshalb haben wir beschlossen, auf diesen Planeten zu kommen und zuerst mit Licht zu arbeiten, indem wir euch informieren, euch stärken und eure Blaupausen gemäß der Information aktivieren.

Jetzt, da ihr informiert worden seid und versteht, was während des multidimensionalen Zustroms von Licht mit eurer Identität geschieht, werdet ihr die Liebesfrequenz zu erfahren beginnen, wodurch ihr Liebe auf andere Versionen eures multidimensionalen Selbstes ausdehnen und eine massive Heilung des Bewusstseins auf vielen Ebenen erzeugen könnt. Die Erfahrungen, die ihr in diesen Aktivitätsbereichen macht, können sehr kraftvoll sein. Sie werden euch immens verändern, und ihr werdet mit einem Lächeln von einem Ohr zum anderen herumlaufen, so dass sich andere fragen werden, was mit euch los ist. Ihr werdet so daherkommen, weil ihr in der Schwingung der Ekstase seid. Ihr werdet in einer Schwingung der Verbundenheit sein, und jeder und alles, was ihr zu euch zieht, wird ein Teil dieser Schwingung sein. Alles, was nicht mit dieser Frequenz schwingt, wird nicht einmal an euch herankommen können. Genau gesagt: Wenn ihr mit den höheren Frequenzen schwingt, wird es tatsächlich so sein, dass alles, was sich nicht in jenen Frequenzen befindet, euch nicht einmal *sehen* wird.

Wenn ihr gepaart mit Schöpferkraft und Liebe in der Informationsfrequenz wirkt, werdet ihr eingesetzt werden, um diese Frequenz zu verbreiten – nicht, indem ihr es für andere tut, sondern indem ihr zulasst, dass andere eure Frequenz spüren, wenn sie mit euch in Kontakt treten.

Ihr seid alle unschätzbar wertvoll. Diejenigen von euch, die diese Dinge meistern – und es gibt keinen Grund, warum es nicht alle von euch sein sollten –, werden bald sehr gefragt sein. Man wird euch als besondere Menschen ansehen.

Es liegt jedoch nicht in eurem Interesse, euch von der Bevölkerung abzusondern. Es ist eure Aufgabe, die Bevölkerung zu unterrichten und den anderen Menschen zu zeigen, wie sie das gleiche tun können. Frequenzen sollen uneingeschränkt gegeben und mitgeteilt werden, so dass jeder entdecken kann, was er selbst tun kann. So wird sich dieser Planet entwickeln.

22

Die galaktische Flutwelle des Lichts

Bewusstheit erwacht bei den Massen auf diesem Planeten. Die Gesamtsumme der Ereignisse, die sich beschleunigen und entfalten, dringt gerade in jedermanns Wirklichkeit ein. Die Ereignisse sind so inszeniert und gestaltet, dass sie euch kollektiv, als Spezies, in eine neue Oktave des Lichts führen. Aus der Zukunft strömt eine galaktische Flutwelle des Lichts durch Toröffnungen, die ihr auf der irdischen Ebene erschafft, indem ihr die Geschichte nachvollzieht, die wir euch hier mitgeteilt haben. Die Massen erwachen. Ihr seht es in eurem Umfeld und fühlt das Rumoren des Bewusstseins, die inneren Erdverschiebungen, die wahre Übergangsriten für die gesamte Menschheit darstellen.

Mit großer Unterstützung unserer Lehrer haben wir diesem Planeten Informationen präsentiert, von denen wir glauben, dass sie unsere Absichten in Einklang bringen und unsere Energien vereinen können. Wir fühlen, dass wir diesem Planeten eine Botschaft der Inspiration und der Wahrheit übermitteln konnten. Es soll ein Weckruf sein – eine Botschaft, die jenen Teil des Selbst erreichen und hervorholen soll, der bisher im Verborgenen geschlafen hat. Wir fühlen, dass das Material, das wir euch in diesem Buch mitgeteilt haben, das Wissen in euch erwecken wird. Es wird euch verstehen lassen, wie euch verschiedene Versionen der Illusion als Wirklichkeit verkauft werden und was eure Rolle in all dem ist oder sein kann.

Wir haben jeden Einzelnen von euch mit unseren Botschaften zum Denken angeregt. Es ist unsere Absicht gewesen, jeden von euch zu bewegen und aufzurütteln, aber nicht, um euch Unbehagen zu bereiten; das kommt vielleicht aus euch selbst. Wir ermutigen euch, Behagen zu finden. Wir ermutigen euch, in eurem Inneren einige Gebirgsketten des Bewusstseins zu erklimmen: an neue Orte des Wohlbefindens zu gehen und die Täler der ewigen Jugend und Lebenskraft, des ständigen Ausdrucks von Schöpfertum zu entdecken. Dort werdet ihr neue Aussichten des Bewusstseins und eine galaktische Lichtwelle aus der Zukunft finden.

Indem wir diese Botschaft in Kapitel 22 bringen, dem letzten Kapitel dieses Buches, beabsichtigen wir, die Schwingung der Zahl 22 zu nützen. Sie ist eine Schlüsselzahl. Sie steht dafür, dass eine übergeordnete Lehre in dieser Version der physischen Wirklichkeit verkündet wird – eine Botschaft, die eine Kodierung enthält. Die Botschaft liegt nicht einfach nur in der Art, wie die Wörter aneinandergereiht sind. Vielmehr sind in der Methode und dem Aufbau dieses Buches Schichten von Information verborgen. Ideen werden dargestellt, Konflikte treten auf, Lösungen werden vorgeschlagen, und Inspiration durchzieht alles, immer mit dem Ziel, euch daran zu erinnern, dass ihr euch selbst inspirieren müsst.

Wir fühlen, dass ihr aus dieser Inszenierung, die wir hinter den Kulissen vorgenommen haben, Nutzen ziehen werdet. Dieses Buch stellt einen Prozess des Verstehens dar. Wo anscheinend Chaos und Verwirrung herrschte und wo es schien, als wären die Dinge durcheinandergebracht worden, hat dieses Durcheinander seine eigene Ordnung erschaffen. Diese Ordnung wird nun in der letzten Botschaft unter dem Zeichen der 22 zusammengefasst.

Darin sprechen wir zur Seele und zum Herzen jedes Einzelnen. Wir bitten euch, den Ruf zu hören, ihn zu erkennen und als ein

Mitglied der Lichtfamilie vorzutreten. Habt den Mut, an jedem Tag, den ihr auf dem Planeten wandelt, dieses Licht zu leben und es mit allem, dem ihr begegnet, zu teilen. Das bedeutet nicht, das Licht zu predigen oder es anderen aufzudrängen. Es bedeutet, zu wissen, dass ihr Licht seid und es lebt, und es heißt, in der Einfachheit eures Seins den Sinn eures Daseins zu entdecken, damit zu erblühen und diesen Ort neu zu befruchten – den Planeten Erde in seiner herausfordernsten Zeit des Übergangs.

Der Prozess des Übergangs in diese höhere Oktave von Verstehen – dieses Verschmelzen der Dimensionen und Erschaffen neuer Territorien – wird jeden auch zu einem größeren Verständnis dessen führen, was ihr als den Tod bezeichnet. Euer Licht wird benötigt werden. Euer Licht stellt das dar, was ihr wisst. In diesem Buch wurden viele Wege gegangen – durch Strukturen und Codes, die ihr nicht erkennen könnt –, um hier auf den letzten Seiten das Wissen in euch wachzurufen, dass ihr alles, wovon wir sprechen, bereits wisst, und dass es in euch ist. Es ist jetzt an der Zeit für euch, an den Entdeckungen und Wundern der Handhabung des physischen Fahrzeugs in diesen Zeiten der Veränderung und des Übergangs teilzuhaben; diese Zeiten bringen den Tod der euch bekannten Welt mit sich. Wo Tod ist, ist auch immer Wiedergeburt; etwas stirbt, und etwas Neues wird geboren.

Da sich dieser Planet schon mitten in den großen Veränderungen befindet, ist jeder von euch aufgerufen, sich als Lichtsäule zu behaupten. So werdet ihr Menschen den Weg weisen, wenn sie verzweifelt sind, weil die alten Wege keine Lösungen mehr bringen – sie passen und funktionieren nicht mehr. Also werden eure Talente benötigt. Ihr könnt nicht davonlaufen und untertauchen, denn ihr werdet gebraucht, um in den Gemeinschaften zu wirken und alternative Seinsweisen aufzuzeigen.

Ihr werdet gebraucht, um euren Glauben zu teilen, dass Gedanken Wirklichkeit erschaffen, und um anderen zu zeigen, wie das funktioniert, indem ihr heilt und neue Ideale der Zivilisation und Zusammenarbeit erschafft.

Wenn sich die Tage zu entfalten beginnen, werden die alten Prophezeiungen wieder enthüllt werden und zu neuem Leben erwachen. Sie werden diesmal viel farbenfroher sein und eure Erwartungen übertreffen, wenn sie diesem Planeten seine größten Lektionen erteilen. Indem ihr euch entwickelt, bringt ihr euer Wissen zum Tragen, ihr teilt es mit und lebt es. Ihr werdet zu einem größeren Gefäß, einem größerem Ausdruck von Licht. Durch diesen Prozess werdet ihr in den nächsten Jahren feststellen, dass ihr mit dem, was ihr wisst, über die Lichtgeschwindigkeit hinauskatapultiert werdet. Die Fähigkeiten, die Talente und Informationen, die zu euch kommen werden, sind einfach in eurem Inneren.

Wir möchten euch mitteilen, dass eine galaktische Flutwelle des Lichts aus der Zukunft euren Planeten erreicht und dass die Massen ihr Auftreffen immer deutlicher fühlen werden. Es ist, als erführe der gesamte Planet eine einseitige Erhöhung des Bewusstseins. Diese Welle muss so gigantisch sein, um die gesamte, durch Frequenzkontrolle beschränkte Masse zu erfassen. Ihr seid es, die Lichtfamilie, die jetzt zu Millionen hier sind, um in euren Körpern Platz für diese galaktische Flutwelle zu schaffen – ihr werdet es möglich machen, dass die Durchdringung der ersten Schicht des Lichtkörpers die gesamte Menschheit erreicht.

Der Lichtkörper ist jener Körper, der die gesamte Umwandlung der Spezies ermöglicht. Er wird fähig sein, mit Realitäten zu jonglieren, und zwar durch das absichtliche Verschieben des Bewusstseins von einer Sicht zu einer anderen, ähnlich, wie man beim Fernsehen die Kanäle wechselt. Der Lichtkörper wird all diese kodierten Daten aufnehmen und sie willentlich übersetzen können. Er wird innerhalb und zwischen den Dimensionen kommunizieren können.

Erinnert euch: Materie ist einfach gefangenes Licht. Indem ihr euren Lichtkörper aufbaut, lasst ihr eine Neuorganisation der Molekularstruktur zu – ihr lockert den Griff der Materie, so dass euer alltägliches Leben mehr mit eurem spirituellen Verständnis übereinstimmen kann. Der Lichtkörper wird aufgebaut, indem ihr der weniger gefangenen Materie erlaubt, sich zu manifestieren; Licht, das in seinem Ausdruck freier ist und bei der Suche nach seiner Quelle weniger behindert, wird zu eurer Natur, wodurch ihr nicht mehr so kompakt seid. Durch die Anhebung eurer Schwingungsrate werdet ihr zu eurem Lichtkörper. Ihr werdet die Veränderung in eurem Körper buchstäblich sehen. Euer Körper wird vitaler, jugendlicher, mehr in sich ruhend und fähig, eine Unmenge von Information zu verarbeiten. Er wird ein Superwesen werden – durch den Aufbau des Lichtkörpers.

Die Verlängerung der Lebensdauer des Zellkörpers durch Verjüngung und Ausdehnung des zellularen Lebens kommt wieder in Mode. Das ist Teil der aktuellen Entwicklung, dass sich euer Lichtkörper aufbaut – ein Körper, der nicht so dicht ist, der sich nicht selbst zerstört, der sich selbst erzeugt und selbst ergänzt. Danach strebt ihr gerade alle. Ihr wärt bereits euer Lichtkörper und würdet es fühlen, wenn euer logischer Verstand sich nicht so sehr darüber sorgen würde, ob das möglich ist oder nicht; die Gesellschaft sagt euch nicht, dass es möglich ist.

Wir können euch nicht oft genug sagen, dass ihr aufhören müsst, auf die Gesellschaft zu hören. Das wird die schwerste Aufgabe für euch sein und euer größter Durchbruch. Ihr habt das gesellschaftliche und das spirituelle Selbst, und ihr müsst euch entscheiden, welches davon heilig ist. Welches ist für euch Quelle der Autorität? Lasst euer intuitives Selbst zu eurer Autorität werden. Erlaubt eurem intuitiven Selbst, der Fahnenträger eurer Erfahrung zu sein – einer Erfahrung, die niemand anders würdigen wird. Eure Erfahrung entspringt der Aufgabe, die ihr kennt, an die ihr euch aber nicht notwendigerweise erinnert.

Wenn ihr alles, was ihr wisst, mit der Einstellung angeht, dass es eine göttliche Ordnung und einen göttlichen Sinn gibt, ohne dass es euer Ego jederzeit begreift, dann werdet ihr euch schnell durch die Wirklichkeiten bewegen. Es wird viele verschiedene Arten geben, wie die galaktische Flutwelle des Lichts erfahren wird. Ganz sicher wird sie jeden in eine gesteigerte Version seiner größten Möglichkeiten katapultieren. Das ist natürlich die freie Entscheidung jedes Einzelnen.

Zum Schluss bedanken wir uns bei euch allen, dass ihr die Lichtquelle erkennt, die Teil eurer Identität ist und die euch dazu bewogen hat, dieses Buch zu lesen und dem leisen Flüstern zu folgen, das die goldenen Spiralen hinab durch die Gänge eures eigenen Seins widerhallt. Wir lieben und schätzen euch sehr, wir erkennen euch an und wir sind hier, um euch beizustehen. Wir sind alle als Lichtfamilie hier, um die Freiheit zur Entwicklung auf den Planeten zurückzubringen – sie an diesen Ort zu tragen, wo sie als Teil der Lebendigen Bibliothek glänzen wird, als ein neuer Stern, ein neues Licht an den Horizonten vieler fühlender Welten.

Wir warten in der Zukunft, wo eure Vergangenheit auf unsere Gegenwart trifft und die gesamte Existenz in eine neue Oktave katapultiert, die höchste Oktave des Seins. Es ist uns eine große Freude, in diesem Prozess eure Unterstützung zu haben.

»Wie aus den Channelings ein ganzes Buch wurde«

Nachwort von Tera Thomas

Als ich Barbara Marciniak 1988 kennenlernte, hatte für uns beide soeben eine aufregende neue Phase unseres Lebens begonnen: Ich war nach Michigan gezogen, um mit den Verlegern Barrie und Susie Konicov eine neue Zeitschrift, *Connecting Link*, aus der Taufe zu heben, und Barbara begann gerade die Channelings der Plejader. Nach Jahren der Arbeit in vielen verschiedenen Berufen, Jahren des Reisens, Suchens und Studierens von Material zur Entwicklung des Bewusstseins hatten wir uns ein Betätigungsfeld geschaffen, das uns ausfüllte und begeisterte.

In den nächsten beiden Jahren reisten Barbara und ich zu vielen Kongressen, spielten viel mit den Lehren der Plejader und hatten alles in allem eine herrliche Zeit. Wir sprachen darüber, aus den Lehren der Plejader ein Buch zu machen, hatten aber keine Eile damit; das Buch würde schon zur richtigen Zeit erscheinen.

Dann kam das Jahr 1990, der Beginn des »unbenannten Jahrzehnts«. *Connecting Link* war gut angelaufen, und Barbara hatte ungefähr dreihundert Tonbänder mit den Plejadern aufgenommen. Ich fühlte, dass es für mich Zeit war, wieder nach New York zu ziehen, wo ich die Zeitschrift an meinem Computer weiterführen und mich außerdem mehr in Netzwerk-Arbeit engagieren konnte. Ich fühlte auch, dass es an der Zeit war, das Buch zu machen.

Wenn ich an »das Buch« dachte, stellte ich mir vor, dass die Plejader es mir diktieren würden und dass ich die Bänder einfach nur schriftlich festzuhalten und das Material zu redigieren brauchte, und schon würde es fertig vor mir liegen. Es würde keine besondere Mühe kosten und nur sehr wenig Zeit von meiner laufenden Arbeit an der Zeitschrift wegnehmen. Daher war ich im Mai, als Barbara und ich uns zusammensetzten, um ein »Buch-Channeling« zu machen, sehr erstaunt, zu hören, wie sich die Plejader die Arbeit an dem Buch vorstellten.

Sie versicherten mir, dass sie mir das Buch *nicht* diktieren würden und dass ich es durch meinen eigenen Prozess zustande bringen müsse. Ich war ziemlich verblüfft. Sie sagten zu mir: »Wenn dir dieses Buch einfach gegeben würde, wärst du bloß eine Angestellte. Welche Anstrengung käme von dir? Es wird für dich die Geburt von etwas sein, die Geburt eines Prozesses in dir selbst, einer völlig neuen Art der Kreativität.«

Uff! »Gut, wie mache ich das nun mit diesem wundersamen Prozess?«, fragte ich. »Wo fange ich an?« Sie antworteten: »Du wirst dies alles nur mit deiner Intuition zusammenfügen. Es soll kein Projekt für den logischen Verstand sein. Indem du deine Intuition verwendest, wirst du geleitet und geprüft werden, ob du ein Projekt durchführen und abschließen kannst, ohne dass dein logischer Verstand die nächsten Schritte kennt. Es wird eine gewaltige Übung für dich sein. Es wird dir zu einem höheren Bewusstsein, zu mehr Ordnung und mehr Vertrauen verhelfen. Wenn es vollendet und sehr erfolgreich ist, wirst du sagen: Ich weiß nicht, wie ich es getan habe. Ich habe keine Ahnung.

Die Geschichte wird zeigen, dass Menschen kosmisch werden können, wenn sie von ihrer persönlichen Information befreit werden. Der Prozess, den du in den nächsten Monaten durchmachen wirst, wird sehr intensiv für dich sein. Du wirst beim Schreiben selbst einen Initiationsprozess durchlaufen. Während der nächsten sechs Monate hast du auf einigen Gebieten Meisterschaft zu erlangen, und das ist alles miteinander verbunden.«

Sie sagten, ich solle mir die Bänder anhören und nur solche Teile aufschreiben, von denen ich *fühlte*, dass sie ins Buch passten. Barbaras Schwester Karen würde die Bänder mit guter Information intuitiv erkennen und mir schicken. Auch meine Freundin Marsha würde Impulse erhalten, welche Tonbänder ins Buch kommen sollten. Dann würde es an mir liegen, die zu verwendenden Teile herauszusuchen. Ich wurde angewiesen, nichts zu ordnen und gar nicht daran zu denken, wie alles zusammenpassen könnte. Ich könne Überbegriffe von einem bis fünf Worten Länge verwenden und auf jeder Seite etwas Farbe, um die Informationen in Kategorien einzuteilen, und das war's auch schon.

Allmählich begriff ich. Mein logischer Verstand hatte noch eine Frage. Ich fragte die Plejader: »Sollen wir versuchen, vor der Fertigstellung des Buches einen Verleger zu finden oder zumindest ankündigen, dass wir es schreiben?«

Die Plejader antworteten: »Ja, am besten schickst du eine Ankündigung raus, dass du das Buch beginnst. Wenn du dich zum ersten Mal an die Arbeit setzt, räume deinen Schreibtisch auf und entferne alles Unnötige. Schaffe einen reinen Platz mit deinen Kristallen, die dich unterstützen werden. Dann kannst du ein Gebet der Absicht sprechen: ›Ich gebe nun bekannt, dass ich ein Buch beginne, und ich sende diese Ankündigung an jeden Verleger aus und an jeden, der dieses Material für diejenigen veröffentlichen könnte, denen es am meisten dienlich sein wird. Es ist meine Absicht, dass der Mensch, der dieses Buch veröffentlichen soll, mich findet und zu mir geführt wird, und ich verspreche, dass ich für dieses Erkennen zugänglich bin. Es ist mir klar, dass ich damit sehr wenig zu tun habe. Dieser

Teil liegt nicht an mir. Ich verstehe, dass ich die Ankündigung verbreiten soll, als verschickte ich eine Geburtsanzeige, und dass eine Antwort an mich gesendet werden wird. Darauf vertraue ich.‹ Das ist es; es wird zu dir gebracht werden.

Denke daran, dass der Prozess, den du durchmachen wirst, ein wichtiger Teil dieser Geschichte ist, denn du wirst etwas über dich herausfinden; dann wird die Geschichte in den Worten erzählt werden, die du zusammenfügst. Du wirst die Wichtigkeit des Buches verstehen, denn du wirst für dich eine Erfahrung gemacht haben, wenn du für andere einen Weg in die Wirklichkeit erschaffst. Dieser Weg wird durch das Jonglieren mit deiner Wirklichkeit zustande kommen und dadurch, dass du zulässt, wie verschiedene Sätze und Zusammenhänge durch dich jongliert und in eine neue Ordnung gebracht werden. Jemand ohne Vertrauen würde dies sehr schwierig finden. Vertrauen ist unbedingt der Schlüssel. Es gibt nichts anderes, dem du dich in diesem Prozess zuwenden kannst. Es geht hier um Entschlossenheit, und du wirst lernen, dass du zu dir selbst stehen kannst, dass du es nicht vermasseln wirst, dass immer für dich gesorgt sein wird und dass du nie allein sein wirst. Es wird immer alles nach deinen Absichten laufen.

Dein Anteil an all dem besteht darin, zu beabsichtigen, was du willst und die Daten einfach fließen zu lassen. Das Buch wird sich selbst ordnen, wenn du während des Prozesses dich selbst kennenlernst und bestimmte Informationen kodierst. Diese Erfahrung wird dich ganz schön umhauen.«

Wenn ich jetzt die Worte lese, die sie mir damals sagten, bekomme ich ein völlig anderes Bild als zu jener Zeit. Ich erinnere mich, wie sie oft erwähnten, dass die Arbeit an dem Buch eine Initiation für mich sein würde, dass ich auf die Probe gestellt werden würde und dass die Menschen ihre persönlichen Probleme klären müssten, um kosmisch zu werden. Heute weiß ich, was diese Worte bedeuten; damals hatte ich keine Ahnung.

Meine persönlichen Probleme kamen gewaltig an die Oberfläche. Ich vertraute nicht auf mich, ich liebte mich nicht, und eigentlich wusste ich nicht wirklich, wer ich war – ich konnte mein wahres Ich nicht von der Fassade unterscheiden. Ich begann eine Reihe von Rolfing-Sitzungen, die noch mehr heraufholten – Erinnerungen aus der Kindheit, die ich verdrängt hatte, Verletzungen und Schmerzen, die in meinem Körper gespeichert waren. Ich war völlig durcheinander und nicht in der Verfassung, an dem Buch zu arbeiten, und ich schaffte es gerade noch, alle zwei Monate die Zeitschrift herauszubringen.

Im Oktober fuhr ich mit den Plejadern nach Ägypten. Ich wusste, dass diese Reise ein wichtiger Wendepunkt in meinem Leben sein würde, und ich dachte, das würde mich so sehr beflügeln, dass ich mich gleich an die Arbeit machen und das Buch aus dem Ärmel schütteln könnte. Es war eine wundervolle Reise, eine kraftvolle Reise, und sie nahm mich ziemlich auseinander. Sie erweckte Bereiche in mir, von deren Existenz ich keine Ahnung gehabt hatte; viele davon waren dunkel und hässlich. Als ich nach New York zurückkehrte, war ich entschieden nicht in der Lage, das Buch zu beginnen, und tatsächlich war ich nicht sicher, ob ich es jemals könnte.

Das Einzige, was ich damals wusste, war, dass ich von New York wegziehen musste. Ich konnte mich dort nicht zentrieren, und ich fühlte mich von Energie bombardiert. Ich fühlte mich nackt und schutzlos, wenn ich durch die Straßen ging, und ich konnte nicht mehr in der U-Bahn fahren. Es war Zeit, wegzugehen.

Im Dezember zog ich nach North Carolina in den Südosten der USA, ungefähr achthundert Kilometer entfernt. Wenn etwas richtig ist, ergibt sich alles immer ganz wunderbar. Libby, eine Freundin, die ich in Ägypten kennengelernt hatte, lebte auf dem Land südlich von Raleigh, und ich wusste, dass ich dort meine Zeit verbringen wollte. Ich schickte die Absicht aus, dass ich ein Haus zum Einziehen haben würde, bevor ich hinunterfuhr. Ich malte mir aus, wie es sein sollte und wie das Land aussehen würde, und Libby sagte, sie würde ihre Augen und Ohren offenhalten. Ungefähr eine Woche vor meinem Umzug kam meine jetzige Vermieterin in Libbys Geschäft und beschwerte sich darüber, dass ihre Mieterin ohne Vorankündigung ausziehe. Libby sagte: »Natürlich, weil es Teras Haus ist!«

In der folgenden Woche fuhr ich mit all meiner Habe von New York nach Raleigh und zog ein. Das Haus war genau das, was ich gewollt hatte – geräumig, mit viel Licht und auf 175 Morgen Land, fast 45 Hektar. Es war perfekt! Vom Augenblick meiner Ankunft an begann ich zu genesen. Ich lag auf der Erde oder lehnte mich an einen Baum und ließ einfach zu, dass die Natur mich heilte. Mich zu heilen war alles, worauf ich mich konzentrierte.

Als ich im Januar über 1.200 Kilometer nach Michigan fuhr, um die 13. Ausgabe von *Connecting Link* zu setzen, erkannte ich, dass meine Zeit mit der Zeitschrift vorbei war. Ich war an dieser Arbeit sehr gewachsen, und jetzt war es für mich angebracht, zu etwas anderem überzugehen – was dieses andere war, wusste ich noch nicht, aber wenn dieses Wissen in mir aufsteigt, muss ich ihm folgen.

Wieder Zuhause verbrachte ich zunächst einige Tage damit, mich zu fragen, ob ich eigentlich vollkommen verrückt geworden war, meinen Job aufzugeben, da ich doch nun mitten auf dem Land lebte und es weit und breit keinen neuen gab. Dann erkannte ich, wie perfekt es war, dass ich keinen Job mehr hatte: Es war an der Zeit, das Buch zu machen. Ich begann, die Bänder abzuhören und Teile davon schriftlich festzuhalten. Die Arbeit ging reibungslos und leicht von der Hand, und alles schien im Fluss zu sein. Ich stellte die Ordnung nicht in Frage und versuchte auch nicht, eine herzustellen. Ich ließ einfach alles durch mich fließen.

Während dieser Zeit hielten die Plejader tagsüber Seminare für einige Leute ab, um uns aus unseren Problemen herauszukatapultieren. Die Kurse hießen *Auslösen von Bewusstseinscodes*, und genau das geschah bei mir auch. Ich gelangte zu tieferen Schichten der Probleme, von denen ich glaubte, in New York mit ihnen abgeschlossen zu haben. Wir Kursteilnehmer warfen viel von unserer emotionalen Last ab und entwickelten eine sehr enge Beziehung untereinander. Die Serie schloss mit einer Neugeburt ab, die eine der kraftvollsten Erfahrungen meines Lebens war.

Ich hatte eine weitere »Buch-Sitzung« mit den Plejadern, in der sie darüber sprachen, dass die Bringer des Neuen Morgens den kosmischen Evolutionssprung des Bewusstseins dadurch ermöglichten, dass sie die Frequenz erst in ihrem eigenen Körper verankerten. Plötzlich überkam mich eine Erkenntnis: Ich hatte das Buch 1990, als wir zum ersten Mal darüber sprachen, deshalb nicht machen können, weil ich die Frequenz damals nicht halten konnte; ich war noch nicht klar genug gewesen, um es zu tun.

Ich befragte die Plejader darüber, und sie antworteten mir: »Du hast noch nicht auf dich vertraut, gute Tera. Du hast jedem erzählt, dass du es tun würdest, aber du mochtest dich selbst nicht einmal richtig. Du hast dich mit anderen verglichen, du warst nicht ehrlich damit, was wirklich mit dir los war, und die Menschen in deiner Nähe spiegelten dir das wider. Du musstest erst tiefer gehen, so, wie jeder tiefer in die Schichten eindringen muss, denn jeder hat Schichten von Selbsthass und Abneigung in sich. Du musstest bestimmte Verhaltensweisen von dir, die nicht funktionierten, erkunden und die Gründe dafür entdecken, und diese Entdeckung brachte dich dazu, eine Hüterin der Frequenz zu sein.

Deshalb wurde dir dieses Buch auch auf diese Weise gegeben – weil du einen bedeutenden Durchbruch im Bewusstsein machen musstest. Beim Durchforsten und Übersetzen von Material, das du sonst nicht verwendet hättest, durchliefst du einen Prozess der direkten Beziehung mit uns. Du hörtest auf neutrale Weise immer wieder all die Dinge, die du direkt auf dich anwenden musstest, wenn du nicht zurückbleiben wolltest. Und du tatest es.«

Dann sagten sie mir, dass ich genug Material zu Papier gebracht hätte und dass das Buch zusammengestellt werden könne. Ich hatte kein Konzept, wie dies geschehen sollte. Sollte ich alle Seiten auf einmal lesen und sehen, wie sie zusammenpassten? Ich hatte einige Seiten mit nur ein paar Sätzen darauf, aber auch lange Auszüge von mehreren Seiten Länge. Wie sollte ich sie in eine Art Ordnung bringen?

Die Plejader sagten, dass ich ihnen jeden Abend vor dem Schlafengehen eine Minute widmen und den Einband des Buches visualisieren solle. Ich solle damit spielen und, wenn ich es wollte, jeden Abend die grafische Gestaltung ändern. Ich solle einfach den Einband ansehen, das Buch öffnen und darin zu lesen beginnen und dann einschlafen. Die Information würde mir im Traumzustand gezeigt werden. Sie sagten, ich würde das Buch ins Dasein ziehen, indem ich ein Buch las, das in der Zukunft schon existierte. Sie sagten, es würde keine Arbeit für mich sein – sie würden alle Arbeit erledigen. Gut, warum nicht?

Die erste Woche lief nicht so gut. Ich visualisierte vor dem Schlafengehen, aber wenn ich aufwachte und mir die Seiten ansah, bekam ich Panik, und mein logischer Verstand versuchte krampfhaft, sie alle zu lesen, um eine gewisse Ordnung hineinzubringen. Es war völlig frustrierend. Als ich schließlich eines Nachmittags, umgeben von Papier, mitten in meinem Büro auf dem Boden saß und den Tränen nahe war, sagte ich: »Heh, Plejader! Ihr habt gesagt, ihr würdet diese Arbeit tun! Ich gebe auf ! Hier, macht *ihr* es!«

Ich begann die Blätter aufzulesen, eines nach dem anderen, so, als wollte ich sie zusammenpacken und weglegen. Aber ich nahm eines von der linken Seite, dann eines von der rechten, dann vielleicht eines von hinten und vielleicht wieder eines von links. Ich folgte keiner Reihenfolge – keiner Ordnung. Ich dachte nicht einmal darüber nach, ich hob sie einfach nur auf.

Nachdem ich ungefähr dreißig Blätter aufgelesen hatte, hielt ich plötzlich inne und blickte auf den Stoß in meinen Händen. Ich bekam eine Gänsehaut und sagte zu mir: »Oh Gott, ich glaube, das ist das erste Kapitel.« Ich brachte die Blätter zu meinem Schreibtisch, setzte mich und begann zu lesen. Sie passten zusammen wie ein Puzzle. Ich war schockiert! Das war einfach unglaublich! Ich weiß, dass solche Dinge geschehen, aber trotzdem – wenn es dann bei einem selbst geschieht, ist es höchst erstaunlich. Der Rest des Buches begann, sich *mühelos* zusammenzufügen, um einen Lieblingsausdruck der Plejader zu verwenden.

Ich hatte eine weitere »Buch-Sitzung« und erzählte den Plejadern, wie sehr mich der neue Prozess freute und wie viel Spaß er brachte. Sie sagten: »Es ist der Anfang, direkte Führung bei der Erledigung von Dingen zu erhalten. Je mehr du sagst: Ich gebe die Kontrolle ab, ich weiß nicht, wie ich dies machen soll, um so mehr Energie wird hereinkommen. Wenn du dir nicht mehr selbst im Weg stehst, wird es immer leichter werden. Alles, was du zu tun brauchst, ist zu beabsichtigen. Je mehr du beabsichtigst, desto leichter wird es werden. Später, wenn das Buch zusammengestellt ist und viele dich fragen, wie du es gemacht hast, wollen wir, dass du sagst, dass dies der Prozess war. Wir möchten, dass du unsere Lehren bestätigst, so wie du sie empfangen hast, indem du zeigst, dass du glaubst, was wir dir sagen.

Denke daran, wie lange du gebraucht hast, um den Prozess vollends zu begreifen. Wir unterrichten dich nicht – wir führen dich hindurch, halten dich zurück, reflektieren Dinge immer wieder zu dir zurück, damit du verstehen kannst, wo die Kraft des Wirkens liegt. Es geschieht durch klare Absicht – durch *Handeln als ob* – und dann einfach durch ständiges Empfangen.«

Der Rest des Buches ergab sich wie von selbst, und, ganz wie versprochen, fanden die Plejader einen Verleger für uns, ohne dass Barbara oder ich etwas dazu taten. Natürlich brachten sie uns mit Barbara Hand Clow zusammen, die schon lange ein Kanal der Plejader war – wer hätte es besser vermocht, das Material an die Öffentlichkeit zu bringen? Und ihre hervorragende Führung half mir bei einer Neufassung und Überarbeitung des Buches, die es zu etwas wirklich Wunderbarem machte, nicht nur zu einem gewöhnlichen gechannelten Buch.

Die Plejader hatten recht. Wenn ich mir dieses Buch heute ansehe, weiß ich nicht mehr, wie mir geschah. Ich entwarf und plante es nicht, stellte es mir nicht vor und brachte es auch nicht in eine Ordnung. Alles was ich tat, war, ihnen zu vertrauen und ihnen zu erlauben, durch mich zu arbeiten. Es war eine wundervolle Erfahrung und eine, die mein Leben verändert hat. Ich habe gelernt, mit Nichtphysischen zu arbeiten, und ich werde nie wieder allein an einem Projekt zu arbeiten beginnen. Ich schreibe gerade ein Drehbuch, und ich habe eine Expertengruppe zu Hilfe gerufen, die beim Schreiben mitarbeitet, und eine, die mir beim Verkauf hilft. Es ist phänomenal, wie es sich entwickelt. Es ist wirklich mühelos.

Die Plejader dankten mir für meine Arbeit mit ihnen und mein Vertrauen, und sie sagten, sie wollten mich entschädigen und mir viele Schecks aus dem Geistigen Reich zukommen lassen (sie sind nicht wie normale Schecks, für die man Geld erhält). Sie haben mich mit so vielem beschenkt. Mein wichtigstes Geschenk aus der Arbeit an diesem Buch bin ich selbst. Ich vertraue jetzt auf mich, liebe mich und bin für mich verantwortlich, und ich habe mein Herz geöffnet. Durch diese neue Liebe zu mir habe ich wunderbare Freunde in mein Leben gezogen, die mir zur Familie geworden sind. Ich habe Beziehungen mit meiner leiblichen Familie geheilt, und ich habe eine große Überraschung zu mir gezogen: Vor langer Zeit gab ich eine Tochter zur Adoption frei, und sie hat mich gefunden. Sie ist jetzt, da ich dies schreibe, vierundzwanzig Jahre alt, lebt nur zwei Stunden von mir entfernt, und wir sind dabei, eine warme und enge Beziehung aufzubauen. Ich bin so dankbar, sie wieder in meinem Leben zu haben.

Ein weiteres wertvolles Geschenk ist Vertrauen. Jahrelang *sagte* ich, ich sei eine Schriftstellerin. Ich schreibe seit Jahren. Aber erst neulich wachte ich eines Morgens auf und ging die Seiten des Drehbuchs durch, die ich am Vorabend geschrieben hatte, und plötzlich wusste ich – ich bin eine Schriftstellerin! Ich *werde* nicht eine Schriftstellerin sein – ich *bin* eine!

Gelernt zu haben, wie man mit Nichtphysischen kommuniziert, ist ein weiteres wertvolles Geschenk und hat mir viele neue Bereiche eröffnet. Ich beginne gerade, sowohl mit zahmen als auch mit wilden Tieren zu kommunizieren. Das ist eine wunderbare Erfahrung, und ich erkenne, dass sich Kommunikationswege geöffnet haben, derer ich mir gar nicht bewusst war. Sie sind grenzenlos.

Es gibt noch viele, viele weitere Geschenke. Die Plejader sagten mir, dass der Prozess dieses Buches die machtvollste Lehre meines Lebens sein würde, und ich stimme dem zu. Ich bin dankbar, dass ich mich entschlossen habe, es zu tun, und ich bin dankbar für all die Liebe und Unterstützung, die mir die Familie meiner Freunde während des Prozesses zuteilwerden ließ. Und ich bin den Plejadern sehr dankbar für ihre Liebe, ihre Freundschaft, ihre Ermutigung, ihre Unterstützung und, vor allem, dass sie mich zu meiner eigenen Evolution überlistet haben.

Tera Thomas

Pittsboro, North Carolina

Tera Thomas war Herausgeberin und Redakteurin der Zeitschrift Connecting Link, *in der auch die ersten Channelings von Barbara Marciniak erschienen. Sie schrieb unter anderem das Buch* Opening My Wings to Fly: What Animals Have Taught Me *und betrachtet es noch immer als eine ihrer wichtigsten Leistungen, die Channelings der Plejader in Buchform gebracht zu haben.*

Danksagungen

Ich danke all meinen Freunden, Verwandten und Vorfahren, deren Entschlusskraft mich zu meinem eigenen Ziel führte. Ganz besonderer Dank gilt meiner Schwester Karen für ihre tiefe Liebe und Zuneigung zu mir und den »Pehs«.

Einen Aspekt der Arbeit mit den Plejadern bilden die Reisen zu heiligen Orten sowie das Unterrichten an diesen Stätten und über sie. Schon bald wurde ich dabei zu Toby und Teri Weiss geführt, die kundige Hilfe und Unterstützung bei der plejadischen Erfahrung auf unseren unzähligen Touren zu Kraftorten boten.

Barrie und Susie Konicov erkannten als Erste, dass es sich um plejadische Energie handelte, und veröffentlichten die »Pehs« als Ergebnis unseres gemeinsamen Aufenthaltes in Athen in der Zeitschrift *Connecting Link*. Sie machten mich auch mit Tera Thomas bekannt, meiner Freundin, Mitautorin und Herausgeberin von *Aufbruch ins Neue Morgen*. Durch die Arbeit an diesem Buch hat sie ihr Leben neu geordnet; ich habe große Achtung vor ihrer Fähigkeit, Verantwortung zu übernehmen und sich zu verändern.

Tera, Karen und die »Pehs« heckten dieses Buch irgendwie gemeinsam aus. Schließlich kam Barbara Hand Clow und bestätigte die Schwingung; ihre Impulse und ihre Ermutigung sind direkt für die Veröffentlichung dieser Arbeit verantwortlich. Marsha Andreola steuerte großzügig ihre enzyklopädische Kenntnis der Bänder bei, und Richard Rodgers bot seine ständige Hilfe an.

Ich empfand überwältigende Ehrfurcht vor Gerry Clows Erfahrung, als er seine Reise durch das Material mit mir teilte und mir für die Gelegenheit dankte, diesem Kind ins Dasein zu verhelfen. Gail Vivino brachte ihre Sachkenntnis und Begabung zur Detailarbeit ein, um das Werk in die Endphase zu bringen, ebenso wie Barbara Doern Drew, Amy Frost und die anderen Mitarbeiter von Bear & Company. Marilyn Hager Biethan gab der Erstausgabe mit ihrer grafischen Gestaltung den letzten kreativen Schliff.

Ich achte all die Mutigen, diejenigen, die bereit sind, das Wesen des Daseins neu zu definieren und den Funken des Widerstandes in eine neue Version dieses »Spiels« zu tragen.

Meine tiefe Liebe und Dankbarkeit gilt dem plejadischen Bewusstsein, meinen Lehrern und Freunden, für ihre Loyalität und ihr unerschrockenes Gefühl für Verpflichtung und Liebe, das in mir eine energetische Formel von galaktischer Eleganz zum Leben erweckt – das Wirklichkeit gewordene Ideal.

Friede, Fülle und Dank an alle!

Barbara

Barbara Marciniak

ist ein international anerkanntes Trancemedium mit einem Abschluss in Sozialwissenschaften, eine inspirierende Rednerin und Bestsellerautorin von vier Plejaden-Büchern, die zusammen in mehr als zwanzig Sprachen übersetzt wurden und sich allein in den USA über fünfhunderttausend Mal verkauften. Auf einer dreiwöchigen Reise durch Ägypten, die sie mit der Absicht unternahm, bestimmte Tempel entlang des Nils sowie die Große Pyramide von Giseh in diesem Leben neu zu erfahren, erweiterte sich Barbaras Bewusstsein. Als sie sich kurz darauf in Athen befand, meldeten sich erstmals Sternenwesen bei ihr, um durch sie zu sprechen. Es handelte sich um eine Gruppe von Plejadern, bestehend aus fünfundsiebzig bis einhundert Wesen, zu denen später weitere hinzukamen. Zwanzig Jahre lang war sie anschließend Herausgeberin und Redakteurin von *The Pleiadian Times*, führte Seminare und Workshops durch und leitete ausgedehnte Reisen zu heiligen Stätten nicht nur in Ägypten und Griechenland, sondern auch in Peru, Mexiko, Bali und Australien. Ihre weltweiten Exkursionen, astrologischen Studien und die lebenslange Beschäftigung mit alternativem Freidenkertum erweiterten ihr persönliches Verständnis für die Informationen in ihren Channelings.

Die Plejader sprechen durch Barbara, um die Menschheit bei der spirituellen Transformation zu unterstützen. Ihr unverwechselbarer Stil verbindet dabei Witz und Weisheit, gesunden Menschenverstand und kosmisches Wissen zu tiefgreifenden Lehren, die den Leser zur Selbstermächtigung ermutigen und seine persönliche Bewusstseins-

erweiterung fördern. Ihre langjährige Erfahrung mit den Plejadern betrachtet die Autorin als ein unschätzbares Geschenk. Ihre Arbeit bringt sie nach wie vor mit Möglichkeiten der persönlichen, globalen und kosmischen Transformation in Verbindung, und dafür ist sie unendlich dankbar.

www.pleiadians.com

Weitere Channelings von den Plejaden

Band 1-8 lieferbar

Alle auch als Hörbuch

Pavlina Klemm
LICHTBOTSCHAFTEN VON DEN PLEJADEN BAND 9
Erwachen im Licht der Freiheit
240 Seiten, gebunden, oranges Leseband
€ [D] 19,99 / € [A] 20,60 • ISBN 978-3-95447-571-1

Schritt für Schritt lehren uns die Plejader die kosmische Freiheit und das Channeln durch den Heiligen Herzensraum. Sie aktivieren mit dem Sonnensymbol unsere Zirbeldrüse, binden uns mit dem Erdsymbol an die höhere Ordnung an, bringen uns die Innenerde nahe, die kosmischen Kinder, Farbwesen und Erzengel, schützen uns vor fremden Einflüssen und erhöhen durch neue Übungen unser Licht und Bewusstsein.

Tipps & Ratschläge zur persönlichen Stabilisierung erleichtern den Einstieg in höhere Frequenzen!

Band 1-2 lieferbar

Eva Marquez
HEILUNGSCODE DER PLEJADER BAND 3
Alien-Fragmente, Reise der Seele und multidimensionales Leben
240 Seiten, gebunden, oranges Leseband
€ [D] 22,99 / € [A] 23,70 • ISBN 978-3-95447-390-8

Es findet gerade der Aufstieg statt, und du hast Anteile in dir, die dir als Wegweiser dienen können. Durch ihre Aktivierung erfährst du mehr über die Reise deiner Seele und über die Hintergründe der Galaktischen Kriege, die dich zur Erde führten. Du kannst Programme verlassen, die dir nicht mehr dienlich sind. Lichtinformationen schließen neue Türen auf, heilen deine Seele und binden dich an ein großes Wissensfeld an.

Wo die Vergangenheit endet, beginnt deine Zukunft! Vorwort der SPIEGEL-Bestsellerautorin Pavlina Klemm.

Auch als Hörbuch

Monika Cardinal
KOSMISCHES WISSEN VON DEN PLEJADEN
224 Seiten, gebunden, oranges Leseband
€ [D] 22,99 / € [A] 23,70 • ISBN 978-3-95447-651-0

Mit ihren lichtvollen Botschaften unterstützen und begleiten uns die Plejader auf dem Weg in die neue Welt – eine Welt, in der wir unsere Verbindung zum Kosmos leben und gemeinsam eine harmonische und nachhaltige Zukunft gestalten. Sie helfen uns, die Veränderung zu bewirken, die wir in der Welt sehen wollen, bringen uns in Kontakt mit den kosmischen Vorfahren und geben uns Kraft, die aktuelle Zeit leichter zu bewältigen.

»Erlebe die Kraft und das hilfreiche Wissen der Sieben Kosmischen Schwestern!«

Workshop-CDs der Plejader exklusiv auf www.AmraVerlag.de